图说地史 01

Mapping the History of Germany

孟钟捷　霍仁龙 著

地图上的德国史

第二版

東方出版中心

编 者 按

为了尽可能保证文图对照，书中地图可能标出了某些在全图比例尺下不太可能显示出来的地名，为求严谨，略去比例尺，请读者仅将书中地图作为简明绘制的示意地图参阅使用。

……把文字的想象力和地图的表现力结合在了一起，文字力求通俗但也严谨，地图力求简明但仍有理有据，让历史的讲述更加丰富直观，也能推动初学者一开始就形成“把历史放置在特定时空中去考虑”的正确观念。

——邢来顺，德国史研究专家
中国德国史研究会会长
华中师范大学教授

历史地理学在我国……世界史研究领域及面向学生和公众的历史教学领域，相关应用极少。这套“地图说史”丛书，别出心裁，用简明易懂的地图并配以简短的文字说明来讲述历史，希望推动世界历史初学者一开始就形成结合地图来阅读历史，甚至自己动手绘制历史地图的习惯，同时激发学界、历史教育界关注这个重要的领域。

——沈志华，著名历史学家
华东师范大学历史系终身教授

以往的历史书写大多是在时间的维度上展开，而本套丛书则将历史置于空间中进行展现，这是历史观念和历史书写上的一种创新，丰富了历史的内涵。

——李宏图，法国史研究专家
中国法国史研究会副会长
复旦大学教授

时间、空间与人，这三个要素齐备，可以定位人类的任何知识，把握历史中种种变化的本源。自古以来，人们对地形、距离、空间、边界、世界的认知，在世界历史的进展中刻蚀出一层一层的标记。“地图说史”丛书凸显了史地不可分的历史学理念，这应是学习历史的正途。

——陈新，中国公众史学领域领军人物
浙江大学教授

……中学历史教师参考丛书备课，既可省却绘制地图之苦，亦可丰富教学内容之助……多年关注中学历史教育……很愿意向大家推荐这套丛书！

——任鹏杰，陕西师范大学基础教育研究院院长
《中学历史教学参考》主编

“地图说史”丛书……开启了以图像叙事和文字叙事互为关照撰写中学历史读本之先河。……图文互释，链接时空；古今贯通，领悟真谛。“地图说史”丛书的多样性和多层面，使历史在中学课堂中与我们的直接感知更加呼应、互相衔接。中学历史不再是枯燥的说教，而是亲切的立体的叙事。它正在改变中学历史教学。

——周靖，特级教师，华东师范大学第二附属中学历史首席教师
上海市教育学绘中学历史专业委员会副会长

时间与空间就像是人类历史进程的经纬线，缺一不可。发生在特定经纬线交叉点上的重大历史事件，与出现的重要历史人物，往往会改变与影响历史的进程，令后人神往遐想和思绪万千。

——孔繁刚，上海中学历史特级教师
全国历史教研会学术委员会委员

历史发生在特定的时空中，没有地图的历史显然是苍白无力的。这套书有图有趣有真相，是爱好历史的人士必读之书。

——王雄，扬州中学历史特级教师
江苏省首届教授级中学高级教师
扬州市历史学科带头人

时空观念是历史学科的核心素养之一，古人即有“左图右史”之说。历史地图是历史事实形象生动的表现形式，既是知识成果的载体，也是教学的工具，利用历史地图进行历史教学，有利于学生形成准确的空间概念，加深对所学知识的理解。“地图说史”丛书具有简洁明快、化繁为简、直观形象等特点，清晰明了地把某些复杂难懂的历史事件、历史概念和历史结论生动活泼地阐释清楚，并揭示其内在本质，激发学生的学习兴趣，使学生产生深刻的印象，教师在操作时也可信手拈来，简便易行。对于中学师生培养必需的世界历史素养而言，这是一套难得的佳作。

——徐贵亮，安徽省教育科学研究院副院长
历史教研员，特级教师

目录

地图目录

第一章

部落时代

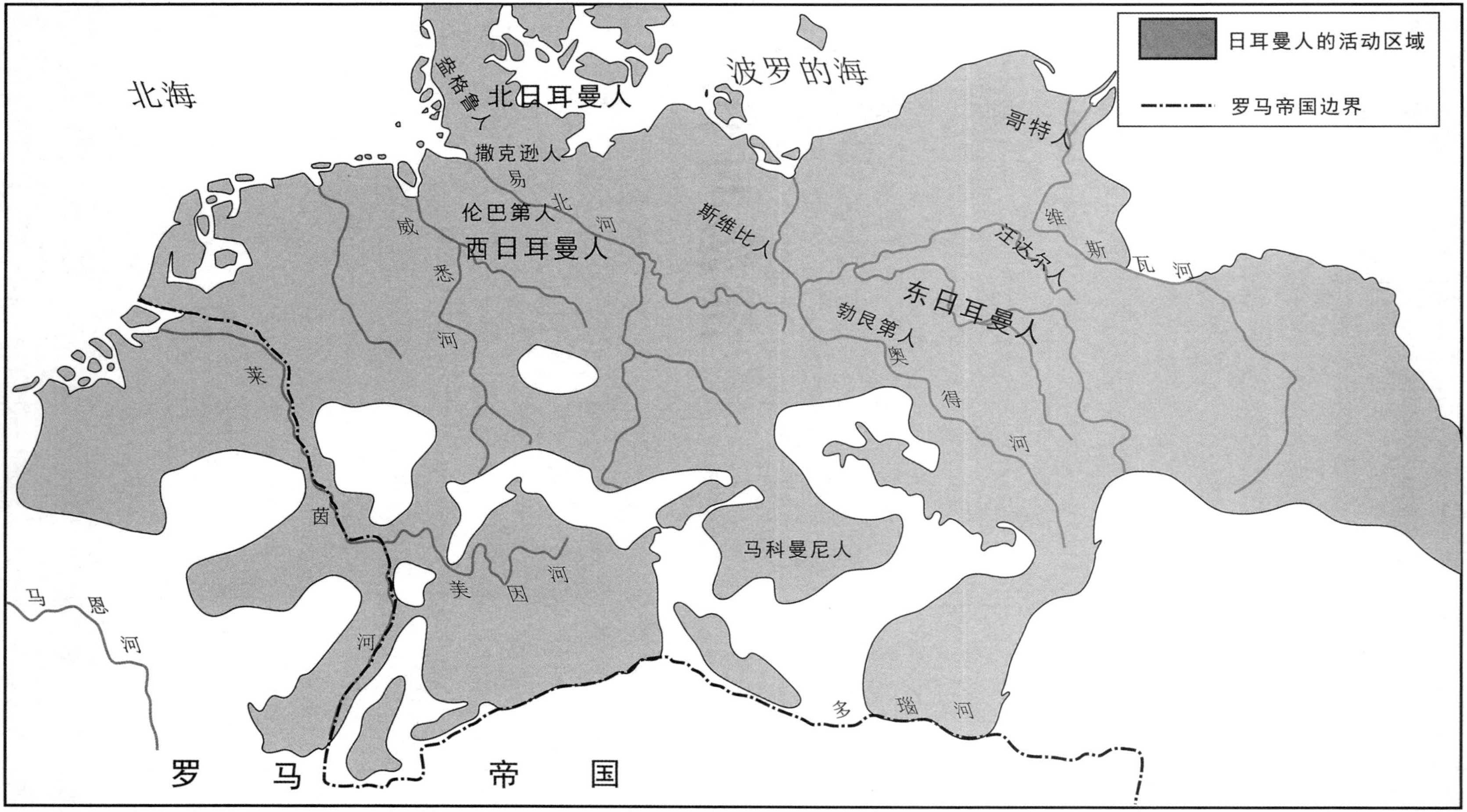

图 1　古代日耳曼人主要部族的分布(公元前 4 年左右)

1. “蛮族”世界

公元前5世纪起，罗马人在亚平宁平原上挥洒驰骋，着力创建辉煌文明。一支“蛮族”却在遥远的斯堪的纳维亚半岛和波罗的海沿岸过着原始而质朴的生活。公元前4世纪，希腊探险家皮提亚斯（Phtheas）为我们留下了现存最早的一段关于这群“蛮族”生活的记录。他说，这群人风餐露宿、居无定所，过着极为简单的游牧生活。在罗马人眼中，他们是远离文明世界的“野蛮人”，不足挂齿。

未曾想到，在随后的400年间，这支“蛮族”却一步步地扩展了自己的生活空间。如图1所示，到公元前4年左右，他们的足迹已经遍布了整个中欧地区，与罗马帝国隔岸相望。莱茵河与多瑙河成为“文明”世界与“蛮族”世界的天然分界线。

他们是谁？

历史上，他们曾有过很多名字，但最终都被纳入一个共同的称呼：“日耳曼人”（拉丁语：Germanen）。这是公元前1世纪由希腊历史学家波西多尼乌斯（Posidonius）首先使用的词汇，后来被广泛接受。但遗憾的是，由于时代久远，“日耳曼人”的精确含义却不得而知了。一些历史学家从语言学的角度推测，它或许意味着“投枪者”、“令人生畏的好战的战士”、“喊叫者”、“山地人”等含义。这些推测多少也透露出这支“蛮族”给文明世界留下的最初印象。

事实上，古代的日耳曼人没有文字，不会书写，只有口耳相传的神话为他们保留着一些集体记忆。19世纪风靡一时的歌剧《尼伯龙根的指环》便是对这种记忆的加工之作，但显然增添了许多后人的想象与夸张。罗马统帅恺撒（Caesar）和历史学家塔西佗（Tacitus）也曾近距离地观察过日耳曼人，记录了公元前后日耳曼人的生活状态，但两人的描述却又带着过多的感情色彩，以致充满着矛盾和冲突。

直到20世纪，通过人类学家与考古学家的共同努力，“蛮族”世界的真实面貌才逐渐清晰起来。人们大致得出了这样一些结论：

第一，古代日耳曼人与周边的欧洲各民族均属于雅利安人种的一部分，公元前2000年左右来到中欧的北部。随后，他们陆续南下，占据着从北海到多瑙河、从维斯瓦河到莱茵河的广大地区。

第二，古代日耳曼人不是一个内部统一的民族，而是由许多部族构成的。这些部族之间的语言相似，但彼此之间也存在结盟或作战的关系。如图1所示，若以各部族的生活区域划分，他们可分为三支部落群：(1) 东日耳曼人，如哥特人、勃艮第人、汪达尔人、斯维比人等；(2) 北日耳曼人，后来以诺曼人或维京人的名称出现在欧洲的历史中；(3) 西日耳曼人，如盎格鲁人、撒克逊人、伦巴第人等。

第三，日耳曼各部族的发展水平各有高低，但到公元前后，大多处于社会转型进程中：一方面，游牧开始让位于农耕，启动定居生活；另一方面，内部权力开始分化，阶层差异日益明显，部族首领自称为“王”。

但无论今天我们知道什么，在纪元开始之际，在罗马人的眼中，“蛮族”的世界仍然离他们很远；然而在“蛮族”看来，他们已经站在了文明世界的入口。两个世界之间的互动很快就拉开了帷幕。

2. 攻防之间

从公元前1世纪末起，沿莱茵河与多瑙河，陆续出现了近60座堡垒和千座瞭望塔。如图2所示，它们前后相接，形成了欧洲历史上颇为壮观的一道“长城”。这就是著名的“莱姆斯防线”(Limes，又译“国界墙”)。它既是罗马人针对日耳曼人而建的前沿阵线，更是公元前后200年间罗马人与日耳曼人之间攻防交错的最佳写照。

日耳曼人与罗马人有史记载的第一次大规模冲突发生在公元前2世纪末。两支生活在北海沿岸的日耳曼部族突然越过多瑙河，出现在罗马行省诺里库姆(今奥地利)境内，对罗马构成了直接威胁。不过，这两支日耳曼人并没有趁势南下，而是向西，进入高卢地区(今法国)。10年后，他们又折回，与马略(Gaius Marius)率领的罗马军团大战于高卢南部和意大利北部。最终，日耳曼人败退，罗马人确保了边界的安全。

随着更多日耳曼人的陆续南下和罗马人的持续北扩，两个世界很快便在莱茵河与多瑙河一带隔岸相望。今天已经找不到他们彼此往来的确切记载，但偶尔为之的商品交易或人员往来，想来也是存在的。或许也正因如此，“蛮族”世界的广袤空间激起了伟大的罗马将领恺撒“欲征之而后快”的豪情。

公元前58年，恺撒率罗马军团北征高卢时，顺势歼灭此地的8万多名日耳曼兵士，自此拉开罗马人征服日耳曼人的序幕。不久，恺撒越过莱茵河，降伏了附近的数个日耳曼部族。40多年后，奥古斯都(Augustus)又在多瑙河上与日耳曼人对峙。到公元6年，罗马人大致征服了从莱茵河以东直到威悉河、部分延伸到易北河的广大地区。罗马帝国把莱茵河以西日耳曼人被征服的地区称作“小日耳曼尼亚”。罗马帝国在“小日耳曼尼亚”设置了两个行省：下日耳曼尼亚(相当于今天低地

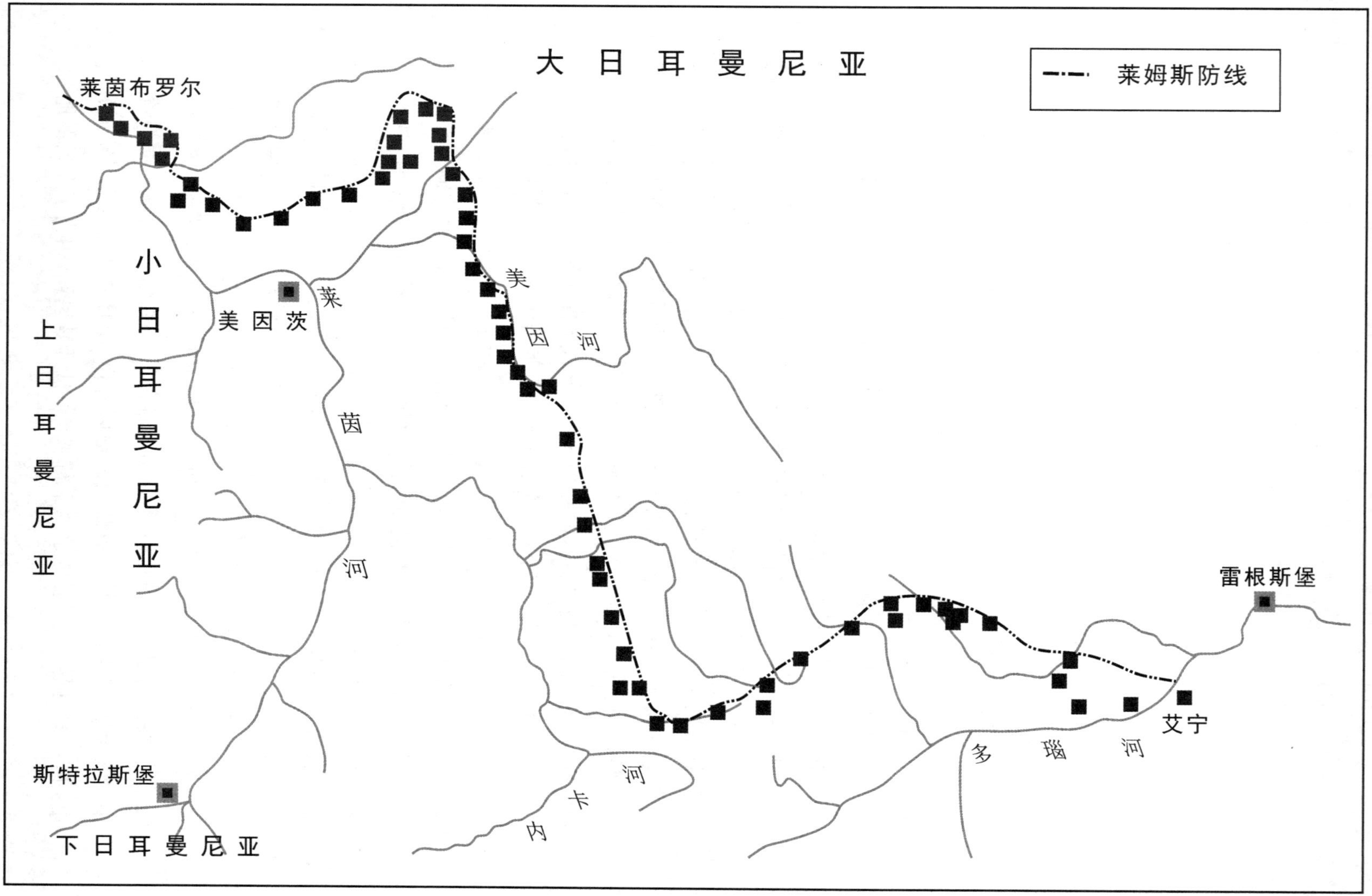
大日耳曼尼亚
莱姆斯防线
莱茵布罗尔
小日耳曼尼亚
上日耳曼尼亚
美因茨
莱茵河
美因河
斯特拉斯堡
下日耳曼尼亚
内卡河
多瑙河
艾宁
雷根斯堡

图2　莱姆斯防线

国家的南部，首府建在科隆）；上日耳曼尼亚（相当于今天的瑞士和法国的阿尔萨斯地区，首府建在美因茨）。尚未被征服的莱茵河以东地区，则被称作“大日耳曼尼亚”，它是罗马人的下一个征服目标。

如图2所示，莱姆斯防线正好修筑在上日耳曼尼亚和大日耳曼尼亚之间。它北起莱茵布罗尔（Rheinbrohl），南到多瑙河畔的艾宁（Eining），形成了长达550千米的国界线（“莱姆斯”一词本意即是“界线”）。罗马人原本计划把莱姆斯防线上的堡垒作为进攻日耳曼人的前哨据点，逐层推进帝国的边界。但事与愿违，这一想法很快在日耳曼人的一场暴动中落空。

罗马人在小日耳曼尼亚实行残酷的奴役制度，激起了此地日耳曼人的数次反抗。公元9年，日耳曼部族舍鲁斯奇人（Cherusker）赫尔曼（Hermann，拉丁名字是阿尔米尼乌斯，Arminius）揭竿而起，联合其他部族，把罗马驻小日耳曼尼亚军队总司令瓦鲁斯（Publius Quinctilius Varus）诱入崎岖难行的条顿堡森林（今奥斯纳布吕克附近），消灭了三个罗马军团，瓦鲁斯自杀。此役震惊罗马，皇帝惊呼：“瓦鲁斯，瓦鲁斯，还我军团！”随后数年间，日耳曼人夺取了莱姆斯防线上的不少据点，并把罗马军队重新赶回莱茵河以西地区。当然，内部并不统一的日耳曼人也无力继续进攻。“莱茵河-多瑙河”一线再次被默认为两个世界的天然界限。

在随后的200多年时间里，莱姆斯防线的象征意义远远大于实际作用。它既象征着两个世界之间的微妙平衡，又成为两个世界彼此融合的一种渠道。一批日耳曼部族的“罗马化”也是通过这条渠道来完成的。而从对今日德国的影响来看，莱姆斯防线上的这些据点不少还成为德意志的最早一批城市，如特里尔和雷根斯堡。

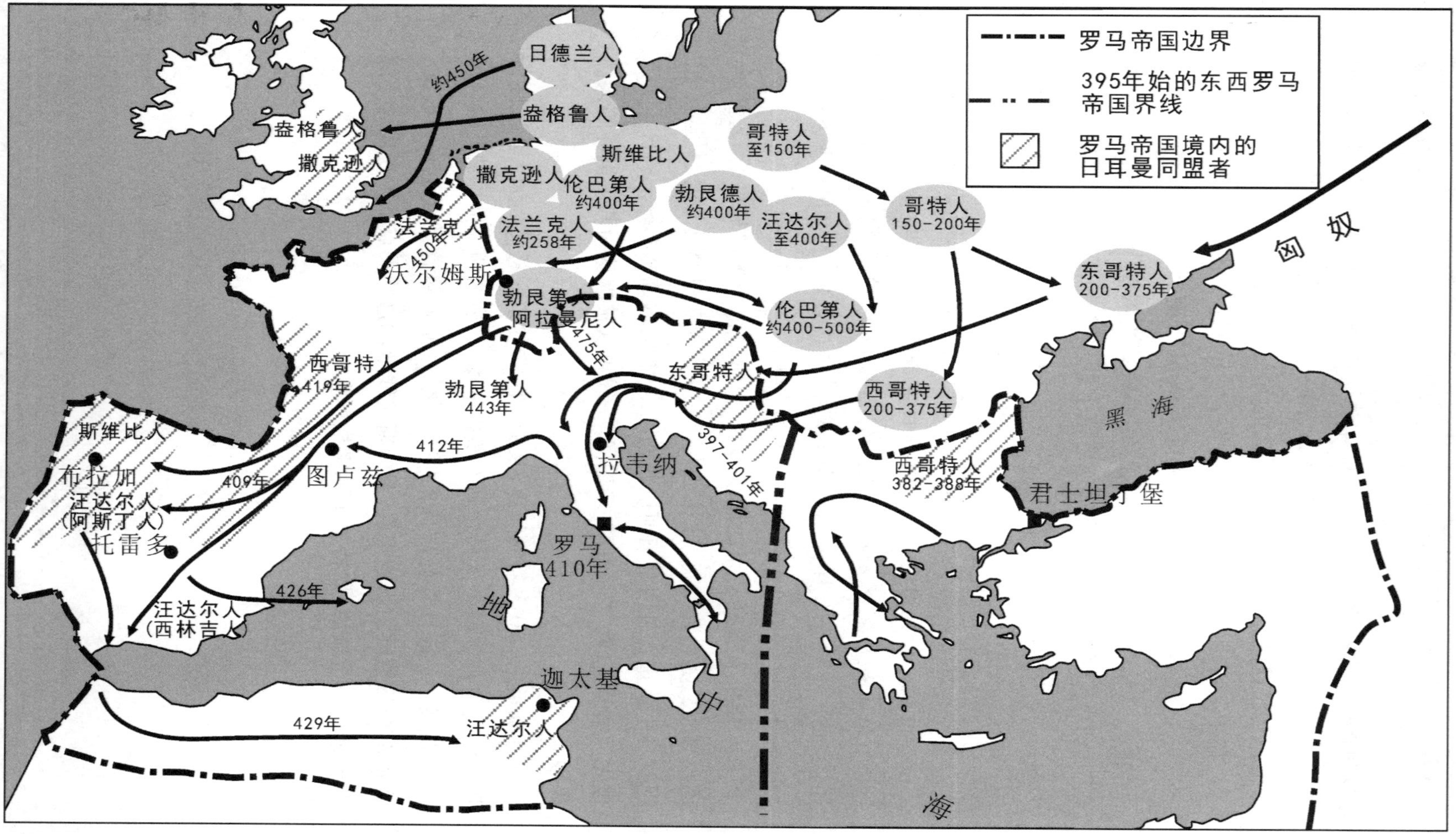

图3　公元4~5世纪的欧洲民族大迁徙

3．天赐良机

不过，日耳曼人与罗马人之间的微妙平衡并没有维持多久。从公元4世纪起，一股旋风以迅雷不及掩耳之势，打破了西方世界的权力格局，在不经意间为日耳曼人的崛起提供了契机。

这股突如其来的旋风来自遥远的东方。公元1世纪，东汉军队取得了对匈奴作战的决定性胜利，迫使不愿臣服的北匈奴逐步西迁。200多年后，北匈奴人已越过俄罗斯，以匈人之名，于公元374年出现在黑海地区，同日耳曼人形成正面交锋。

劲敌相遇勇者胜。在更为凶狠的匈人骑兵面前，本来还算彪悍的日耳曼人很快就败下阵来。最东面的一部分东哥特人首先被降服，另一部分东哥特人则向西逃生。不久，西哥特人也在匈人的攻势面前溃不成军，不得已逃入罗马帝国的境内，乞求庇护。居住在中欧与北欧的日耳曼各部族，如汪达尔人、法兰克人、勃艮第人、盎格鲁人和撒克逊人等紧随其后，都被迫离开家乡。如图3所示，他们在欧洲境内进行了长达一个世纪的大范围迁移，形成了历史上所说的“欧洲民族大迁徙”。在此期间，匈人的铁骑在莱茵河与多瑙河两岸还多次战胜罗马军队。

然而，罗马人却发现，匈人虽厉害，却并非他们的心腹大患。在被惧称为“上帝之鞭”的匈人之王阿提拉（Attila）暴亡后不久，这支军队便群龙无首，迅速解体，消融在历史长河之中。相反，摆脱匈人之后的日耳曼人却迅速恢复元气，如同“残暴的野兽挣脱了囚笼”，开始把罗马帝国的西部纳入掌控之中。

在短短100多年间，日耳曼各部族就成为西欧世界的主体民族。西哥特人、斯维比人和汪达尔人先后占领高卢和西班牙。其中汪达尔人离开西班牙后，还渡海到达北非，攻克迦太基城。法兰克人、阿拉曼尼人和勃艮第人终结了罗马帝国在莱茵河以西和多瑙河以南地区的统治。盎格鲁人和撒克逊人也进入不列颠，经过一个半世纪的战争，取代原住民凯尔特人，成为那里的新主人。

不仅如此，日耳曼人还对罗马帝国连续发起了进攻。最先进入帝国境内的西哥特人不堪罗马人的欺凌，揭竿而起，在公元 378 年重创罗马精锐军团，烧死皇帝瓦伦斯（Flavius Valens）。30 多年后，西哥特人甚至南下，洗劫罗马城。在此之后，汪达尔人、斯维比人和阿兰人纷纷效仿，把罗马城折腾得七零八落，让堂堂罗马帝国颜面扫地。到公元 476 年，东哥特人、雇佣军首领奥多塞（Odoacer）更是废黜了西罗马帝国末代皇帝，并以东罗马帝国皇帝代理人之名执政。

与此同时，迁入罗马帝国境内的日耳曼人为没有西迁的部族留下了广袤的生存空间。在莱茵河以东的广阔天地里，这些留下来的日耳曼人同剩余的凯尔特人、罗马人和斯拉夫人融合起来，逐渐形成了一批新部族，如萨克森人、法兰克尼亚人、士瓦本人、巴伐利亚人等。这些地区就是未来德意志的地盘，这些部族也将是未来德意志民族的直接来源。

第二章

立国肇始

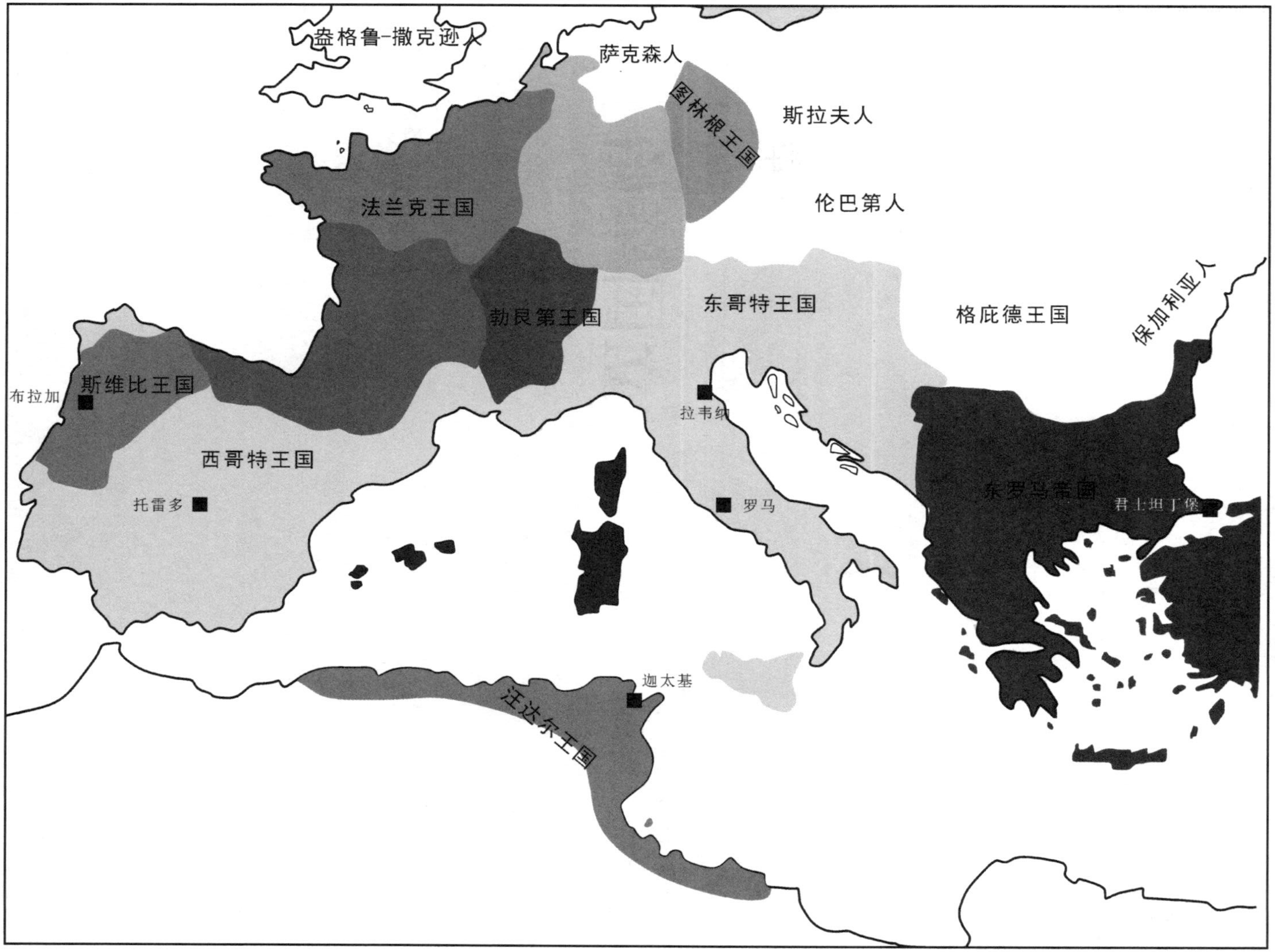

图4　日耳曼小王国分布图

4. 逐鹿中原

图4显示的是公元526年左右的欧洲。昔日的地中海霸主罗马帝国已失去了半壁江山。在其西部旧址上,出现了数个日耳曼小王国:意大利北部分别由勃艮第人和东哥特人占据,西哥特人和斯维比人控制着伊比利亚半岛,法兰克人则成为高卢地区的新统治者,汪达尔人在北非开疆辟土。在原来的大日耳曼尼亚地区,也出现了图林根王国。它们之间的攻城略池成为这一时期的政治常态。

尽管日耳曼人已成为西欧的主体民族,但他们同罗马帝国的联系却是"剪不断,理还乱"。

初登文明殿堂的"蛮族"们曾一心想要消除罗马人的所有影响。他们用武力强迫罗马贵族剃去长须,穿上本族服装。被封为帝国国教的基督教备受诋毁,各地教堂被毁,圣坛成为拴马的石桩,主教们沦为阶下囚。更有甚者,如西哥特人还试图抹掉"罗马"之名。一时间,西欧陷入"蛮族化"的混乱局面中,东罗马帝国也不得不做好同这些小王国持久作战的准备。

然而时隔不久,如同世界其他地区的游牧民族一样,这些日耳曼部族很快发现,被征服者的文化却是自己稳定统治、扩张势力的宝贵财富。于是,秩序战胜了混乱,顺服取代了叛逆,日耳曼小王国前仆后继地踏上了"罗马化"的道路。东哥特国王西奥多里克(Theoderich)把重新确认的罗马法规汇编成册。法兰克王国的克洛维(Chlodwig)则启用罗马人进行管理。

更有意思的是,在这些西欧的新统治者之间,流传着一种"正朔"的神话。据传说,唯有恺撒的子孙们才有神力登上皇帝的宝座。由此,日耳曼小王国虽然逐鹿中原,却在近500年的时间里,无人敢问鼎称帝。

与此相反，不少国王争先向远在拜占庭的东罗马帝国皇帝表露衷心：一度权势极大的西奥多里克发誓要“模仿”帝国的统治；勃艮第国王西吉斯孟(Sigismund)把自己称作东罗马皇帝在西欧的代表，并颇为谄媚地表示：“我的人民即您的人民，统治他们不如为您服务更使我愉快。”

“罗马化”的热情也带动了基督教文化的复兴。基督教会自觉承担起传播罗马文化、教化“蛮族”的使命。它们不仅帮助新的统治者按照罗马法和部族习俗来建立权威，而且还成为君权神授理论的鼓吹者。很快，基督教的影响超出了罗马帝国的原有疆域，形成了一个新的文化空间。

当然，日耳曼小王国们学习罗马文化的热情，绝不会让他们忘记“罗马式和平”的真谛，群雄并起的时代终将让位于一位王者雄霸天下。但他是谁呢？

5．脱颖而出

在公元5至9世纪西欧的群雄逐鹿中，最终脱颖而出的是法兰克人(Franken)，那位王者就出自他们中间。

“Franken”一词，意为“自由者”或“勇敢者”。他们最早生活在莱茵河中下游地区，后来接受罗马军队的“招安”，进入莱茵河西岸的高卢行省。

法兰克人趁西罗马帝国走向灭亡之际，逐渐以巴黎为中心，形成了自己的势力范围。公元486年，墨洛温家族的族长克洛维率部击败了西罗马帝国驻高卢的军队，建立法兰克王国。如图5所示，在公元6世纪中期以前，法兰克王国形成了三个核心统治区：以巴黎一带为中心的纽斯特里亚(Neustrien)；包括梅斯和兰斯周围地区的奥斯特拉西亚(Austrasien)；还有以勃艮第为中心、包括普罗旺斯在内的勃艮第(Burgund)。

由于墨洛温王朝的后期统治者常常沉湎于争权夺利的宫廷阴谋，疏于管理，使得王权逐渐落入担任宫相(Hausmeier，即宫廷总管)的丕平家族手中。公元751年，在罗马教皇的帮助下，丕平家族篡位，建立加洛林王朝。

但王朝更迭没有阻碍法兰克人的扩张脚步。正是在加洛林王朝的第二位国王查理大帝(Karl der Große，又称“查理曼”，Charlemagne)继位后，法兰克王国的统治区域扩大了一倍有余。这位被后人誉为“欧洲之父”的法兰克人似乎天生就是以征战为乐。传记作家曾这样描述他的模样：“戴头盔，加护甲、铁护胸，两个宽肩上还有铁护甲；左手高擎铁矛，右手挥动胜利长剑，大腿以铁鳞片保护，盾牌皆钢铁制成。”

终其一生，查理大帝进行了53次战争，骑马行军近9万公里。如图

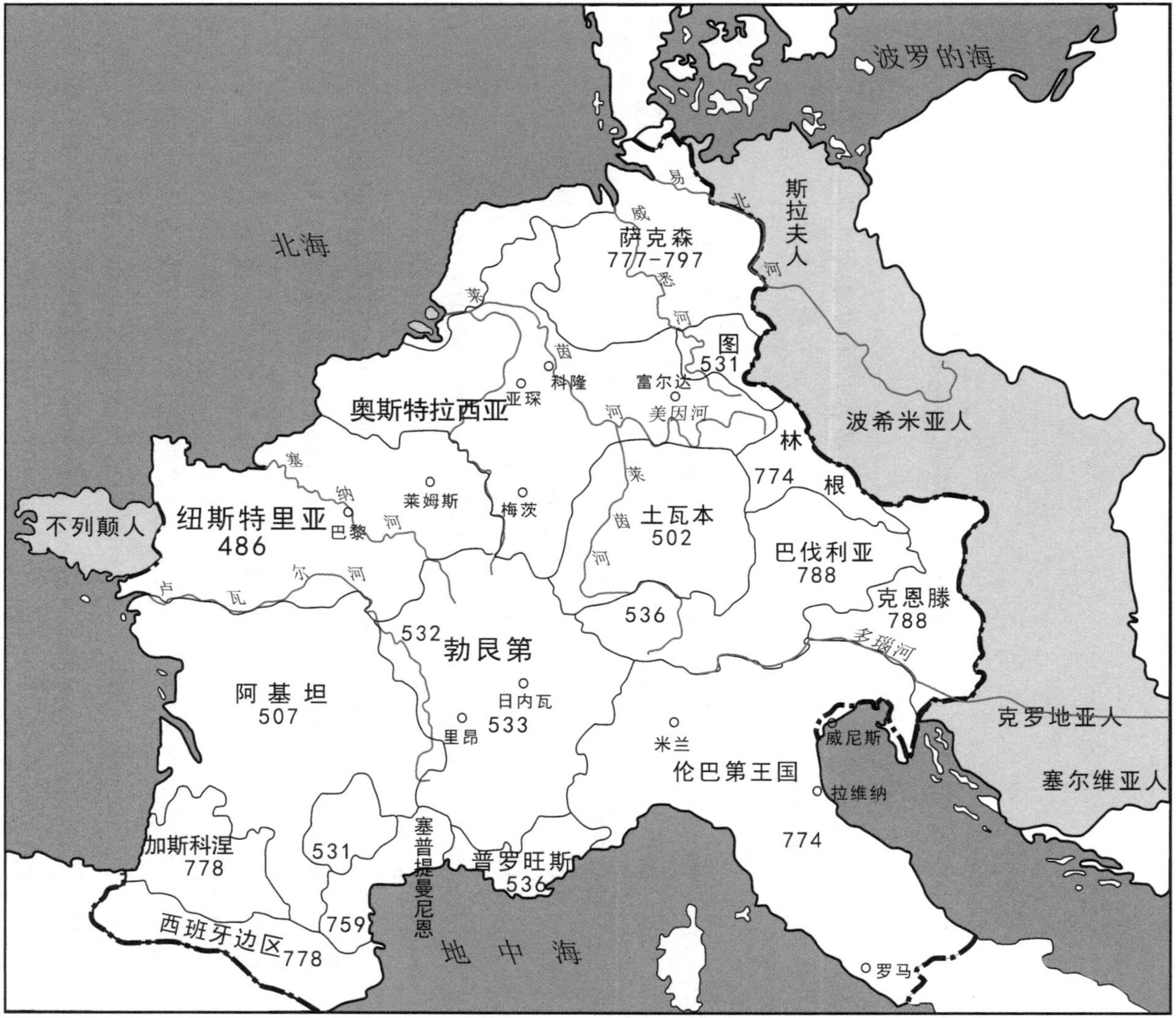
波罗的海
北海
斯拉夫人
萨克森
777-797
图
531
富尔达
美因河
科隆
亚琛
奥斯特拉西亚
波希米亚人
林
根
774
土瓦本
502
巴伐利亚
788
克恩滕
788
多瑙河
不列颠人
纽斯特里亚
486
巴黎
莱姆斯
梅茨
536
532
勃艮第
日内瓦
里昂
533
阿基坦
507
米兰
伦巴第王国
威尼斯
拉维纳
774
克罗地亚人
塞尔维亚人
加斯科涅
778
531
759
西班牙边区
778
塞普提曼尼恩
普罗旺斯
536
地中海
罗马

图5 法兰克王国的扩张

5 所示，在公元 777 至 797 年的 20 年间，他对萨克森人用兵 18 次，最终让后者臣服。据估计，在查理大帝征服铁骑之下的死难者约有百万之多。就是在这样的铁血征战中，到公元 8 世纪末，法兰克王国成为西欧地区最强大的王国，国土北临北海和波罗的海，南抵地中海，东迄易北河，西濒大西洋，把高卢、日耳曼和意大利地区连成了一体。

广袤的国土不仅为查理大帝赢得了尊敬，更为他带来了意想不到的殊荣：加冕为帝！正如前文所言，“正朔”思想曾影响着日耳曼国王们，“罗马皇帝”的桂冠被视作恺撒子孙的专属之物。然而时过境迁，当偏安一隅的拜占庭帝国再也无法为西部的稳定提供保证时，查理大帝这位西方最强大的国王便被人们寄予厚望。公元 800 年，深受罗马贵族侵扰的教皇邀请查理南下，为自己解围。当年圣诞节，在圣彼得大教堂，教皇把几百年前西罗马帝国的皇冠戴在了查理的头上，以示谢意。此举不仅标志着“法兰克王国”从此升格为“法兰克帝国”，成为同拜占庭帝国分庭抗礼的西欧大国，更意味着法兰克人最终继承了恺撒的衣钵，从此超越其他所有日耳曼小王国，君临天下。

图 6-1 《凡尔登条约》(843 年)

6．画野分疆

中国古语有云“君子之泽，三世而斩”。此话也同样适用于王朝。法兰克帝国似乎走上了相同的不归路。图6－1和6－2共同展示了在查理加冕为帝后的百年间，这个西欧强国是如何一步步分崩离析的。

究其根本，帝国的分裂乃是源于日耳曼人的一种古老信仰：王位继承当遵循先分割、后统一的方式，以便发现一位具有神力者。查理大帝便是在其兄弟去世后统掌大权的。他的儿子“虔诚者”路易（Ludwig Ⅰ der Frommer）由于是唯一幸存的继承者，所以帝国继续保持统一。但到其孙子这一辈，却同时有三个继承者。因此，从840年开始，帝国按照传统分为三块：路易长子洛塔尔一世（Lothar Ⅰ）继承皇位，并得到帝国的东部地区；三子“德意志人”路易（Ludwig der Deutsche）得到巴伐利亚地区；幼子“秃头”查理（Karl der Kahle）得到帝国的西部地区。根据三方达成的协议，他们之间拥有相互继承的权利。

不料新皇洛塔尔一世却想破坏协议，用武力统一全国。这迫使他的两个弟弟联手反击。公元842年，路易和查理在斯特拉斯堡用各自统治地区的方言签订结盟誓言。该誓言是历史上最早的古德文和古法文文献。在此压力下，洛塔尔一世不得不做出让步。次年8月，三方在凡尔登重新签署协议，史称《凡尔登条约》。如图6－1所示，该条约承认了三家分立的现状。皇帝洛塔尔一世分得“中法兰克王国”，北起北海，经勃艮第，南至意大利中部，并包括南部海湾、罗马城、科西嘉岛及撒丁岛。德意志人路易分得帝国东部，称“东法兰克王国”。秃头查理分得帝国西部，是为“西法兰克王国”。

不过，这场画野分疆的行动并未就此打住。20多年后，掌管洛林的洛塔尔二世死后无嗣，路易和查理再次联手向他们的侄儿路易二世

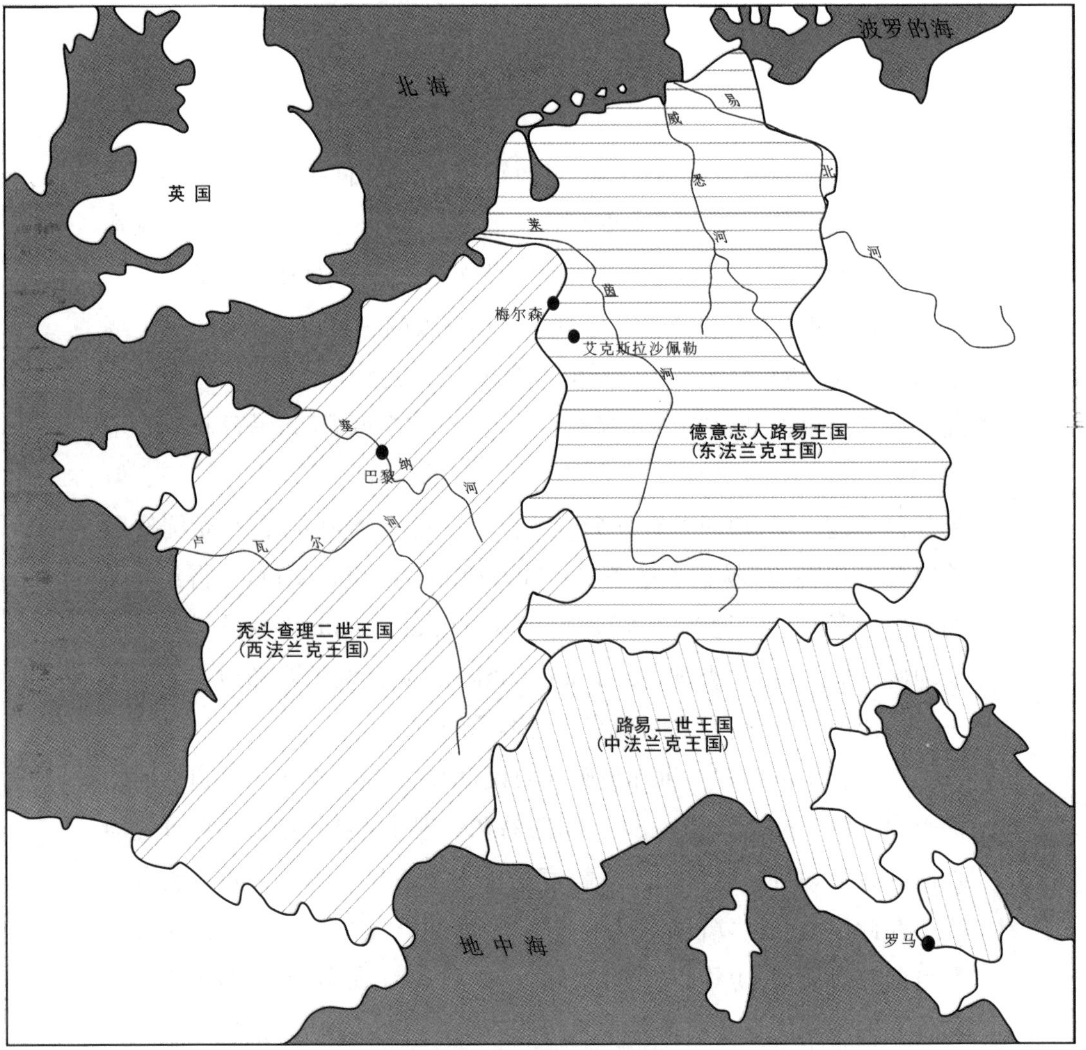

图 6-2 《梅尔森条约》(870 年)

(Lothar Ⅱ)施压,在梅尔森重新划定统治区域。如图 6 - 2 所示,这份《梅尔森条约》的最大牺牲者是中法兰克王国,其北部(包括洛林地区)被东、西法兰克王国瓜分。而 10 年后,中法兰克王国又失去了勃艮第,统治区域局限在了意大利北部。

就这样,尽管由查理大帝创立的法兰克帝国仍维持名义上的统一,但统治权的长期分割却加剧了帝国内部原本存在的文化与部族矛盾,帝国的土崩瓦解已不可挽回。这次分裂奠定了日后德、法、意三国的基本版图,也因此使得查理大帝成为它们共同的先祖和被争来抢去的本民族的英雄。但分裂也带来了许多悲剧性的结果,从而导致了许多世纪的"宿仇",如德、法之间的领土争议。

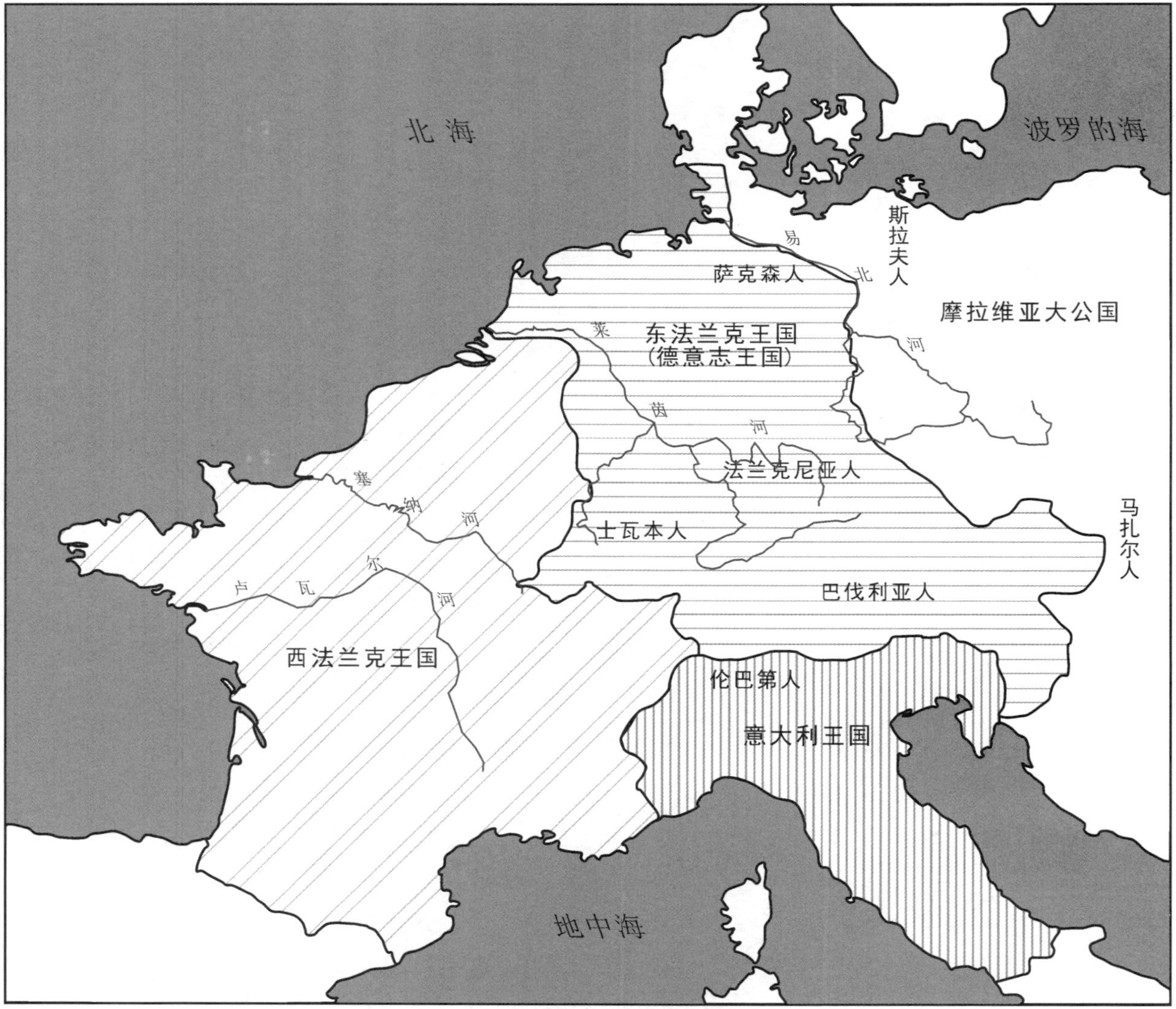

图7　从东法兰克王国到德意志王国

7. 破蛹化蝶

自查理大帝的孙辈把帝国一分为三后，原本存在的区域差异和部族矛盾进一步扩大，向心力则逐渐丧失。这一点尤其体现在东法兰克王国中。

东法兰克王国大致覆盖了从莱茵河到易北河的广大地区，恰相当于我们在第 3 节里提到过的那片“莱茵河以东的广阔天地”。它是日耳曼人的最初聚居地。民族大迁徙后，这里的部族分布发生了翻天覆地的变化。东日耳曼人中的一些部族（如哥特人、汪达尔人、斯维比人、勃艮第人）已经渡过莱茵河，迁入高卢地区或意大利，另一些部族就地重组，形成了新群体，如图 7 所示，主要包括萨克森人、法兰克尼亚人、士瓦本人和巴伐利亚人。

随着时间的推移，莱茵河两岸的日耳曼人之间出现了明显的文化差别。莱茵河以西地区的日耳曼人受到罗马文化的影响较深，语言逐渐拉丁化。相反，东岸的萨克森人、法兰克尼亚人、士瓦本人和巴伐利亚人却还保持着原初的生活方式，保留了日耳曼方言。在“德意志人”路易和“秃头”查理签订《斯特拉斯堡誓言》时，两种语言之间的区分已经非常明显。到 10 世纪初，西法兰克王国成为罗曼语（又叫“罗马语族”，也就是从罗马人用的拉丁语演化而来的各种语言）的流行区，而东法兰克王国的语言则被称作“Theodisca 语”，即最早的“德语”。这里的诗人们自称是“我们说德语的人”，以示区别于其他日耳曼人。由此，一种语言共同体的意识在东部扩散开来。“Theodisca”一词后来同“Teutonicus”（意为“条顿语”）逐渐合并，从中产生“Teusch”（即“Deutsch”）一词，意为“德意志”。

与此同时，历史上的部族矛盾和现实生存的威胁，也迫使东法兰克王国的四大部族寻求摆脱加洛林家族的可能性。这里曾是查理大帝常年征伐的对象，数万名萨克森人被迫离开家乡。他们对加洛林家族的敌视可想而知。更为棘手的问题是，东法兰克王国位于西欧最东段，直接面对来自北方的丹麦人、东方的斯拉夫人和马扎尔人（即匈牙利人）的威胁。尤其是斯拉夫人，如图 7 所示，他们已推进到易北河流域，并建立起摩拉维亚大公国。而加洛林家族却再也无法提供一位如同查理大帝般的雄君霸主。在这种情况下，四大部族联合自保的趋向日益明显，建立防卫共同体的愿望更显强烈。

公元 911 年，东法兰克王国的国王“孩童”路易（Ludwig Ⅳ das Kind）去世。由于他没有子嗣，西法兰克王国的国王要求按照传统的继承原则，想吞并东法兰克王国。但四大部族联手抵制，并自行选举加洛林家族的女系后代、法兰克尼亚公爵康拉德一世（Konrad Ⅰ）为国王。八年后，同加洛林家族的关系更为疏远但实力更强大的萨克森公爵“捕鸟者”亨利（Heinrich Ⅰ der Vogeler）通过相同的选举方式，登基为王。这两个举动表明，东法兰克王国在政治上从此告别了加洛林家族。

就这样，在法兰克帝国分崩离析的土壤上，一个新的生命破蛹而出了。这个新生命后来被定名为“德意志王国”（Regnum Teutonicum）。人们把“捕鸟者”亨利的继位之年（公元 919 年），视作德意志历史的开端。

第三章

帝国荣光

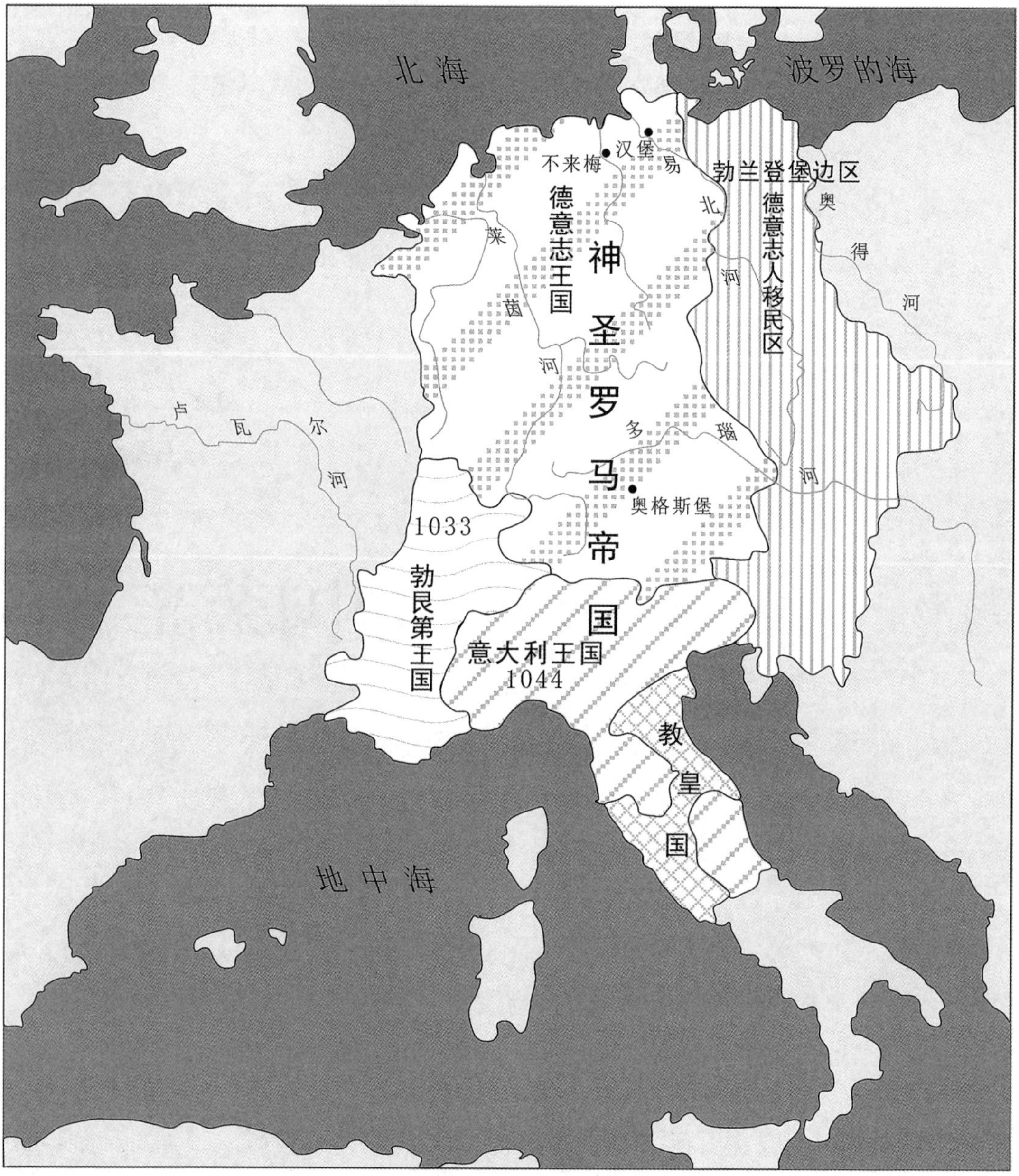

图 8　神圣罗马帝国（1050 年左右）

8. 承续皇统

从10世纪下半叶开始，欧洲的中部和南部出现了一个新帝国。如图8所示，到11世纪中叶，它已掌控了今天的德国、奥地利、意大利北部和法国南部的广大区域，成为当时欧洲最强大的国家。

它是德意志人的国家，后来却拥有带着光环的名称：神圣罗马帝国！在法兰克帝国分崩离析后，在查理大帝的一群子孙中间，德意志人终于继承了他的衣钵，成为君临天下的皇族。

这一切究竟是如何发生的呢？

历史的时针还得拨回到德意志王国的初建之时。法兰克帝国解体后，罗马帝国的皇冠一度在中法兰克王国和西法兰克王国之间流转，但不久因各国忙于征伐，不再去罗马加冕，皇冠此后就保留在教皇手中。西欧再现群龙无首的局面。

公元936年，一位年轻人登上了德意志王国的王位。他是"捕鸟者"亨利的儿子，人长得高大魁梧，留着浓密的头发和胡须，有着"雄狮般"的猛力，却又目不识丁，生性风流。王族成员和其他部族并不看好他，甚至已经开始谋划叛乱。然而不到十年，这位尊号为"奥托一世"(Otto Ⅰ)的年轻人便让人刮目相看：他用武力镇压了法兰克尼亚人的反叛行动，收服了企图挑起内战的兄弟，又通过推行所谓"帝国教会体制"(即由国王直接任免神职人员，由后者分割诸侯的土地和管理权)，最终稳定了国内政局。

随后，奥托一世又把目光投向了国外的广袤空间。他以传播基督教福音的名义，武力夺取东部斯拉夫人的土地，并在那里设立移民区。在图上我们可以看到，勃兰登堡便在此时被纳入德意志人的统治区域中，汉堡、不来梅等教区都是用武器和犁开拓出来的殖民点。王国的东部边界很快超越了易北河，逐步接近奥得河。

作为东法兰克王国的继承者，德意志王国也拥有承续皇统的资格。奥托一世的父亲在位时，便曾多次谋划攻打罗马，甚至已经自称为“皇帝”了。但没有教皇的加冕，其他国王是不会承认他的。正因如此，亨利一世最终没有实现自己的皇帝梦。

相比之下，奥托一世显然幸运得多。正当他平定内乱、开拓边疆、踌躇满志之时，意外的爱情收获为他打开了通往罗马的第一道门。公元951年，他同意大利国王的遗孀联姻，从而得以把德意志人的势力渗透到意大利北部。几年后，奥托一世在奥格斯堡近郊的莱希河谷彻底打败了马扎尔人，保证了西欧地区的安定生活，也让他在日耳曼人中声望大增，甚至赢得了“奥托大帝”的美誉。正因如此，公元961年，不堪伦巴第人反复侵扰的教皇首先想到向这位“虔诚而坚强不屈的奥托”求救。这便为奥托一世打开了通往罗马的第二道门。据记载，这位垂涎皇冠已久的“蛮族国王”带领德意志人“如蝗虫般”涌进了罗马城，以维护教皇为名，大开杀戒。次年，在其刀剑的威逼之下，教皇被迫为他涂抹圣油，戴上皇冠。自此，德意志王国升格为帝国。起初，这个新帝国仍然沿用“罗马帝国”的名称。300多年后，人们在其名前增添了“神圣”二字，以示同基督教会的紧密关系，是为“神圣罗马帝国”。在相当长的时间里，神圣罗马帝国的皇帝被视作西欧地区的最高统治者。

在奥托一世及其子孙的努力下，这个帝国急剧扩张。除德意志王国外，皇帝还兼任勃艮第王国和意大利王国的国王。到亨利三世(Heinrich Ⅲ，1046～1056为皇帝)在位时，帝国疆域如图所示，达到巅峰，北临北海和波罗的海，向东扩展到波希米亚，向南的影响力覆盖意大利，西面一度控制洛林。亨利三世被时人誉为“上帝在地球上的总督”，一时间风光无限。除了广阔的治域外，他通过征战让匈牙利、丹麦和波兰国王成为他的附庸，与英国国王结盟共同抵御佛兰德斯人(在今天的法国、比利时和荷兰境内活动)，甚至用个人决斗的方式让不断在边界挑衅的法国国王不战而退。

9. 双皇相斗

不过,风头正劲并不是说就没有人敢同德意志人一争高下了。在中世纪的西欧,有资格称“皇”的,除了神圣罗马帝国的“皇帝”,可还有罗马基督教会的“教皇”。说起这两者关系,那可从来都是错综复杂,玄之又玄。

从查理大帝和奥托大帝的加冕历史来看,教皇与皇帝之间似乎达成了一种微妙的平衡:教皇需要皇帝的武力保护,皇帝需要教皇的祝圣加冕。但是在双方心目中,这种局面只是相互利用的权宜之计,如何凸显自己的权威才是当务之急。一方面,教皇宣扬圣奥古斯丁(St. Aurelius Augustinus)的理论,强调唯有教皇领导下的基督教会,才有可能帮助那些被上帝挑选而得救的人进入“上帝之城”;另一方面,帝国的历任皇帝却以自己的喜好废立教皇,并利用“帝国教会体制”,来掌控主教人选。

这种理论与实践上均含混不清的关系最终导致了两种皇权之间的斗争,其中尤以下述两场斗争为甚。从结果来看,双方互有胜负。

第一场斗争发生在11世纪后半叶。根据“帝国教会体制”,皇帝有权任命帝国境内的大主教,史称“主教授职权”。但教皇格雷高利七世(Gregor Ⅶ)却以教权至上为由,要求收回这种权力。皇帝亨利四世(Heinrich Ⅳ)拒不让步。两人一个在罗马,一个在沃尔姆斯,隔着阿尔卑斯山打起了口水仗。教皇甚至拿出了自己的法宝,以开除教籍相威胁。在中世纪的西欧,所有人都是天主教徒,如果皇帝被开除教籍,那便意味着成为异教徒,任何人都有权反对他。皇帝很快发现,国内反叛力量借着这个由头,蠢蠢欲动起来。无奈之下,他只能以退为进。公元1077年1月,皇帝主动在教皇驻留的卡诺莎城堡外赤足忏悔三日,方才获得教皇的原谅。此举被称为“卡诺莎之行”(Gang nach Canosa),后来

图9 神圣罗马帝国(12世纪初)

在德语中，它成为表示“低声下气向人道歉”的一句俗语。不过，这场争斗并未就此结束。重获教籍的皇帝回到国内后，很快平定内乱，随即整顿军队，冲入罗马，放逐了教皇。

此后，两皇围绕主教授职权展开的斗争一直延续了50多年。直到1122年，圣俗双方的最高领袖才签订了《沃尔姆斯宗教协定》。该协定被誉为德国历史上的第一部国家大法，从法律角度承认了世俗皇权在帝国境内的至高无上，但也在形式上抬高了教皇的地位，因为只有教皇才能向新当选的主教授予象征宗教权力的指环和权杖。在这场斗争中，双方可谓势均力敌，各有所得。

第二场斗争发生在12世纪中叶。德国历史上赫赫有名的“红胡子”弗里德里希一世（Friedrich Ⅰ，Barbarossa）拒绝按照惯例，为教皇牵马扶蹬，还强调“君权神授”的理论。教皇再次使用“破门令”（即逐出教门之意）。这一次，教皇的杀手锏没有起到作用，皇帝决定以武力维护自己的地位。他击败了国内反对派的军事联盟，并以海外征战的胜利维护了自己的威望。然而世上终究没有常胜将军。公元1177年，红胡子因在意大利北部的败局而陷入国内政敌的围攻中，不得已到威尼斯向教皇负荆请罪。教皇亚历山大三世（Alexander Ⅲ）宽恕了宿敌，皇帝则十分虔诚地履行了政治礼仪，即为教皇牵马扶蹬，还亲吻时任教皇的脚背。皇帝亲自带兵踏上十字军东征之路，并最终死于途中。

此后，皇帝日益陷入国内纷争，而教皇的权威却在一次次的十字军东征中被抬高。教皇英诺森三世（Innozenz Ⅲ）甚至自称为“万王之王，万主之主”，大肆宣扬教权至上的理论，插手神圣罗马帝国的皇位之争。双皇相斗，结局是教皇笑到了最后，德意志人越来越受到教会的盘剥，沦为“罗马教皇的奶牛”。

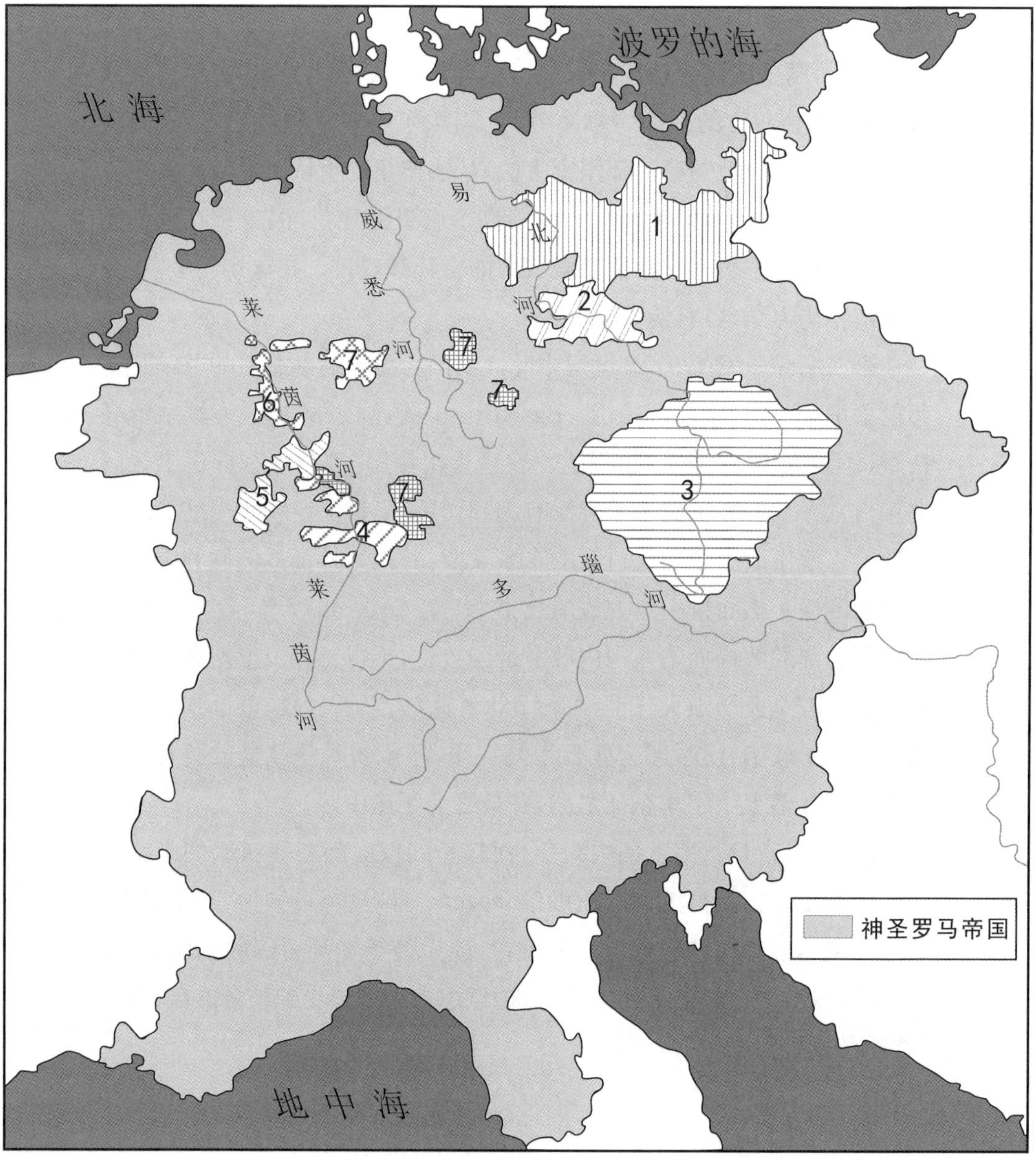

图 10 神圣罗马帝国的七大选侯(1356 年)

[1] 勃兰登堡边戍区伯爵领地;[2] 萨克森公爵领地;[3] 波希米亚国王领地;[4] 普法尔茨伯爵领地;[5] 特里尔大主教领地;[6] 科隆大主教领地;[7] 美因茨大主教领地

10. 邦国分立

两皇相争，皇帝最终落败，其实在很大程度上并不是教皇多么强大，而是皇帝被其他人绑住了手脚。这些人，就是皇帝手下的诸侯们。

图10显示的是1356年神圣罗马帝国的版图，上面标注着七个贵族的领地。从这一年起，这七个贵族被称为“选侯”，只有他们拥有选举皇帝的权力。帝国的政治史上由此发生了重大转折。

在德意志的历史上，选举制并不是突如其来出现的，而是一种延续多年的传统。在从东法兰克王国向德意志王国的转变中，四大部族便是通过选举的方式将他们中间最强大的部族首领推上王位的。此后，每一次国王更迭也都需要得到国内各大诸侯的赞同。只不过在相当长的一段时间里，王族的势力足够强大，以至于先王的遗志总能得到诸侯们的附和。久而久之，选举制逐渐沦为一种摆设。

然而随着封建体制的确立，地方势力越来越强大。从历史上来看，对中央权力构成威胁的地方势力主要分为三类：第一类是除王族之外的日耳曼人大部族，如巴伐利亚人、士瓦本人。他们曾支持过王族，但仍然觊觎王位，常常挑起叛乱；第二类是王族分支。为瓦解其他部族的力量，自奥托大帝起，宗室成员被“掺沙子”般撒到各地，孰料这些人同样怀有野心，以致帝国不时发生父子反目、兄弟阋墙的悲剧；第三类是教会贵族。奥托大帝本想通过“帝国教会体制”，一方面把世俗贵族的一部分财富和权力分割给主教们，另一方面则借其没有子嗣以切断他们不断扩张的野心，但事实上这些教会贵族对于金钱和权力的贪婪并不输给世俗贵族，其中一些人甚至曾控制朝政，权倾一时。尤为糟糕的是，教权上升后，教皇也热衷于鼓动帝国内部的分离势力，来共同抗击皇权。各邦诸侯与他们一拍即合，纷纷建立自己的军队，并如同君主那样拥有铸币权、行政权和司法权。

这种局面最终导致选举制再次获得重视。从12世纪初起，诸侯通过选举制，或否决先王的指定继承者，洛塔尔三世（Lothar Ⅲ，1133～1137年在位）便成为第一个自由选举产生的皇帝；或有意产生一位远离德意志舞台的人选，以保证邦国权益不受损害，如15世纪后长久把持皇冠的哈布斯堡家族便位于东部边戍区（“奥地利”一词的原意就是“东部地带”）。有时，由于利益分歧，选举结果还曾出现过两个国王并立，如在1198年便同时产生了奥托四世（Otto Ⅳ）与士瓦本的菲利普（Philipp von Schwaben）两位国王，最后在教皇的干涉下，前者被认可为神圣罗马帝国皇帝。然而如此一来，教皇便趁机插手皇帝人选，反而导致选举过程错综复杂，甚至酿成了长达20年的“空位期”（1254～1273）。

选举制既然已经复兴，无法压制，皇帝只能顺势而为之，尽量从中给自己讨点好处。于是，为了规范选举制，缩小决策范围，同时也出于把教皇势力排除在外的考虑，皇帝查理四世（Karl Ⅳ）才决定在1356年特别颁布《金玺诏书》。这部诏书被称为“德意志宪法史上的核心文件”，直至1806年帝国解体前，始终是帝国的基本宪法。拥有图10所示的七块领地的贵族才有选举权，他们是：特里尔大主教、科隆大主教、美因茨大主教、波希米亚国王、普法尔茨伯爵、萨克森公爵和勃兰登堡边戍区伯爵。七大选侯被诏书誉为“照耀在神圣罗马帝国之上的七重才智一统的七支烛光”。

《金玺诏书》实际上是德意志诸侯战胜中央王权的标志。自此之后，曾经强大而统一的神圣罗马帝国成为一个邦国分立的松散联合体，“德意志兰”（Deutschland）也成了一个地理的概念，而非国家的名字。

11. 东部新贵

虽然是受诸侯掣肘的皇帝，但这个皇位毕竟还是有相当含金量的（当时在西欧只有一个皇帝!），值得争来光耀一下门庭。而自《金玺诏书》颁布后，有一个家族令人惊讶地占据皇位（1438～1740、1742～1806）长达近400年之久。这就是哈布斯堡家族（Habsburger）。

图11显示了这个家族的扩张史。从帝国的版图来看，它的扩张路径基本上沿着南部和东部的边界线前进。它最早发源于今天瑞士北部的哈布斯堡，只是一个伯爵领地，随后逐步向莱茵河东岸地区扩展。1273年，哈布斯堡家族出现过一位德意志国王（未加冕为皇帝）——鲁道夫一世（Rudolf Ⅰ）。在他的主导下，哈布斯堡家族开始把经营重心放在帝国的东部。如图11所示，在1282至1400年间，它占领了施蒂里亚、上奥地利、奥地利和下奥地利，成为奥地利公国的公爵。此外，哈布斯堡家族还通过各种方式获得了蒂罗尔、卡林提亚、卡尼奥拉、的里雅斯特。

但是，荣升为奥地利大公，在当时也不是什么特别了不起的事情，因为在此之前的相当长一段时间里，奥地利在帝国政治生活中并没有扮演重要角色。它曾是奥托一世建立的东方边戍侯国（见图9），最初名为"Ostarrîchi"。意思是"东部地带"，后来才演化为"Österreich"，即"奥地利"。到12世纪中叶，它才升格为公国。

不过，奥地利却有一个"镇国利器"，就是它的地理位置。它是帝国同东南欧（尤其是拜占庭帝国）之间进行经贸往来的必由商道，有着收买路钱的绝佳资本。据载，1192年，一位英国国王取道回国时，被强行滞留在奥地利，最后支付了15万马克（相当于当时英国年收入的2～3倍）的赎金才获自由。巨额收入有助于奥地利首府维也纳开展大规模的市

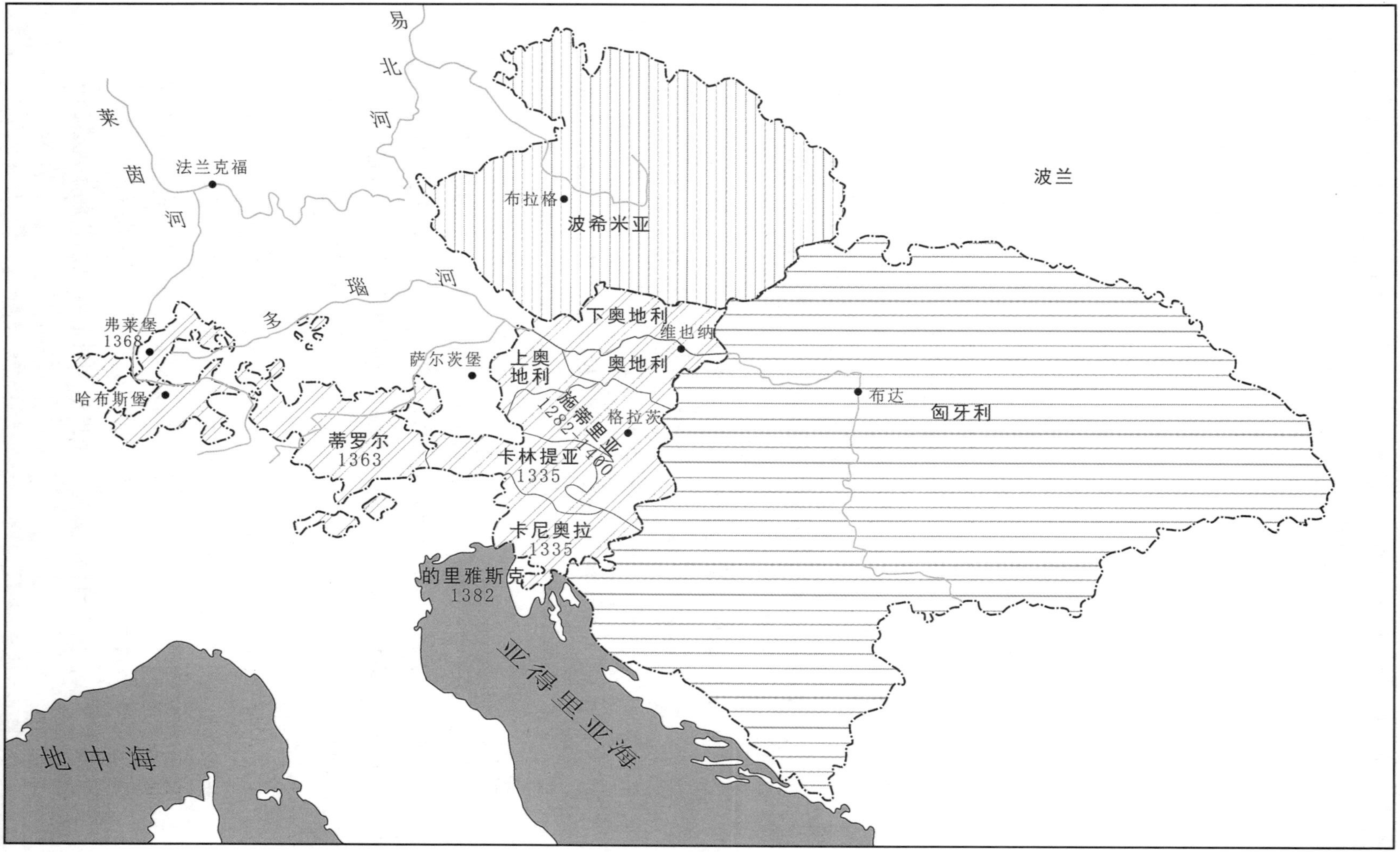

图 11　哈布斯堡家族的扩张(1400 年左右)

政建设。美轮美奂的建筑又吸引着大量文学家们驻足此地。早期德意志文学的代表之作《尼伯龙人之歌》就是在奥地利完成的。

哈布斯堡家族成为奥地利的新统治者后，经济与文化上的优势仍然未能及时转换为政治砝码。最初，它在争夺皇位的斗争中败下阵来。帝国的既得利益者也不把这个东部新贵放在眼中，以至于《金玺诏书》将它排斥在选侯名单之外。

然而时隔不久，选侯们发现，哈布斯堡家族却是皇位的最佳人选。它地处帝国边陲，担负抵御外族入侵的重责。它对改变既有的政治格局并无兴趣，而愿意成为德意志势力渗入波希米亚王国、摩拉维亚公国和匈牙利王国的排头兵。由此，未来的皇帝既能保障帝国的安全，又无威胁邦国权力的野心。

于是，从15世纪中叶起，哈布斯堡家族登上了帝国的最高点。在长达400年的时间里，它几乎把选举制又重新恢复到世袭制，奥地利国王通常总会毫无障碍地被选举为神圣罗马帝国的皇帝。“世界万物皆臣属于奥地利”（AEIOU）这句格言说明了这个东部新贵已经成为普世帝国梦想的继承者。

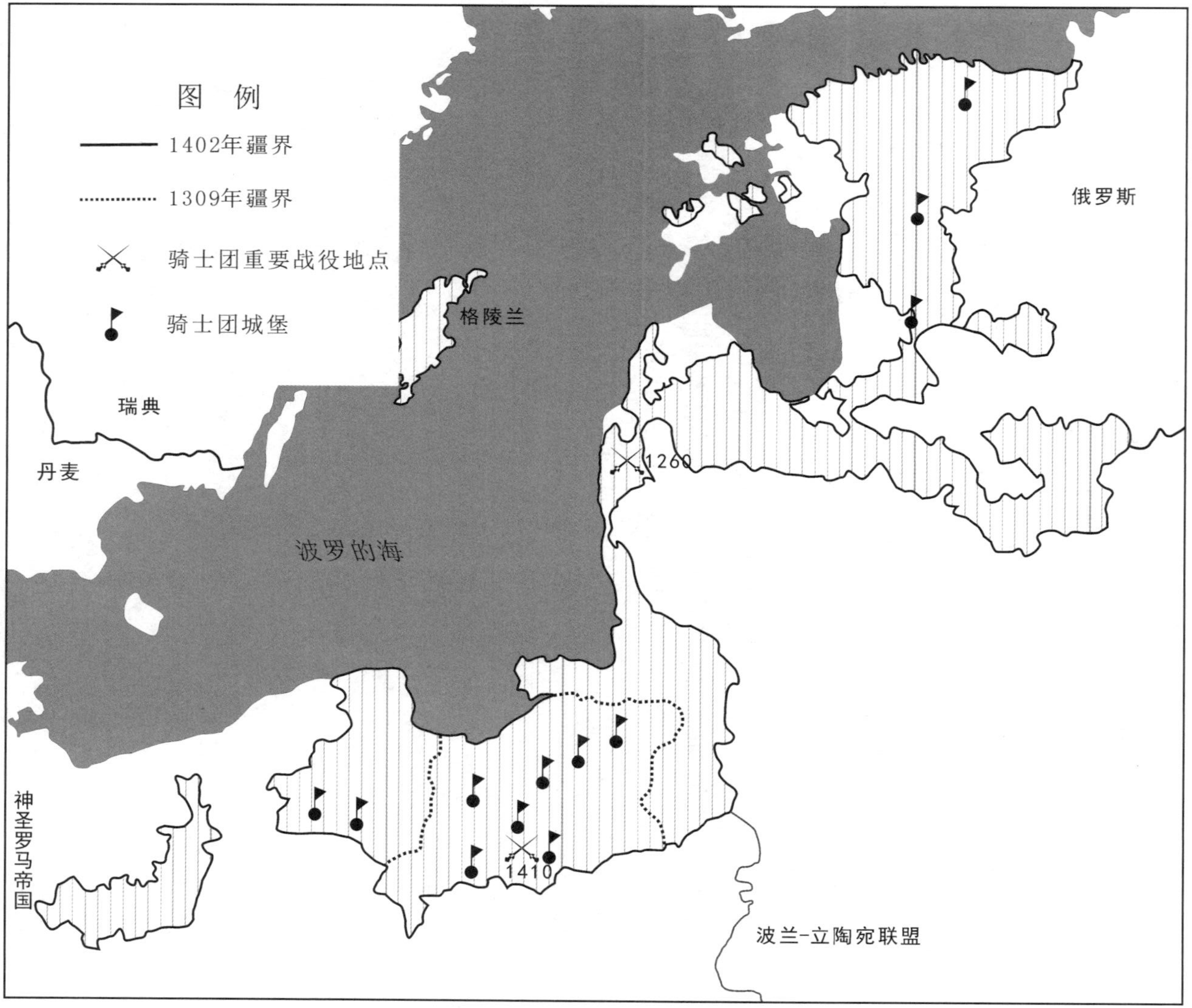

图 12　骑士团国家(1309～1402)

12. 域外之地

正当帝国政局诡谲变幻之时，在帝国之外，遥远的波罗的海(Ostsee，德语意为“东海”，因其位于德意志之东而得名)之滨，一个德意志人的国家悄然出现。如图12所示，从14世纪初至15世纪初的100年间，这个国家已经膨胀了1倍以上，西部与神圣罗马帝国相接，东部直抵俄罗斯，北濒大海，南邻波兰和立陶宛。

和帝国境内的王国相比，这个域外之国有两怪。第一怪，它同时属于两皇，既是罗马教皇的“永久产业”，其统治者又是效忠于神圣罗马帝国皇帝的贵族；第二怪，该国的臣民自称为“普鲁士人”(Preußen)——这并不是一个日耳曼部族的名称，可它偏偏是一个德意志人的国家。这两怪到底是怎么来的呢？那就要从它的建国说起了。

“普鲁士人”原本是指生活在今天波兰北部的波罗的海族，从人种上来看，他们同立陶宛人相近。12世纪，强大起来的波兰王国想吞并他们，却始终未能得逞。1225年，波兰公爵致信条顿骑士团(Deutsche Orden)，邀其一起讨伐异教徒普鲁士人，从而把德意志人的势力引入该地区。

条顿骑士团是在十字军东征中成立起来的德意志军团，骁勇善战。十字军东征结束后，它就在中欧游荡，寻找落脚点。波兰公爵的邀请书恰好为它提供了契机。从13世纪上半叶起，条顿骑士团耗费近60年的时间，在各地建起城堡，步步为营，扫荡普鲁士。到1283年，普鲁士被完全征服。直到此时，波兰人才发现，“请神容易送神难”。条顿骑士团不仅拒绝离开，而且还对这里展开了大规模的日耳曼化改造。他们占用了“普鲁士”之名，消灭了原来的风俗习惯，只有典型的东普鲁士音色还保留在当地的德语中。

骑士团国家的兴起恰好处在双皇相斗的关键时期，这迫使它不得不对双方都虚与委蛇，既在名义上臣属于双方，又在实践中走出了一条独特的发展道路。它是一个政教合一的特殊国家，其成员包括骑士、教士以及为他们服务的庶民。国家领袖是骑士团团长，由选举产生。各级管理层遵循"安贫、守贞和服从"的修道原则，推行纪律、义务和秩序的军事管理模式。久而久之，它被视为中世纪欧洲治理得最好的国家之一。这里形成的"协同主义"、"苦行主义"和"服从主义"三大精神便是后来所谓"普鲁士精神"的最初源头。

到 1402 年，骑士团国家已经成为神圣罗马帝国之外最大的德意志人聚居地，也是该区域最强大的国家，达到了它的鼎盛期。

不过好景不长，到 15 世纪，局势完全发生变化。随着经济繁荣而来的世俗化浪潮，极大动摇了骑士团国家的立国之本。与此同时，波兰与立陶宛成立了联合王国，自 1386 年起逐步推进合围战术，成功阻止骑士团国家继续南下。1410 年，它们终于在格伦瓦尔德（Grunwald）大败德意志人。至此，骑士团国家走向衰落。1466 年，它被迫向波兰国王宣誓效忠。1525 年，骑士团国家臣属于波兰。

普鲁士就此沉寂了吗？当然没有！不过，人们还得耐心地等待它重新崛起的那一天。

13. 自由之风

让我们把还处在低潮的普鲁士先放到一边，再回头看帝国境内。中世纪的德意志有句谚语："城市的空气让人自由。"它的潜台词是，逃往城市的农奴若能待满一年零一天，便可获得自由。在更为广泛的意义上，它浓缩了以商业活动为中心的城市特征。

城市曾在古罗马时代兴盛一时，但在民族大迁徙后衰败不堪。日耳曼人远离城市，热衷于田园生活。农业取代商业，成为中世纪欧洲各国的支柱产业。在德意志王国的领土上，莱姆斯防线上的那些古城（如特里尔、雷根斯堡等）几乎就是当时仅有的城市了（参见第 2 节）。

不过，从 11 世纪起，在神圣罗马帝国境内，出现了一波城市复兴的浪潮。有些城市是由教会主导建立的，如不来梅（Bremen）；有些城市是在双皇斗争中支持皇帝而被授予自治权的，如汉堡（Hamburg）；有些城市作为邦国首府，得到了特别支持，如前文提到的维也纳。有些城市正好处于欧洲经济大道的东西走向与南北走向的交叉点上，如纽伦堡（Nüremburg）。城市大小不一，但 500 人以下的小镇居多，占全部城市的 90%～95%。

在城市中，商业构成了主要的经营活动。商业区位于城市的中心，商人成为影响力较大的城市社会阶层。由商人组建的行会，不仅维持着商业活动的正常运行，而且还干预城市的政治发展。著名的奥格斯堡（Augsburg）银行家富格尔家族（Fuger）甚至成为帝国皇帝与欧洲各君主的债主。

商业活动很快突破了城市之间以及国家之间的界限。如图 13 所示，帝国北部的不少城市已经形成了细致的地区分工，并建立起极为繁忙的商业联系。为了维护商路的安全，一些城市陆续组建了城市同盟，

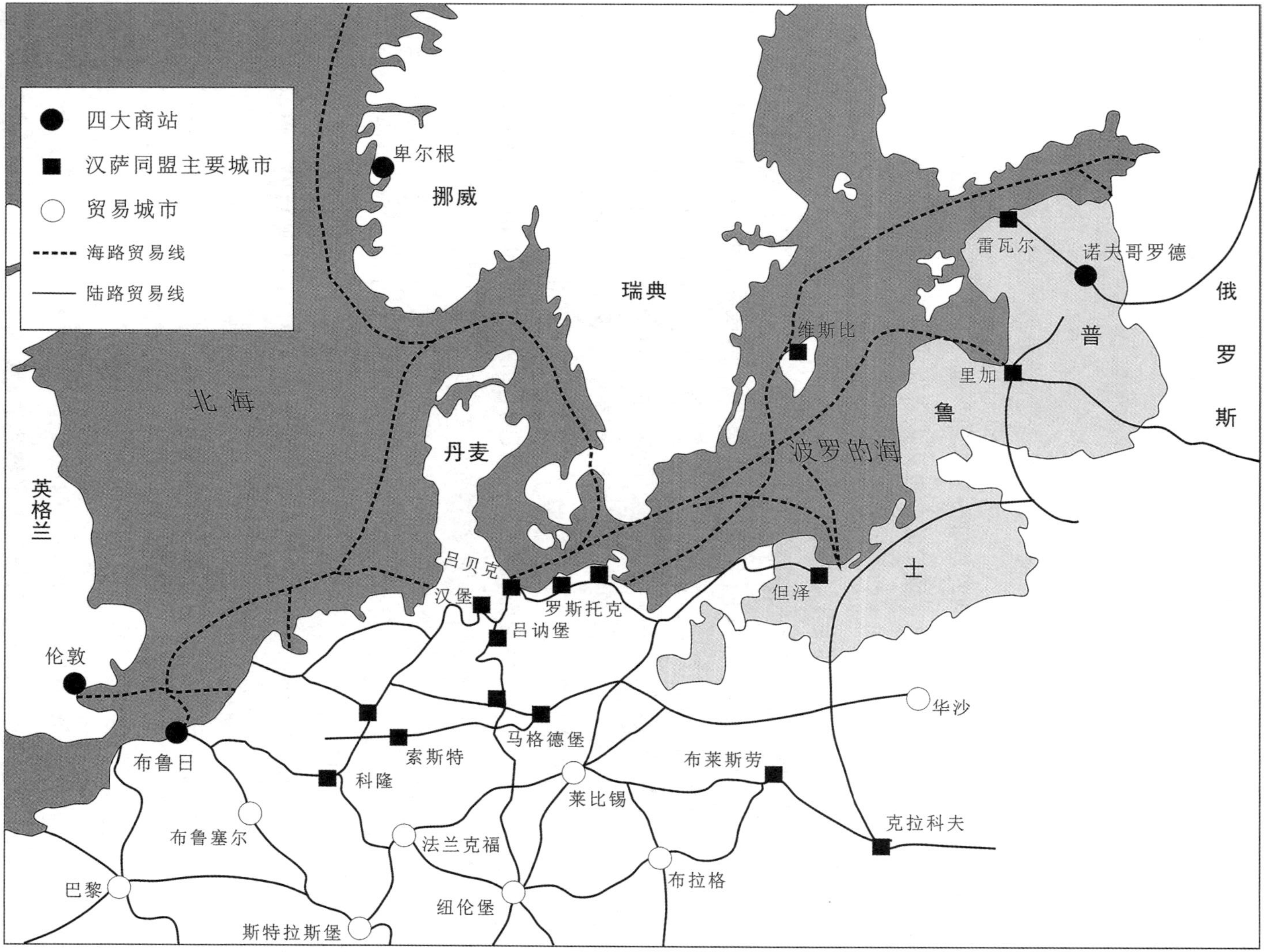

图 13　汉撒同盟的贸易(约 1400 年)

如莱茵同盟、士瓦本同盟和汉撒同盟，其中尤以图中所标出的汉撒同盟最为出名。

“汉撒”(Hanse)就是“行会”，是那些从事海外贸易的商人在贸易地成立的商业组织。它以波罗的海沿岸的城市吕贝克(Lübeck)为首，包括汉堡、罗斯托克(Rostock)、不来梅、马格德堡(Magdeburg)、科隆(Köln)等，普鲁士的一些城市也主动加入其中。汉撒同盟最盛时，一度吸引了80多个城市加盟，控制城市数量多达200多个。它覆盖了帝国北部同英格兰、北欧和俄罗斯的贸易线，涉及鱼、金、银、铜等20多种货品的交易。它在海外建立了数十个办事处，伦敦、布鲁日(今属比利时)、卑尔根(挪威)和诺夫哥罗德(俄罗斯)是其中的四大商站。

汉撒同盟不仅主导加盟城市之间的商贸关系，而且还干预当地的社会生活，甚至卷入外国的政治斗争中，例如它在伦敦的办事处便曾以支持爱德华四世(Edward Ⅳ)继承英格兰王位为由，换取同盟商人在英国的贸易特权。

自15世纪起，汉撒同盟的光辉逐渐黯淡了。欧洲贸易重心已转移到大西洋，同盟所控制的贸易线受到了新航路的挑战。瑞典、俄罗斯等国的国势趋强，不愿再受它的控制，同盟在贸易地的办事处急剧萎缩。更为巧合的是，作为汉撒同盟的领头羊，吕贝克却在此时由于鲱鱼的绝迹而迅速衰落。1669年，汉撒同盟在举行最后一次会议后谢幕。

今天，汉撒同盟的影子仍然保留在一些城市的别称上，如汉堡、不来梅、吕贝克等依然把自己称作“汉撒城市”(Hansestadt)。一个旨在促进旅游业、展示汉撒同盟传统的“新汉撒”(Neue Hanse)也从20世纪80年代开始出现，其总部设在吕贝克，16个国家的上百座城市陆续加入其中，延至今日，颇有影响力。

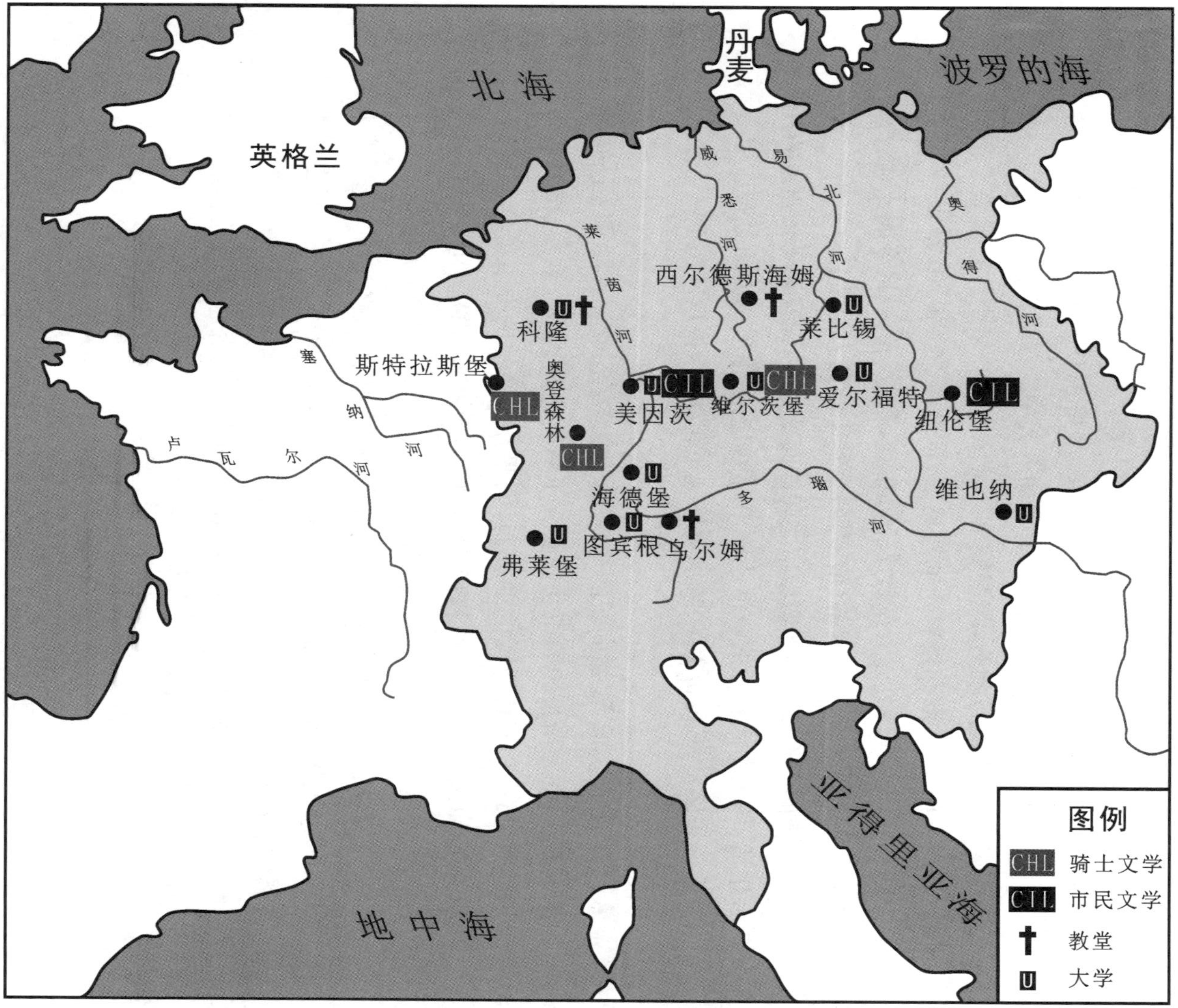

图 14　神圣罗马帝国时期的文化版图(疆域为 16 世纪初)

14. 文化遗踪

帝国政治生活的各种变化在一定程度上促成了文化的繁荣。征伐与扩张的经历成为作家笔下的冒险神话,邦国分立的局面使邦君们加强了文化共同体的建设,城市兴盛更为文化传播带来了巨大的经济推动力。图 14 便标识出了 16 世纪之前为帝国文化发展曾做出重要贡献的部分城市。

在中世纪,骑士文学是宫廷文化的主要表现形式。骑士本是一种为战斗而生的低级贵族,后来却慢慢演化为文学理想中的贵族形象。在德法多年争夺的边界城市斯特拉斯堡中,伟大的骑士传记作家哥特弗里德(Gottfried)创作了德意志历史上的优秀作品《特里斯坦和伊索尔德》(*Tristan und Isolde*,1205～1210)。在 20 世纪,这部作品曾被法、德、捷等国三次改编为电影。或许在西南部奥登森林(Odenwald)的一座古堡中,沃尔夫朗(Wolfram)完成了第一部用德语写成的骑士史诗《帕尔西法尔》(*Parzival*,1200)。在维尔茨堡(Würzbug),宫廷抒情诗人瓦尔特(Walther)用热情洋溢的诗歌来描写德意志骑士:德意志的风纪超过全世界/从易北河到莱茵河/再回头到匈牙利/也许有最高尚的人存在/我在别处没有见过。

随着城市的迅速发展,市民文学开始在 14 至 15 世纪勃兴起来。歌手海因里希(Heinrich von Meißen,又名 Frauenlob)首先在美因茨(Mainz)创建了一所歌咏学校,教授市民谱写抒情诗与格言诗。纽伦堡(Nürnberg)的一位鞋匠师傅汉斯·萨克斯(Hans Sachs)完成了数千首讽刺滑稽的"师傅之歌",用通俗化的手段表现马丁·路德(Martin Luther,宗教改革家,后文详述)的教义,对宗教改革的发展也起到了推动作用。

帝国文化兴盛的另一反映是创办大学的浪潮。11 世纪末，欧洲的第一所大学出现在意大利的博洛尼亚(Bologna)。大学最初只是为了培养基督教的神职人员，后来承担起培养各级政府管理人员的职责。1347 年，帝国皇帝下令在波希米亚的布拉格建起了帝国的第一所大学。不久，各邦君主紧随其后，在各自首府创办了德意志领土上的最早一批大学，它们是：维也纳大学(1365 年)、海德堡大学(1386 年)、科隆大学(1388 年)、爱尔福特大学(1397 年)、维尔茨堡大学(1402 年)、莱比锡大学(1409 年)、弗莱堡大学(1457 年)、美因茨大学和图宾根大学(1477 年)。在大学中，“七艺”是主要的学习内容，即文法、修辞、逻辑、算术、几何、天文和音乐。大学生获得学士学位后，还可以进入高一级的神学院、法学院和医学院学习。

最后值得一提的，是帝国境内的建筑艺术。罗曼式建筑曾在德意志颇为盛行。它是从古罗马时代的公共会堂发展而来的建筑形式。其主体建筑前段有一个横殿与大殿相交，构成十字形状。它基本上只用石头做材料，屋顶为拱形结构，墙壁很宽，上面装有大窗户。在德国，至今保存下来的罗曼式教堂只剩下西尔德斯海姆(Hildesheim)的圣·米夏埃尔教堂(St. Michael)。与此相对，哥特式建筑从 13 世纪起成为一种流行样式。哥特式教堂比罗曼式教堂大，塔楼直升云霄，使用尖形拱顶，显得轻盈灵巧。在德国，1248 年开始修建的科隆大教堂是名声最大的哥特式教堂，乌尔姆大教堂也是典型的德国哥特式建筑。

第四章

宗教改革

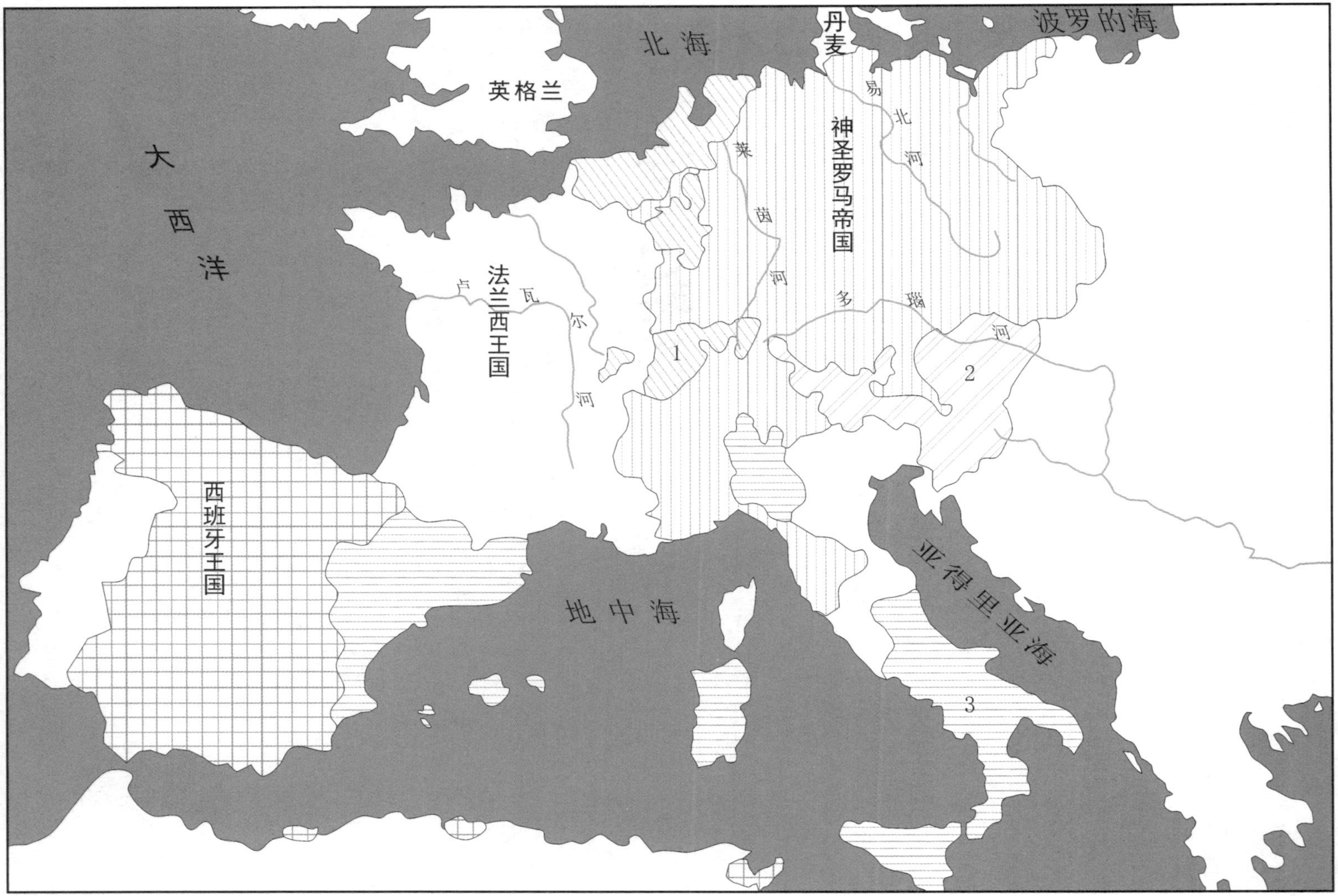

图 15　查理五世统治下的欧洲

[1] 勃艮第领地；[2] 奥地利；[3] 阿拉贡领地

15. 风暴前夜

一晃来到了16世纪初。此时,德意志乃至整个欧洲即将迈进激情澎湃的宗教改革时代,可神圣罗马帝国却似乎仍然按部就班地走在原来的发展轨道上,一如风暴前夜那样,波澜不惊。帝国继续是欧洲最富有的地区,采矿业与金属业位居前列。

然而,在看似平静的湖面之下,一股变革的暗流正在涌动。数十年前由宗教思想家胡斯(Jan Hus)启动的信仰改革运动虽被扑灭,但抨击教会的声音始终存在。罗马教廷愚弄信众,宣扬教皇"永无谬误"的理论,发行所谓"赎罪券"的举动更引起了一批人文主义者的抵制。尤为重要的是,与其他欧洲国家不同,教会问题在德意志就是政治问题:高级神职人员占有着15%的帝国土地,三位大主教跻身于选侯之列。教廷通过庞大的教会体制,对德意志课以重税,据估计,每年从德意志流向罗马的现金达到30万古尔登(德意志地区流行的一种银币)以上。教廷还常常收取每一个新任主教第一年的所有俸禄和辖区内的全部收入,作为批准其担任主教的回报。所有一切让帝国各阶层都对罗马教廷心存怨恨。

恰在此时,一场规模浩大的皇帝选举拉开了帷幕。此时,奥地利的哈布斯堡家族绝嗣。这使得选侯们不得不重新考虑皇帝人选。有四位拥有皇室血统的欧洲贵族提出了继承要求:西班牙国王、哈布斯堡家族的查理一世(Karl Ⅰ);英国国王亨利八世(Heinrich Ⅷ);法国国王弗朗索瓦一世(François Ⅰ);萨克森选侯"智者"弗里德里希(Friedrich der Weise)。为获得选侯的支持,四位候选者展开了浑身解数,其中最为重要的方式便是行贿。在这场选侯史上最大的贿赂丑闻中,最终胜出的查理一世从银行家们手里借出钱来,到处行贿,最后花费了85万杜卡特金币(16世纪通行欧洲的标准金币,1杜卡特相当于40古尔登)!

1520年,查理一世登基为帝,改号为查理五世。这既保证了哈布斯堡家族继续成为皇族,又极大扩展了帝国的版图。将图15与图8相比较就能看出,查理五世统治的区域已经远远超越了帝国原有的疆界。他所获得的头衔更显示出这个世界性大帝国的广袤:

> 罗马皇帝,永恒的奥古斯都,西班牙、西西里、耶路撒冷、巴利阿里群岛、加纳利群岛、印第安群岛和大西洋彼岸大陆的国王,奥地利大公,勃艮第、布拉班特、施蒂利亚、克恩滕、克赖恩、卢森堡和林堡公爵,哈布斯堡、佛兰德和蒂罗尔伯爵,勃艮第、黑诺高和罗西隆行宫伯爵,阿尔萨斯和士瓦本侯爵,亚洲和非洲的君主。

不过,令这位新皇帝始料未及的是,帝国的新局面并没有缓和德意志民众对贪婪教廷的不满。恰恰相反,作为当时欧洲最有势力的君主,查理五世首先面对的便是如何处置一位教士的难题。更让他未曾想到的是,这位三年前公然向教廷提出责难的教士将把帝国乃至整个欧洲都带往信仰分裂的全新世界。

这位教士就是马丁·路德(Martin Luther)。

16. 路德其人

马丁·路德究竟是一位怎样的教士？他为何会掀起德意志历史上最大的一场信仰风波？这一切还得从头说起。让我们从图16所标识的地点，一步步地还原他的生活世界。

艾斯莱本和曼斯菲尔德：这里留下了路德的儿时记忆。1483年11月10日，路德出生在艾斯莱本(Eisleben)。他的父亲本是一个农民，因无继承农庄的权利，才迁往艾斯莱本。在路德出生数月后，全家又搬到了曼斯菲尔德(Mansfield)。他的父亲很快靠经营黄铜矿而发家致富。路德从小接受了极为严格的教育，还常常受到父母的体罚。1501年，路德考上大学后，便离开了这里。今天，这两座城市，连同未来路德常住的维腾堡(Wittenberg)都被冠名为"路德城"(Lutherstadt)。

爱尔福特：这座被誉为"北方罗马"的小城是路德接受大学教育并开始神学研究的地方。在爱尔福特大学里，路德最初潜心攻读古典学，以优异成绩获得了文学硕士学位。然而在准备攻读法律学位的时候，他突然经历了特别恐怖的雷击。在惊恐之时，他许下了"若幸存便把自己献给上帝"的诺言。1505年，劫后余生的路德不顾亲人和朋友的劝阻，进入爱尔福特的奥古斯丁修道院，并在那里初步接受了神学的熏陶，成为一名布道神父。

维腾堡：这座仅有2000多人的大学城是路德度过大部分人生的地方。1507年，他首先成为这里一个修道院的副院长，随后在维腾堡大学先后获得神学学士和博士的学位，并担任该校的圣经学教授。他在这里，同享誉欧洲的人文主义者伊拉斯谟(Desiderius Erasmus)通信，时刻关注着《圣经》版本的校正工作。短暂访问罗马归来后，他对教廷存在的各种贪腐现象了然如心。也正因如此，当约翰·特采尔(Johann Tetzel)

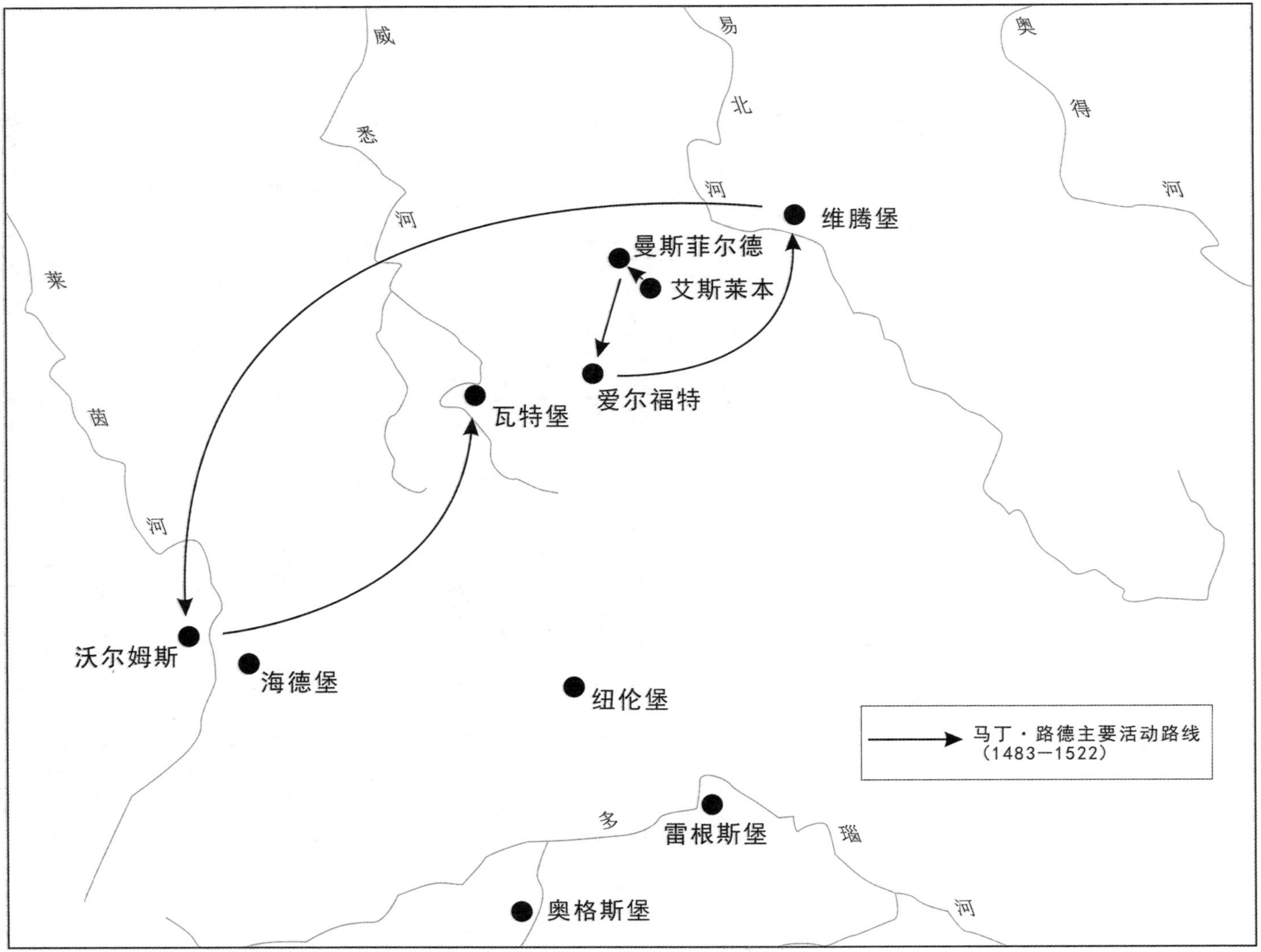

图16　马丁·路德的主要活动路线(1483～1522)

在马格德堡教区周边大肆出售赎罪券，甚至许诺“钱在匣子里铛锄响，灵魂就从涤罪所跳上天堂”时，路德再也坐不住了。他很快写下了战斗的檄文：《九十五条纲领》。这篇德意志历史上的著名篇章推倒了赎罪券的神学基础，提出“教皇无权赦免人的罪行，只有上帝才有这样的权力”，并直截了当地揭露教皇的敛财丑行。在面对教廷的口诛笔伐时，路德逐步完善了自己的理论。他从《圣经》中找到了“义人必因信得生”的说法，以此质疑教会在灵魂得救中的作用。

沃尔姆斯：这是皇帝经常召开帝国会议的城市，也是查理五世企图解决路德问题的地方。路德的言论引起了教廷的极度不满。教皇派出神学家和教廷驻奥格斯堡帝国会议的使节与之辩论，但均未说服路德认罪。相反，路德在1520年前后还陆续发表了系列论文，公开同罗马教廷决裂。这个时候，查理五世为同法国争夺欧洲霸权，正谋求教皇的支持，因为后者可以对法国国内政治施加压力。为此，他不得不出面捍卫教廷，要求路德在沃尔姆斯（Worms）忏悔。路德却以坚定的口吻告诉新皇帝：“只要我还不曾被《圣经》文字或清晰理性驳倒了的时候，我不能也不愿撤回任何话，因为违背良心行事是难以做到的，也是危险的。愿上帝保佑我。阿门！”

瓦特堡：这里是路德隐居四年的地方。1521年，沃尔姆斯帝国议会专门讨论了路德的问题。会议结束后，皇帝宣布路德有罪，决定逮捕他。但萨克森选侯“智者”弗里德里希却出面保护了路德，将他秘密送往瓦特堡（Wartburg）。路德在这里隐姓埋名，主要依据伊拉斯谟的希腊文版本的《圣经》，潜心翻译了《新约》。这部书连同10余年后翻译完成的《旧约》，成为新教《圣经》的德语标准版。它不仅宣扬了路德“因信称义”的思想，而且还奠定了现代德语的基础。

等到1522年，当路德离开瓦特堡，重现世间时，帝国的信仰空间已经因为他挑起的神学争论，发生了巨大的变化。自此，路德的言行，不再仅仅是他私人生活的一部分，而成为一个跨越学术领域的公共话题，甚至演化为超越帝国疆界的欧洲政治事件。

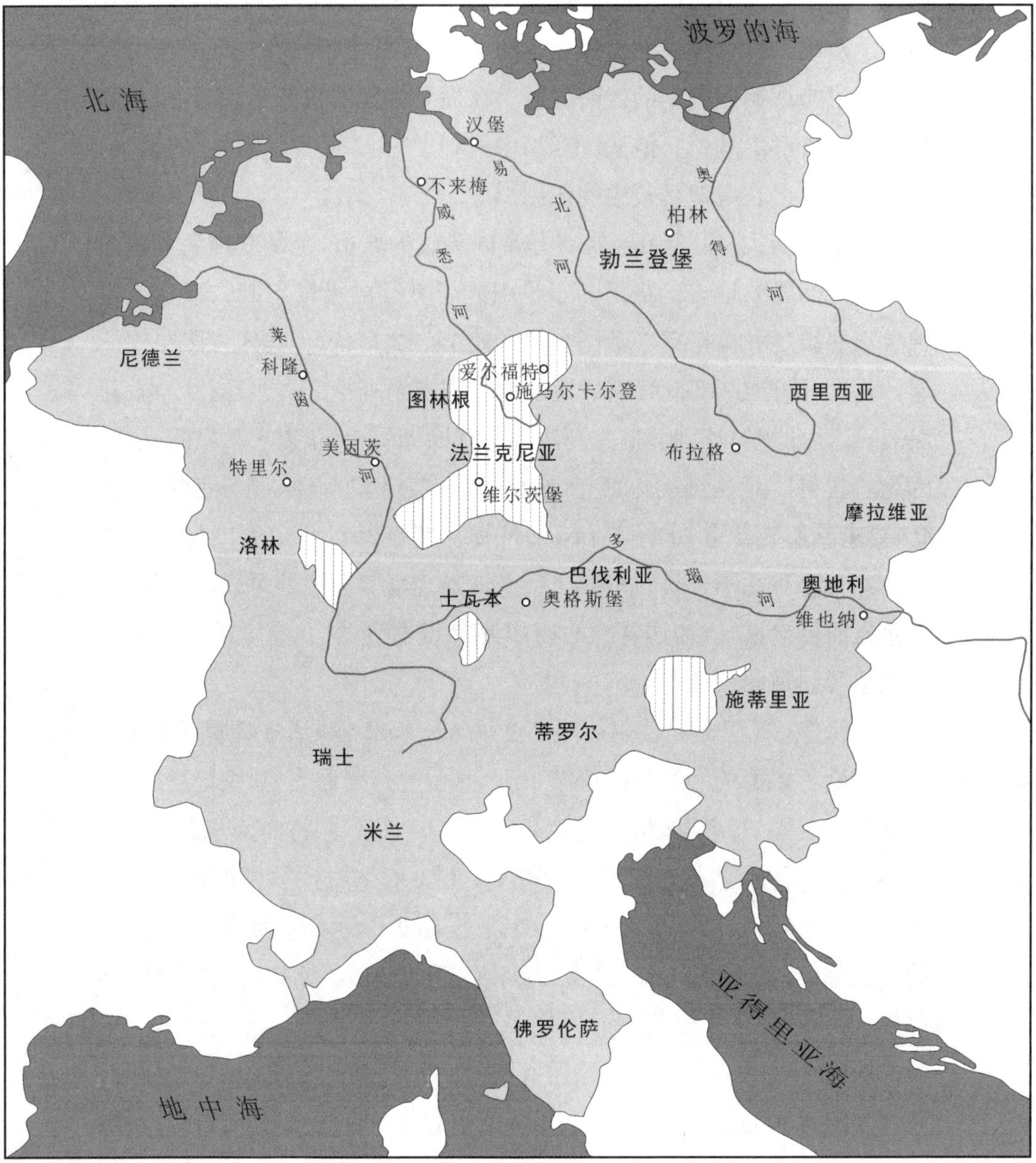

图 17　宗教改革中的德意志

17. 社会决裂

自路德挑战罗马教廷的权威后，改革不仅成为教会人士津津乐道的话题，还在帝国境内迅速演化为一场诸民的狂欢。来自社会各阶层的不满者打着各种改革旗号，参与到重建政治秩序的运动中去。图 17 标示了这些运动发生的一些重要区域和城市。

在世俗社会中，宗教改革的第一批支持者是帝国骑士们。他们曾经辉煌一时，但在皇权衰落和火药运用的时代里，不再为人重视。路德的教义让他们看到了重新崛起的希望。1522 至 1523 年间，在济金根(Franz von Sickingen)和胡腾(Ulrich von Hutten)的领导下，帝国骑士们在西部发起了一场“骑士战争”。他们向莱茵河中游地区的邦君和大主教发起了进攻，一度包围特里尔，但最终由于人单力薄，以失败告终。

不久，规模更为浩大的农民战争爆发了。从西面的阿尔萨斯到东边的施蒂里亚，从南面的蒂罗尔到北部的图林根，到处燃烧着斗争的烽火。在图 17 中，四块竖线阴影区域(包括法兰克尼亚、图林根、士瓦本、施蒂里亚等邦国)是斗争的主要中心。这场战争断断续续绵延了两年，参加者除了农民外，还包括市民、雇工、下层僧侣等各种普通人，总人数约为 12 万人。起义者不仅反对经济上的剥削制度，而且大多以建立“人民的政府”为目标，要求获得神法治理下的平等权。然而，由于起义者各自为战，树敌过多，战斗于 1526 年 7 月无果而终。

与此同时，贵族们也投入到这场运动中。一些邦君发现，改宗运动可以帮助他们把教俗权力融为一体，并在教产还俗的浪潮中坐收渔翁之利。于是，支持路德的邦君们联合发布了一篇“抗议书”(Protest)，自此，改宗者便被称作“抗议宗教徒”(Protestant)或“新教徒”。1530 年，路德的好友梅兰希顿(Philip Melanchthon)发布《奥格斯堡告白》，从理论上同天主教信仰划分界限。次年，支持《奥格斯堡告白》的邦君在施马尔卡尔登集会，结成了反对皇帝的军事同盟。1546年，新旧教派的军队在施马尔卡尔登一决高下。皇帝取得了胜利，但信仰分裂仍然无法弥合。1555年，双方在奥格斯堡签订宗教和约，承认宗教改革的成果，保障新旧教派的平等权，并制定了"教随邦定"的原则——民众信仰以邦君为标准。

《奥格斯堡宗教和约》暂时结束了帝国境内的军事对立局面，为路德开启宗教改革之门以来的一系列社会冲突画上了句号。然而，德意志社会的决裂已经定型，并且还将在更大范围内引发一场风暴。

18. 祸结兵连

在路德提出《九十五条纲领》的100年后，帝国内部和整个西欧的信仰统一体都已经荡然无存。图18显示了1618年西欧的信仰分布情况。帝国的中北部连同整个北欧是路德教义的辐射区。一些国家和地区出现了其他改革教派，如瑞士的加尔文宗和英国的圣公会。帝国的南部、法国、西班牙、意大利和波兰仍然坚持罗马教廷的宗教仪轨。欧洲东部继续是希腊东正教的天下。

信仰的分裂既造成了不同地区民众之间的心理对峙，而且还直接导致欧洲国家形成了两大对立集团：一方是由神圣罗马帝国皇帝领导下的天主教联盟，它包括奥地利、巴伐利亚等德意志天主教邦国和西班牙王国；另一方是由德意志新教邦国、丹麦、瑞典与荷兰组成的新教联盟——法国虽是天主教国家（部分地区也深受加尔文宗影响），但出于同哈布斯堡家族的争霸考虑，也支持新教联盟。

天主教联盟与新教联盟的矛盾最终通过一场绵延多年的战争才得以纾解。这就是“三十年战争”。

战火首先源于帝国西部的一次突发事件。波希米亚王国（即捷克）是哈布斯堡家族的世袭领地，但在17世纪初改信新教。1618年，帝国皇帝指定了一位天主教贵族来接任国王之位，以便按照“教随邦定”的原则，强迫波希米亚人改宗。此举引发了新教贵族的强烈不满。1618年5月，愤怒的波希米亚人把新国王派来宣布改宗的两位官吏扔出宫廷窗口，史称“掷出窗外事件”。

波希米亚风波很快传遍了整个欧洲宫廷，并旋即引发了两大联盟势力的积极介入。在天主教联盟的帮助下，皇帝平定了波希米亚人的叛乱，并在该地区重新恢复天主教信仰。新教联盟害怕天主教势力的反

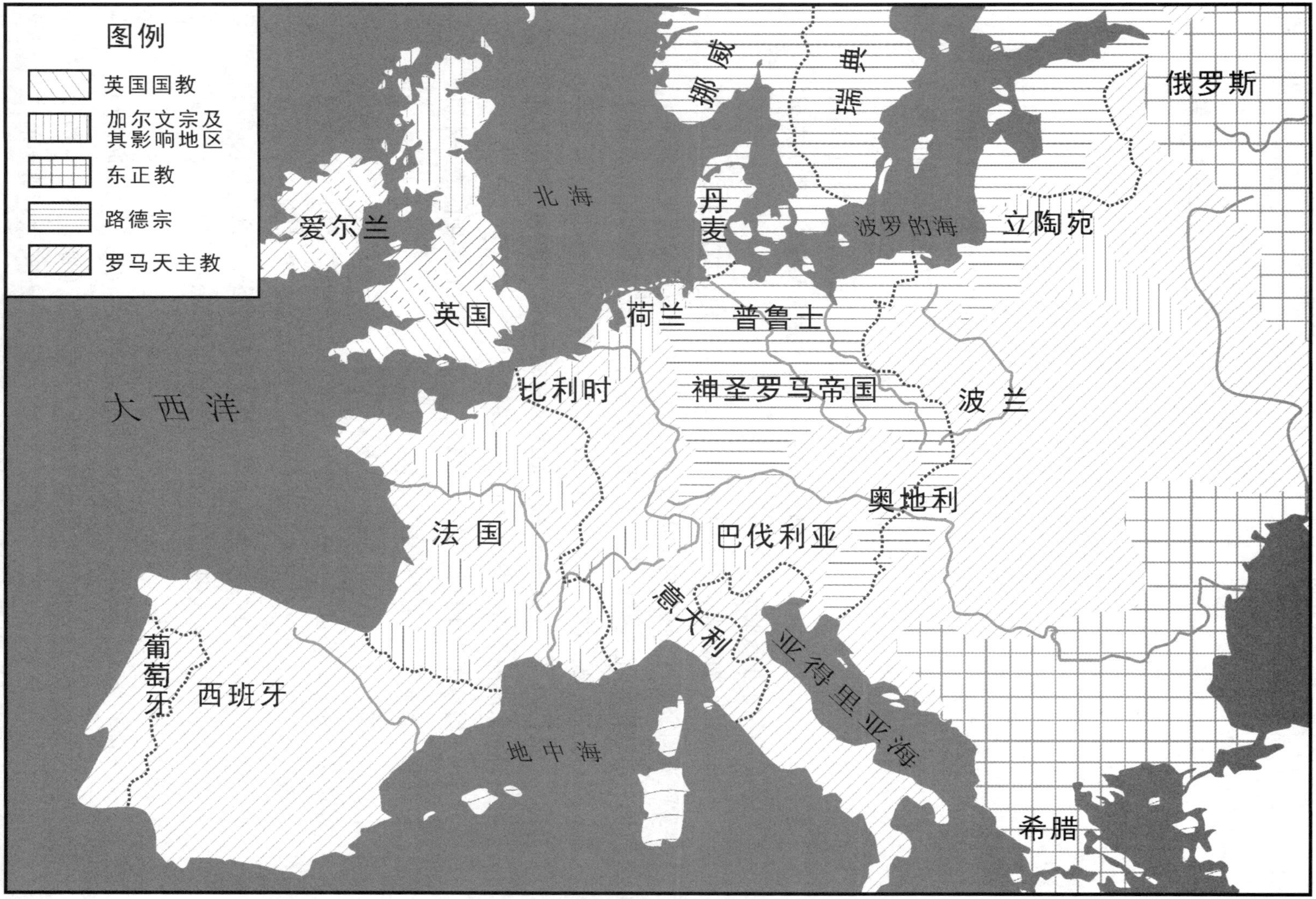

图 18　西欧信仰分布(1618 年)

扑，立即支持丹麦和瑞典对帝国的内部事务进行干涉。于是，一场欧洲大战爆发。

作为宗教改革的发起地与信仰对立最为尖锐的地方，帝国不可避免地成为这次战争的主战场。据估计，整个帝国人口减少了大约30%，其中帝国的东北部、图林根、普法尔茨等地区的人口死亡率超过60%。多年以后，德意志文学家席勒（Friedrich von Schiller）在其名著《三十年战争史》（*Geschichte des Dreissigjärigen Krieg*，1792～1793）中如此痛心疾首地写道：

> 德意志兰确实到了灭顶之灾的地步。昔日经常云集着欢乐的勤劳人群的地方，昔日大自然曾倾注它最美妙的祝福，和那曾是最繁荣昌盛的地方，现在已是一片荒芜。土地离开了锄犁耕田者勤劳的双手，抛了荒，杂草丛生；在新种刚要结实或已丰收在望的地方，一次行军就使整年的辛劳化为乌有，夺走了憔悴不堪的农民们的最后希望；焚毁的宫殿，荒野的土地，烧成灰烬的村庄，触目皆是，一派家破人亡的景象。

深爱德意志的路德绝不会想到，由他挑起的这场信仰革命却让他的祖国面临着如此祸结兵连的悲惨命运。神圣罗马帝国也就此日薄西山，作别中世纪的辉煌。

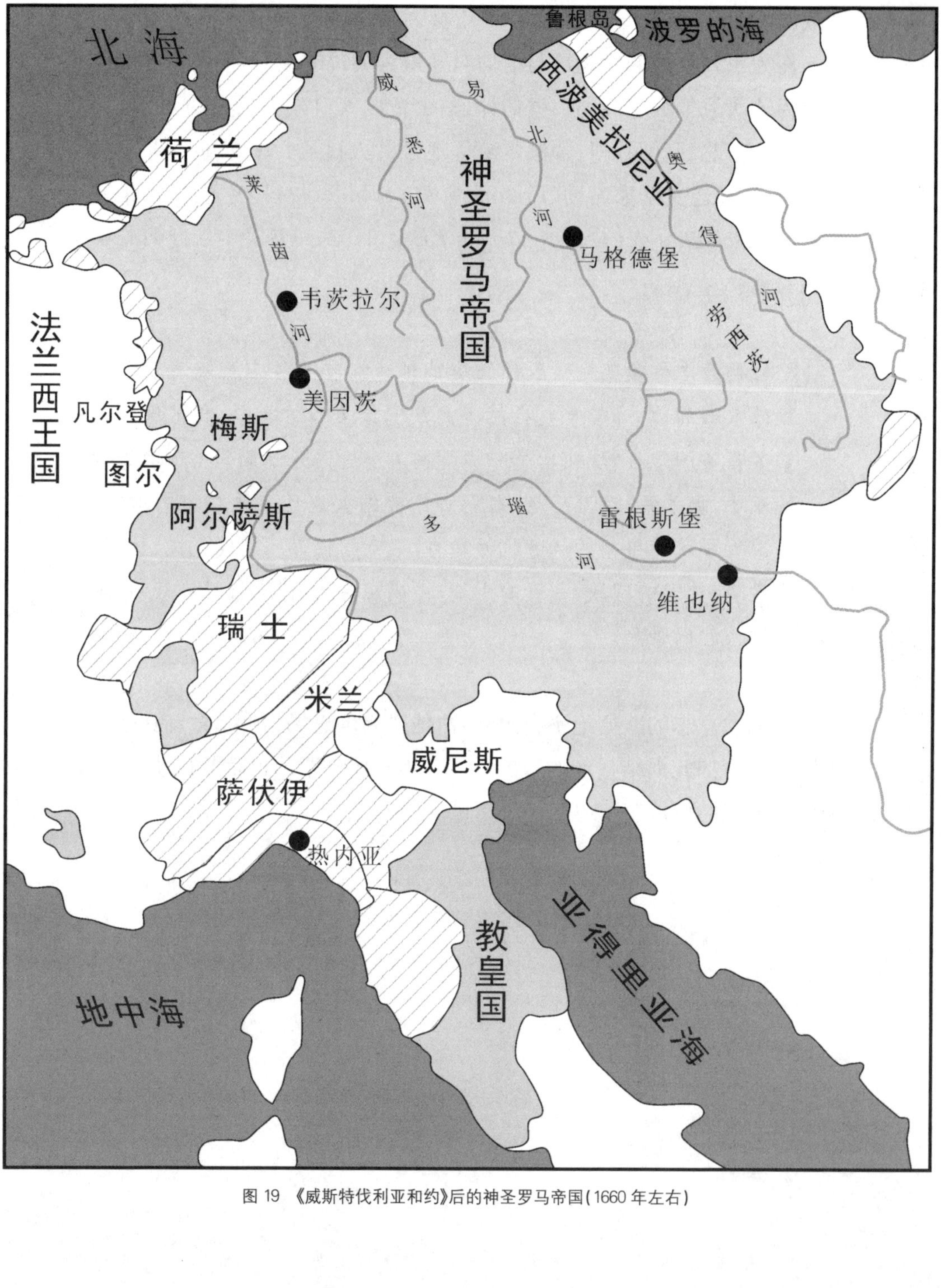

图 19 《威斯特伐利亚和约》后的神圣罗马帝国(1660 年左右)

19. 帝国斜阳

在“三十年战争”中，敌对双方互有胜负，很难说谁是最后的胜利者。但正如前文所言，作为主战场的神圣罗马帝国，肯定是最大的失败者。这一点尤其体现在为结束战争而签订的《威斯特伐利亚和约》中。

1648 年，神圣罗马帝国皇帝分别同新教联盟的两派代表缔结和约，并在帝国西部威斯特伐利亚地区的明斯特正式签字，史称《威斯特伐利亚和约》。和约除了确认各国内部信仰自由的原则外，主要内容均围绕帝国展开。在图 19 中，斜条区域便是帝国因签订和约而丧失的领土。这些领土大致分为以下两种情况：

(1) 一些地区独立或成为独立国家，如荷兰、瑞士、萨伏伊(历史地区名，在今法国东南部和意大利西北部)、米兰、热那亚等；

(2) 哈布斯堡家族在奥地利之外的一些领地交给法国与新教联盟中的瑞典。法国获得梅斯、图尔、凡尔登各主教区，并得到了上阿尔萨斯、下阿尔萨斯以及西南德意志的一些城市；瑞典得到包括鲁根岛在内的整个西波美拉尼亚，还获得东波美拉尼亚的一些地区，从而在波罗的海和北海南岸拥有重要港口。由此，法国和瑞典得以成为帝国议会的等级代表，干预帝国事务。1658 年，两国甚至筹划了一个莱茵同盟，明目张胆地挑战哈布斯堡家族的皇权。这一幕可以说正是将来拿破仑对德政策的前奏。

和约还以保持帝国内部不同教派的政治力量均衡为名，强行调整领地归属。哈布斯堡家族的马格德堡主教区被割给勃兰登堡选侯——此时勃兰登堡已同普鲁士组成联合体，成为帝国境内仅次于奥地利的第二大邦国。萨克森获得了哈布斯堡家族的劳西茨地区。普法尔茨公国一分为二，信奉天主教的上普法尔茨与巴伐利亚合并，信奉新教的下普法尔茨(即莱茵兰-普法尔茨)维持独立地位。巴伐利亚公爵被提升为选侯。

和约签订后,在法国和瑞典的干预下,皇帝同诸侯拟定了一部帝国宪法。该宪法进一步确认了邦国分立的现状,承认各级诸侯在其统治区域内拥有全部主权。相反,中央权力则被架空,如图 19 所示,由四座城市共同支撑帝国的正常运作:维也纳是奥地利的首都,哈布斯堡家族的皇帝常居于此。这里还设有帝国皇家法院,负责处理臣民起诉案。雷根斯堡从 1663 年起成为帝国议会的所在地,各级诸侯在此讨论有关帝国的整体事务。帝国议会的决议交由 10 个帝国集团(类似于“省”)来执行。美因茨大主教不仅拥有选侯的身份,而且还担任帝国首相,负责主持国王和皇帝的选举。1689 年起,韦茨拉尔(Wetzlar)是帝国最高法院的所在地,负责协调和判处邦君之间的纠纷。

帝国权力的分散意味着,当邻国一个个踏上民族国家之路时,德意志人却只能空顶着一个帝国的光环。正如启蒙哲学家伏尔泰(Voltaire)所言,1648 年后的神圣罗马帝国“既不神圣,也不罗马,更非帝国”,而是越来越陷入一种无政府的状态中。

20．多彩文化

1648年后的神圣罗马帝国是一个教派混合、多民族且权力分散的联合体，在欧洲的政治舞台上越来越被边缘化。然而，恰恰是这样一种松散的联邦体制却保证了文化的多样性发展。图20便标识出宗教改革后帝国文化发展史上的一些重要标志。

宗教改革运动首先对教堂艺术产生了重要影响。在南方，天主教会为加强民众的信仰，制造宗教神秘感，着重推行巴洛克风格的教堂建筑艺术，即用丰富的想象力和豪华的装饰，来为信徒营造一座"新天堂"。在这一方面，1597年落成的慕尼黑圣米夏埃尔教堂是帝国境内的典范之作。相反，在北方，路德宗和加尔文宗都倾向更为简洁的风格。典型的新教观点甚至认为，教堂仅仅是一种信徒的集会场所，无须过多的装饰。德累斯顿的圣母教堂和柏林德意志大教堂便是此类教堂的代表。

教育上的差异同样是心灵世界分裂后的产物。在天主教地区，为抵制新教在知识领域中的扩张，耶稣会承担了改造大学的使命。据记载，当时的18所天主教大学都或多或少地努力接近与理解现代知识，尤其在皇帝驻地，维也纳大学发起的改革运动影响较大。不过，相比之下，新教大学跨出的改革步伐更为坚定，且意义深远。普鲁士的哈勒大学与汉诺威的哥廷根大学是当时两所新建的高校，但都发展成为领导潮流的模式。它们抬高了历史课的地位，推行德语教学，并开始赋予学者在研究方面的自由权。值得注意的是，在这一时期，还存在着两所比较独特的双信仰大学：爱尔福特大学和海德堡大学。它们是多次"教随邦定"后的产物，虽然始终存在着教派之争，但双方也因此拥有了共同合作的经历。

当代文化研究者还曾发现了一个十分有趣的现象：到18世纪，美

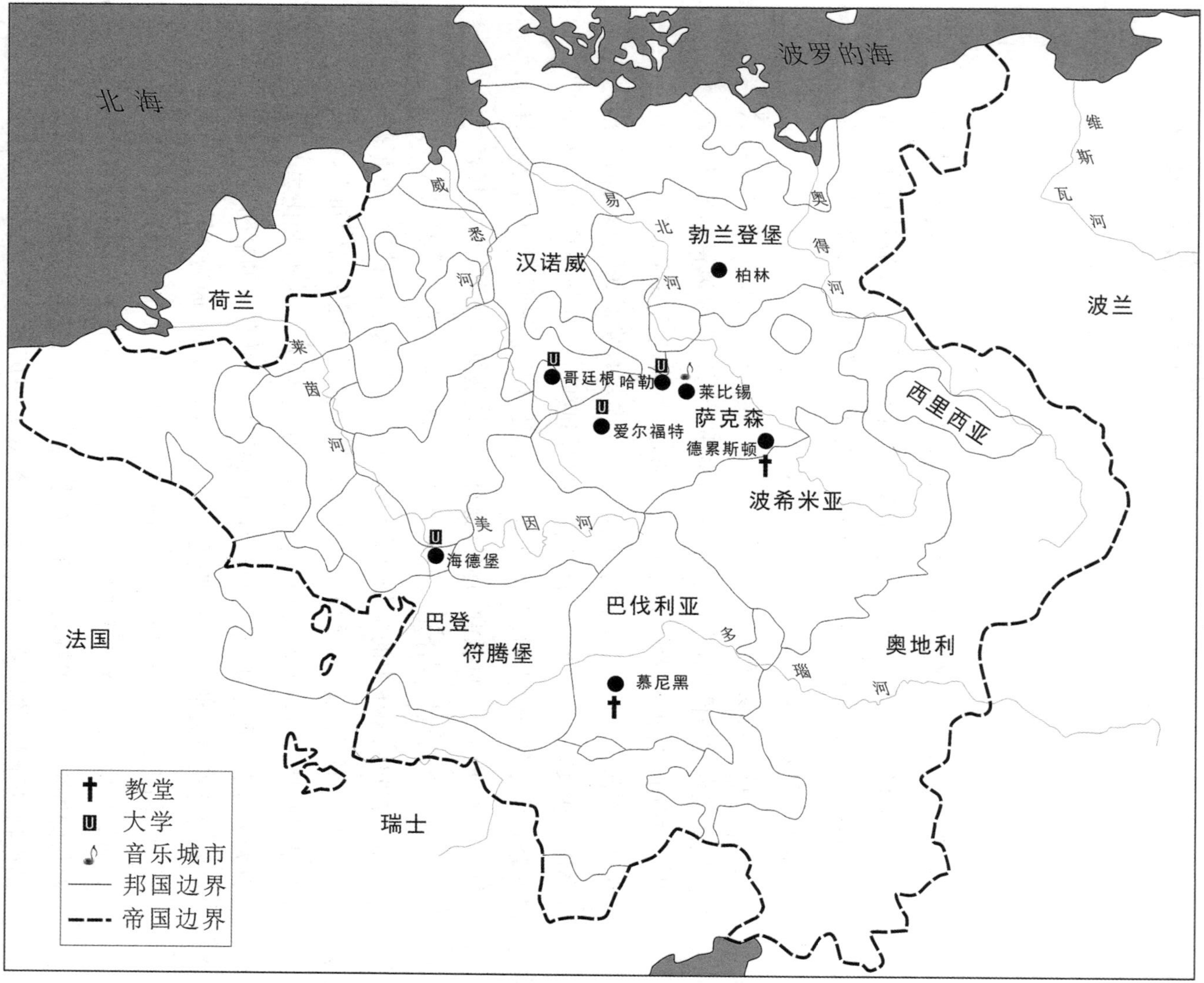

图 20　晚期帝国的文化都市

因河成为德意志文学的南北分界线。绝大部分文学家都出现在美因河以北的新教地区。即便少数文学家出生在美因河以南，但他们仍然是新教信徒，例如符腾堡人席勒。这一点据说同新教的阅读文化密切相关。根据路德的观点，《圣经》就是上帝的话语，所以新教地区出现了明显的对书面语言的偏爱。与此相反，美因河以南的天主教地区由于提倡感性文化，所以建筑和艺术方面的成就突出。

最后，我们不得不提到一座伟大的音乐城市——莱比锡。正是在这里，德意志音乐家巴赫(Johann Sebastian bach)创作了大量脍炙人口的教堂音乐作品。路德曾提出，“用歌唱来传递福音”。所以，在新教地区，教堂音乐发展迅速，出现了宗教协奏曲与所谓“康塔塔”(即包括独唱、重唱、合唱在内的声乐套曲)等形式。在这一方面，巴赫是首屈一指的大师，他写的150首“康塔塔”流传至今。

多彩文化为德意志人赢得了“文化国度”的美誉，但显然无助于它投入到近代民族国家之间的激烈竞争中。在不久的将来，帝国必然会面临一次权力重组的考验。

第五章

三足鼎立

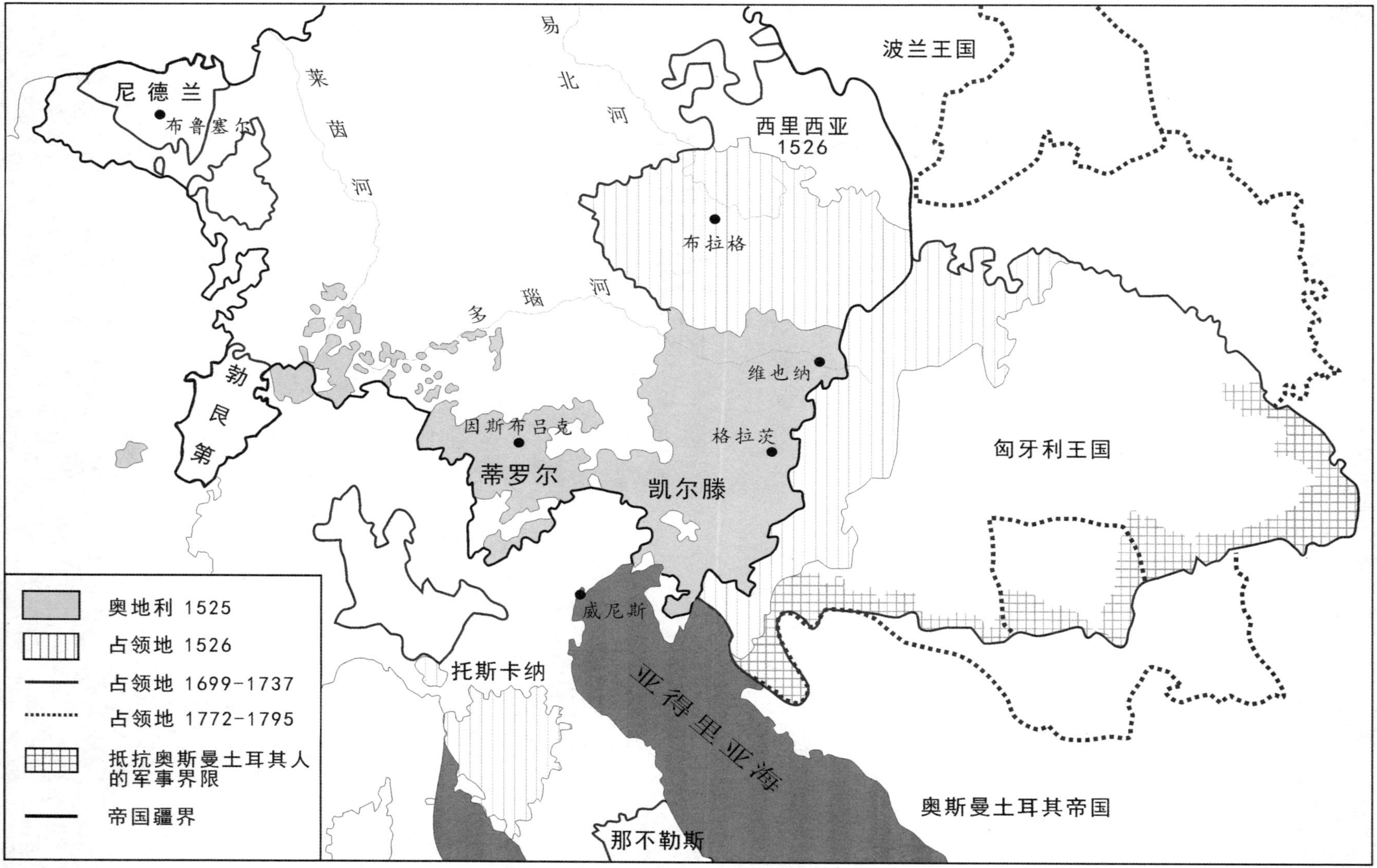

图21　奥地利哈布斯堡家族的扩张(1525～1795)

21. 普世君王

“三十年战争”结束后，奥地利的哈布斯堡家族仍然是神圣罗马帝国名义上的最高统治者。1684 年，一位官员直言不讳地宣称：“只要奥地利愿意，它可以拥有一切！”

此言非虚。图 21 向我们展现了奥地利哈布斯堡家族近 300 年的扩张之路。宗教改革在欧洲造成了社会动荡，还引发了持久的战争，可这一切似乎跟奥地利人一点关系也没有。他们还在埋头苦干，发展自己的“天下大同”的帝国。而助它不断拓展领地的两大利器，一是战争，一是联姻。15 世纪后半叶当政的马克西米利安一世(Maximilian Ⅰ)先通过征服手段获得勃艮第和尼德兰，后又借助子女的婚姻，得到了西班牙及其西属殖民地和那不勒斯-西西里。16 世纪上半叶，查理五世在位时，奥地利被称为“日不落帝国”。1683 年，奥地利人成功击退土耳其人的进攻，还趁机向东南方拓展，获得了整个匈牙利王国的归附。18 世纪初，西班牙的哈布斯堡家族绝嗣，奥地利的哈布斯堡家族虽然在英、法等国的施压下，被迫放弃西班牙本土及其海外帝国的继承权，但作为补偿，它也获得了西班牙在欧洲的大部分领土，如米兰、那不勒斯和尼德兰。如此一来，奥地利不仅是帝国境内统治面积最为辽阔的邦国，而且还拥有着一大片不属于帝国领地的非德意志人地区。

可是，身为皇族的哈布斯堡家族虽然高歌猛进，但却犯下了一个最严重的错误：为了“名正言顺”地统御世界，不惜与一对过时的制度继续纠结在一起：即神圣罗马帝国和罗马天主教会。于是它与时代精神渐行渐远。

一方面，英、法等国都在热火朝天地建设自己的民族国家，这个德意志人的最高统治者却既不能、也不愿意规划本民族的未来。在它看来，一个多民族的帝国才是理想状态。

另一方面，在宗教改革后的欧洲，奥地利却还以天主教会支持者自居，一再推行反宗教改革的措施。它继续压制和排斥新教徒和犹太人，如1731年萨尔茨堡驱逐了2.2万名新教徒，1727年的《家庭婚姻法》规定犹太家庭中只有长子才有结婚权，试图以此控制犹太人的数量。它推崇巴洛克式的神秘文化，排斥启蒙思想，人才流失严重，被誉为“德意志启蒙之父”的哲学家沃尔夫（Christian Wolff）等人都不得不移居国外。久而久之，奥地利同罗马天主教会之间的关系依然是“剪不断，理还乱”。

更为不幸的是，这个正做着黄粱美梦的家族居然还遭遇了一场绝嗣风波。长期以来，奥地利遵循的都是男系世袭继承制。但在18世纪上半叶，奥地利国王兼神圣罗马帝国皇帝查理六世（Karl Ⅵ）却面临没有男性继承人的尴尬局面。为了避免欧洲其他王室的趁火打劫，从1713年起，查理六世在帝国各邦和欧洲各国之间反复周旋，用尽各种手段，才换取所有国王和邦君承认所谓的《国本诏书》，即保证哈布斯堡的领地不可分割性，查理六世之长女拥有王位的第一继承权。这场绝嗣风波充分暴露了哈布斯堡家族过分依赖联姻方式的负面效果，因为一旦该家族没有男性继承人，所有迎娶该家族女性的欧洲王室都拥有继承权。这样一来，联姻非但没有巩固奥地利的国际地位，反而有可能使之在欧洲近代国家之间的政治博弈中首先陷入不利之地，成为众敌环伺的对象。

1740年，查理六世去世。他的长女玛丽亚·特蕾西娅（Maria Theresia）能如愿以偿地继承奥地利王位吗？奥地利的哈布斯堡家族还能够延续它的普世君王梦吗？一切仍然是未知数。因为在帝国境内，一支可以同奥地利匹敌的力量已经崛起。它就是普鲁士。

22. 军中之国

普鲁士曾是15世纪初波罗的海沿岸地区的最强大的国家，也是神圣罗马帝国之外最大的德意志人聚居地。但自15世纪下半叶起，它便不断走下坡路，进而在1525年沦为波兰属国。

不过，“普鲁士”之名并没有就此淡出历史舞台。相反，在神圣罗马帝国的后期历史上，普鲁士反而成为唯一能同奥地利分庭抗礼的邦国。这一惊天逆转是同霍亨索伦家族（Hohenzollern）联系在一起的。

霍亨索伦家族的领地原在帝国西南部，15世纪初，其族长获封勃兰登堡边区伯爵。一个世纪后，该家族的另一成员又被已经没落的骑士团国家选为总团长。于是，霍亨索伦家族把重心移到了帝国东北部和波罗的海沿岸。宗教改革时，两地都推行了世俗化改革。1618年，霍亨索伦家族的约翰·西吉斯孟德（Johann Sigismund）通过继承关系，把勃兰登堡和普鲁士连成一体。自此，普鲁士的历史翻开了新的一页。图22为我们展示的正是这一时期的普鲁士扩张之路。很明显，这条道路是不断由帝国外向内不断延伸的。

在普鲁士走向强国的进程中，霍亨索伦家族的历代邦君都深谙军队的重要性。被誉为“大选侯”的弗里德里希·威廉（Friedrich Wilhelm）充分吸取了“三十年战争”的教训，率先启动了大规模的军事改革。他创立了一支1.8万人的常备军，让其接受职业军官团的严格训练。他按照法国的模式，建立讲武学堂，要求贵族子弟必须入学。此外，他还推行国王同最高级军官商讨公事的制度，奠定了后来普鲁士总参谋部的基础。一时间，军官的社会地位骤然提升。大选侯也藉此推行一系列体制改革，形成了当时引人注目的专制官僚政体。1660年，他成功取消了波兰对普鲁士公国长达百余年的宗主权。

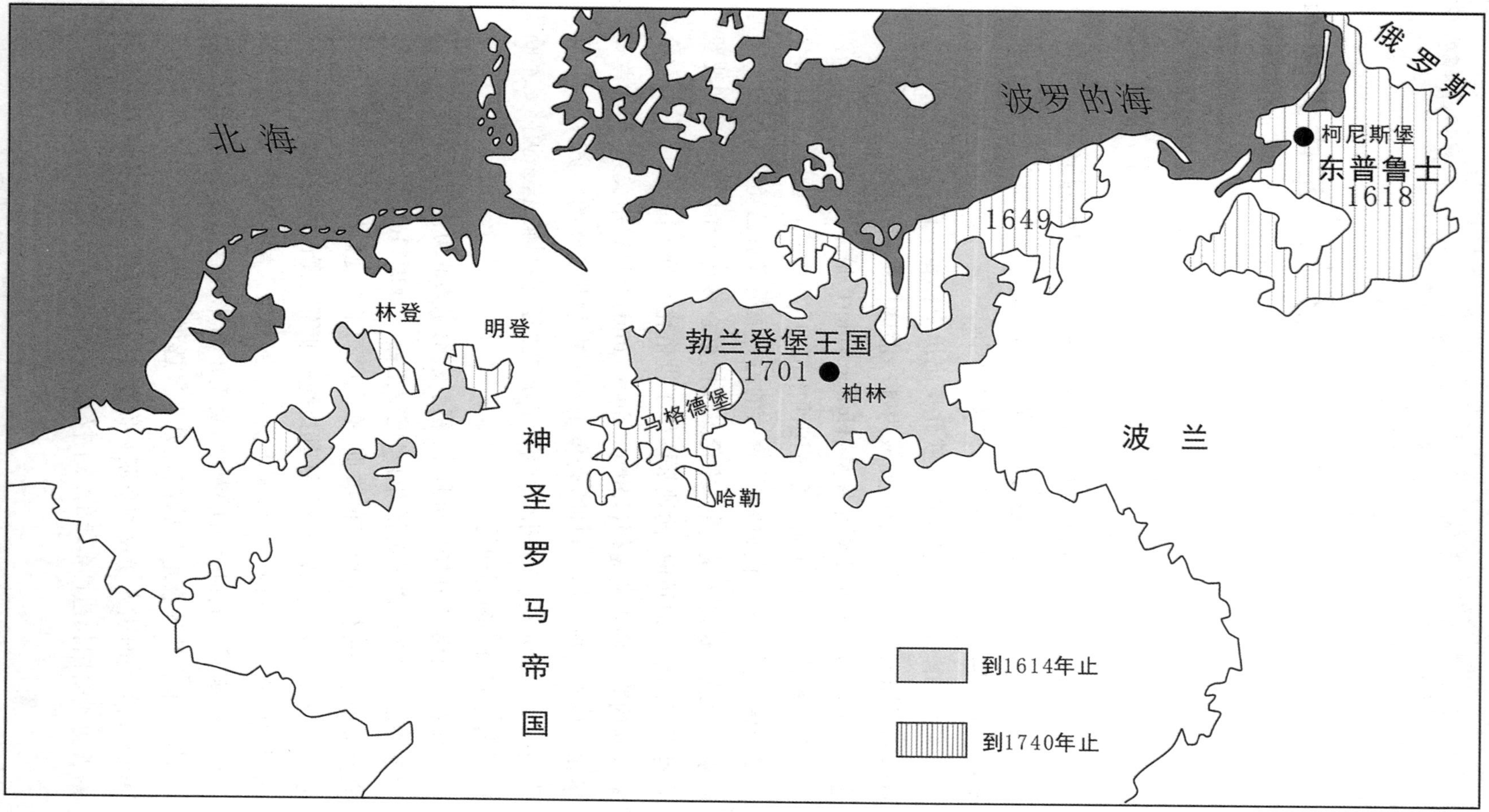

图22　普鲁士的扩张之路(1614～1740)

大选侯的次子弗里德里希三世(Friedrich Ⅲ)同样重视军队的作用。在1701年开始的西班牙王位继承战中,他向帝国皇帝出租了8 000名士兵,从而换取了高达1 300万塔勒(当时德意志地区流行的一种银币)的巨额“补助费”和“普鲁士的国王”之称号。1701年1月18日,他在柯尼斯堡王宫举行了加冕庆典,并改称为“弗里德里希一世”(Friedrich Ⅰ)。

这种黩武精神最为集中地反映在第三代邦君弗里德里希·威廉一世(Friedrich Wilhelm Ⅰ)的身上。他生性吝啬,却把80%以上的收入都花费在军队上。他是欧洲历史上第一位身着军服的国王,甚至提着棍棒亲自训练士兵。不仅如此,他还把文官管理机构置于军事指挥部门之下,让整个社会浸淫在军事氛围中。因其如此热衷军队建设,后人称之为“士兵王”。在他去世时,普鲁士的领土面积位列欧陆第10位,军队人数却已上升到第4位。只有224万居民的普鲁士拥有了8.3万名军人,军队成为“国中之国”——甚或相反,普鲁士已经成为一个“军中之国”!

不过,从图22中,我们也可以看到,1740年的普鲁士尽管拥有了如此众多的领地,但它仍然是一个地处帝国边陲、领地颇为分散的邦国。同拥有皇冠的奥地利相比,普鲁士更缺乏地缘政治上的优势:当时依然强大的波兰王国和正在崛起的俄罗斯帝国显然阻止了它的东扩步伐;北方的瑞典王国极为警惕地观察着它的动向;神圣罗马帝国境内的其他邦国当然也不欢迎它。

这就是同样于1740年即位的普鲁士新国王弗里德里希二世(Friedrich Ⅱ)所面临的国际格局。依靠三代邦君建设起来的普鲁士军队能为他带来惊喜吗?普鲁士崛起后,神圣罗马帝国的政治格局会发生怎样的变化呢?德意志历史上又一场逐鹿中原的好戏才刚刚拉开帷幕。

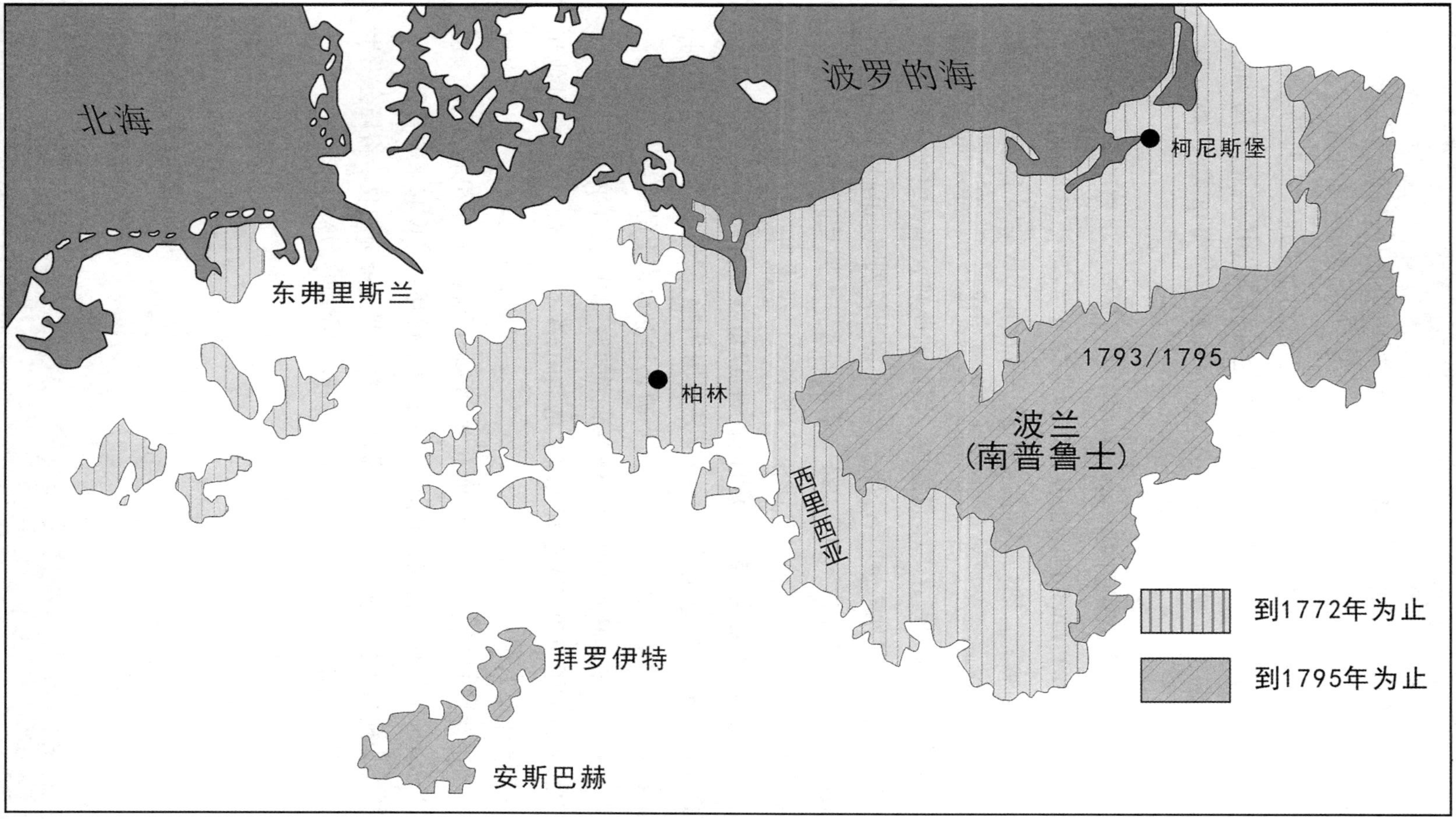

图23　普鲁士的扩张(1740～1775)

23. 普奥争雄

1740年，神圣罗马帝国的奥地利与普鲁士这两大强国十分巧合地同时完成了邦君更迭。新上台的两位邦君互为表亲，一度还有可能结成秦晋之好。若从事后来看，两人几乎不约而同地摸准了时代的脉搏，各自在国内推行了当时颇为先进的“开明君主专制”，即在保障君主拥有绝对权力的同时，有限度地推行社会改革，例如削弱农奴制、改进司法制度等。

然而“一山容不得二虎”，两国不会因此而惺惺相惜。奥地利的玛丽亚·特蕾西娅肩负起“普世君王”的期待，普鲁士的弗里德里希二世（Friedrich Ⅱ）也被国人寄予厚望，能为他们最大限度获取所谓“国家利益”。双方之间的兵戎相见不可避免。

无论从个人指挥能力还是国家的战斗力来看，弗里德里希二世显然占尽优势。他从小深受父亲“士兵王”的熏陶，继承和发展了独到的军事学理论，还拥有一批战功显赫的将领。相比之下，玛丽亚·特蕾西娅虽然也很强势，但毕竟身为女流，不谙军事。再加上，在当时的欧洲政治环境中，普奥之争绝非两国乃至帝国的一般事务，它还牵涉到英、法、俄以及一系列帝国小邦的利益。这便决定了普奥之间的斗争绝不会“一战定乾坤”，而奥地利虽也有斩获，但普鲁士最终获益更多。

1740年，玛丽亚·特蕾西娅按照《国本诏书》的规定，继承奥地利王位时，受到法国支持的普鲁士、巴伐利亚、萨克森和西班牙提出异议，而英、俄两国支持奥地利。长达八年的“奥地利王位继承战”爆发。多次拉锯后，交战各方最终握手言和。普鲁士获得奥地利的西里西亚地区，弗里德里希二世赢得了“大帝”的美誉。玛丽亚·特蕾西娅如愿以偿地登上奥地利的王位，她的丈夫弗朗茨-斯特凡（Franz Stephan）则被选为神圣罗马帝国皇帝。

1756年，玛丽亚·特蕾西娅重燃战火，试图夺回西里西亚。此时，法、俄两国支持奥地利，而普鲁士得到英国的资助。在普鲁士和德意志的历史上，第一次出现了东西两线作战的威胁，这也成为此后数代德意志军人的噩梦。普鲁士在战场上眼看已经陷入绝境，这时，俄国沙皇换了人，新沙皇亲普鲁士且崇拜弗里德里希二世，他不仅退出反普同盟，还同普鲁士结盟，转而攻打奥地利。这使普鲁士绝处逢生。最后的结果就像图23显示的，普鲁士不仅保住了西里西亚，还确保了往北海的通道。

奥地利两战不胜，没了主动再战的心情，自此之后，神圣罗马帝国境内的普-奥“二元制”得以固定下来。两国偶尔还会相互合作，如它们伙同俄国对波兰进行了三次瓜分（见图23）。但日益强大的普鲁士总是想尽办法对帝国名义上的首领——奥地利提出挑战。在1778至1779年的巴伐利亚王位继承战中，如图23所示，普鲁士从奥地利的传统势力范围（参见图21）内，又强行获得了安斯巴赫与拜罗伊特两块领地。1785年，弗里德里希二世甚至联合15个邦国，建立诸侯同盟，集体反对奥地利对巴伐利亚的领土要求。

总而言之，普奥之间在18世纪末的各种小摩擦，那是接连不断。这也成为帝国进一步衰落的主要原因之一。

24．文化立邦

话说一纸《威斯特伐利亚和约》(参见第 19 节)，把曾经的欧洲“中央之国”划分为了大大小小 300 多个邦国，如图 24 所示，皇权至上的帝国传统被小邦割据状态取而代之。这些邦国根据疆域的大小，大致分为三类：两大超级强邦奥地利和普鲁士；身为世俗选侯的大邦巴伐利亚和萨克森；其他教俗邦国。在普奥两邦龙争虎斗，逼得其他邦国又要表态站队，又要承受战乱带来的损失，那真是夹缝中求生存。不过，这些中小邦国最终也找到了具有本邦特色的发展道路，这就是“文化立邦”。

1648 年后，文化越来越成为小邦们的立国之本。这一方面是同宗教改革后教派文化多样性密切相关，另一方面也是邦君们试图加强统治、彰显权威的结果。作为小邦首都的慕尼黑、德累斯顿、汉诺威、海德堡、曼海姆等小邦首府，都是 17 至 18 世纪德意志的重要文化中心。

宫廷文化是邦君们最为推崇的文化形式。在当时人的观念中，宫廷是权力的象征性中心。统治者的权力欲望首先表现在豪华的宫殿建筑中。慕尼黑的新施莱斯海姆宫(Neue Schloss Schleißheim)、德累斯顿的茨温格尔宫(Zwinger)、汉诺威的黑伦豪森宫(Herrenhausen)等便是这一时期大兴土木的伟大成果。在巴伐利亚选侯的府邸，从查理大帝以降的历代巴伐利亚统治者画廊引人瞩目，这是为了表明维特尔斯巴赫家族(Wittelsbach)乃是德意志最古老的王室之一，完全有权同哈布斯堡家族竞争帝国皇冠。

铺张的宫廷生活是邦君展现荣耀的机会。据统计，从 16 世纪到 18 世纪，各邦宫廷的臣仆数量大约增加了 1 至 2 倍，有些邦国的宫廷开支甚至翻了 10 番(如巴伐利亚)。1719 年，萨克森选侯“强壮者”奥古斯特(Friedrich August I. der Starke)为其子举行的盛大婚典是时人津津乐

图 24　1648 年后的神圣罗马帝国

道的著名节庆。这次婚典持续了 28 天之久，歌剧从早到晚不间断上演，蜡制火把和油灯照亮了宫廷花园。易北河上举行了大规模的水上狩猎活动，一天之内射杀了 394 只动物。选侯为此支付了 400 万塔勒，而当时宫廷匠人的年收入只有 25 塔勒。几年后，巴伐利亚选侯为其子举办的婚礼，也是举国欢庆，持续时间和盛大规模也不相上下。

邦君对艺术的支持，既可以显示他们的高雅情趣，也寓意着统治者的明智善行。17 世纪后，最重要的艺术品馆藏分布在维也纳、慕尼黑和德累斯顿，其次是杜塞尔多夫、曼海姆、萨尔布吕肯、卡塞尔、不伦瑞克和柏林。音乐家们被各邦王室延请资助，过着衣食无忧的生活，如科隆选侯从荷兰把贝多芬的祖父邀请到波恩，莫扎特的父亲在萨尔茨堡受到礼遇。当然，艺术品更能够满足邦君们的炫富心态。还是在“强壮者”奥古斯都的统治时期，萨克森建起了欧洲最大的奢侈品博物馆“绿穹”(Grünes Gewölbe)。在那里，一个“咖啡金具”居然镶嵌了 5 600 颗钻石，耗资 5 万塔勒，相当于修建一座宫殿的费用！

在普奥争雄的世纪里，中小邦国们沉浸在文化立邦的梦想中，希望借此加强权力，抵御强邦，维持帝国的分裂格局。这似乎也成为德意志发展的第三条道路，即建成一个所谓的“文化民族”。然而，尽管此举为德意志留下了宝贵的文化财富，但历史前进的步伐却并非它们可以阻止的。德意志已经踏入了近代的门槛，走向统一民族国家的动力已经愈来愈强劲！

第六章

民族觉醒

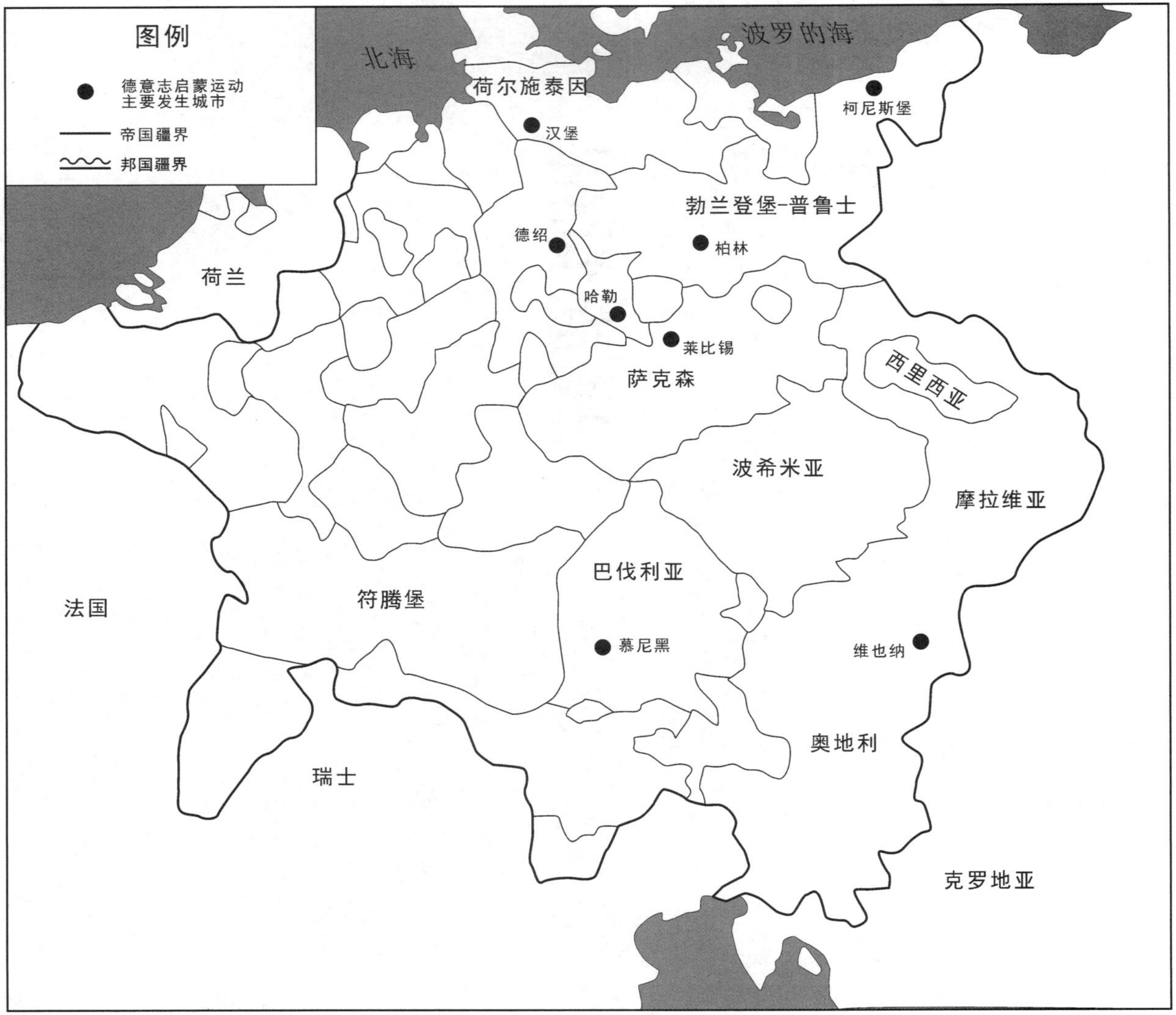

图 25　德意志启蒙运动发生的主要城市

25. 启蒙之光

18 世纪是欧洲人的“启蒙时代”。这轮“初升的朝阳”从英法一直普照到德俄。德意志的启蒙运动并非是这一时代的开创者，却也发展迅速，影响极广。图 25 是德意志启蒙运动中的重要城市及与之相联系的人物、事件。

莱比锡(Leibzig)大学俨然是德意志启蒙运动的起点。启蒙哲学家、后来被誉为“德意志启蒙运动之父”的托马西乌斯(Christian Thomasius)在这里率先主张摆脱经院哲学的束缚，反对教会迫害，还首度在大学使用德语授课(1687 年)，创办德语学术月刊(1688 年)，彰显了强烈的德意志民族意识。同时代的另一个伟大启蒙哲学家莱布尼茨(Gottfried Wilhelm Leibnitz)也毕业于莱比锡大学。这位博学多才的学者在神学、数学、物理学、法学、史学、诗学、语言学、逻辑学以至政治学领域中都有独特建树。他在晚年提出了著名的“单子论”，认为世界万物都是由具有精神和物理特质的“单子”组成，而“单子”之间的关系决定了宇宙的秩序。在上帝的关注下，任何一种秩序都可以确保现行世界是“所有可能的世界中最完美的一个”。这种洋溢着乐观精神的信念正是在启蒙时代所产生和流行的思想。启蒙文学家莱辛(Gotthold Ephraim Lessing)同样在莱比锡大学开始了自己的学业。

在莱比锡以西 30 公里处的哈勒(Halle)，自 1694 年起出现了一所新教大学。它兼容并包、广纳人才，在德意志启蒙运动史上发挥了重要作用。受到莱比锡大学神学教授们排挤的托马西乌斯在这里受到了保护，度过了余生。另一名启蒙哲学家沃尔夫(Christian von Wolff)在莱比锡大学获得博士学位后，也到哈勒大学任教。沃尔夫深受莱布尼茨思想的影响，强调理性的作用。尤为重要的是，他尝试用德语写作，以较为通俗的语言推广启蒙思想，以至于当时德国大学的哲学专业几乎言必称沃尔夫。

德绍（Dessau）位于莱比锡和哈勒的北部，大致同这两座城市呈三角之势。这座小城因启蒙教育家巴塞多夫（Johann Bernhard Basedow）之名而声名远播。1774 年 12 月，他在安哈尔特公爵的支持下，开办了一所名为“博爱”（Philanthropinum）的学校。与上述哲学家不同，巴塞多夫把启蒙对象聚焦于青少年，希望通过启蒙教育来培育一代新人。他主张，儿童不应接受任何神的训诫，而应通过与自然的直接接触来认识世界。正因如此，这所新式学校重视游戏和体育锻炼，借助日常实践来强化语言学习，着力培养青少年的博学和勇敢。

北部海港城市汉堡（Hamburg）曾经是启蒙文学家莱辛短暂停留的地方。在那里，莱辛留下了德意志文学史上占有重要地位的《汉堡剧评》（1767～1769 年）。18 世纪以来，德意志文学深受法国文学的影响，虽然反映了启蒙运动的某些理想，但缺少民族特色，甚至连戏院上演的剧目都带着浓厚的法国色彩。1767 年 4 月，一群探求德意志民族戏剧的艺术家创办了汉堡民族剧院，邀请莱辛作为剧评家。这便是《汉堡剧评》的缘起。在该书中，莱辛告诫德意志作家不应成为法国作家的奴隶，更不能摹仿法国戏剧比较呆板的程式，而应坚持民族内容和民族感情，通过戏剧行动的强度和语言的力量及美感，来达到启蒙的完美理想。

普鲁士的首都柏林毋庸置疑成为当时启蒙运动的重镇。国王弗里德里希二世一度自视为伏尔泰的学生，将之延请到柏林授教。早在继位前，他便发表了著名论文《反马基雅维利》，阐述了启蒙运动的伦理观。1752 年，他以“一个治理得好的政府应当具有同哲学系统一样有条理的制度”之名言，开启了普鲁士的合理化改造，开明专制就此拉开帷幕。同样在这里，莱辛完成了美学名著《拉奥孔》（1766 年），既说明了诗画之间的区别，又反对守旧和静观的传统观念，从而表达了实践的启蒙思想。18 世纪末，启蒙思想之所以在德意志各地铺展开来，还同柏林的出版商尼柯莱（Christoph Friedrich Nicolai）密不可分。尼柯莱首先是一位启蒙思想家，甚至曾被视为德意志启蒙运动的领袖。他所创办的书店成为启蒙者和进步知识分子的聚会场所。1766 年起，他同莱辛及哲学家摩西·门德尔松(Moses Mendelssohn)合作,编辑出版著名刊物《德意志万有文库》,并坚持了40年之久。这本刊物是德意志启蒙运动的重要阵地,为德意志知识界提供了了解外界的窗口和相互研讨的舞台。

最后,让我们来到德意志的东部城市柯尼斯堡(Königsberg)。这里是德意志启蒙运动、乃至整个欧洲启蒙运动集大成者、哲学家康德(Immanuel Kant)的故乡。1784年,他为启蒙运动下过一个著名的定义:"鼓起你的勇气,运用你自己的理智就是启蒙的格言!"他自己的"勇气之作",当属被称为"三大批判"的哲学巨著:《纯粹理性批判》、《实践理性批判》和《判断力批判》。它们囊括了西方哲学的基本问题,建立起近代世界的一套新的思维体系和价值观。

假如我们仔细观察图25的话,便会发现,北方新教各邦显然是德意志启蒙运动的支柱,其中尤以普鲁士为甚。这一方面显示了新教地区重视阅读文化、推崇反思精神的积极影响,另一方面也透露出普鲁士不仅在政治和军事上崛起,而且也在思想上率先为德意志跨入近代世界打开了大门。不过,在德意志的启蒙之光中,我们也能隐约感受到其中存在的某种张力:一边是追求世界大同的启蒙思想,另一边是民族统一的未来梦想,两者之间似乎并不能十分和谐地共存。这便是不久之后浪漫主义运动兴起的思想基础。

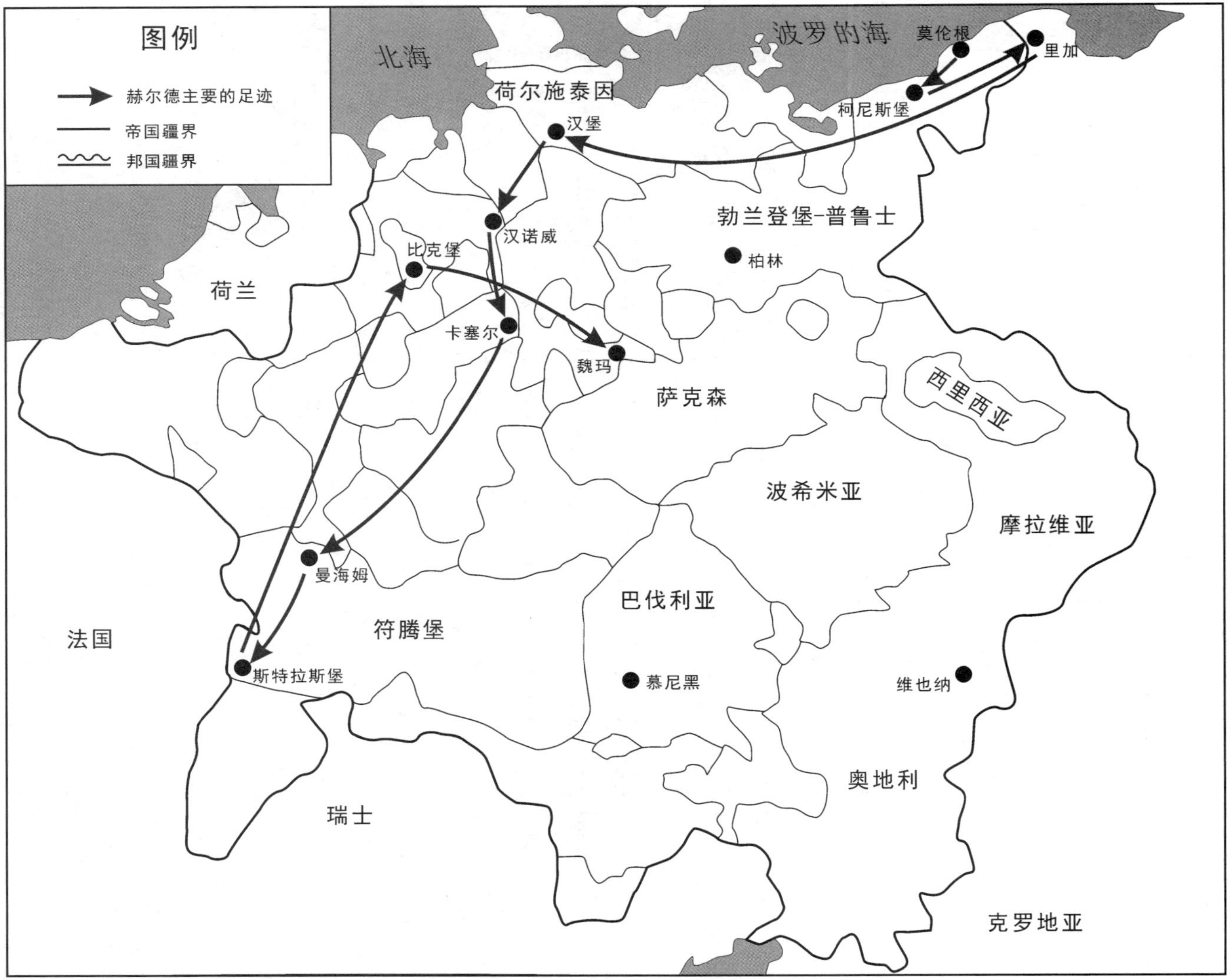

图 26　赫尔德的主要足迹

26. 文化民族

18 世纪后半叶起，德意志启蒙运动似乎已达到巅峰，此时，另一支影响深远的思想浪潮也悄然兴起。启蒙运动追求的是普世性远景，而这股思潮直截了当地讨论民族性和多样性，并为德意志民族国家的形成指出了一条道路。这就是文化民族主义运动。

在文化民族主义运动中，赫尔德(Johann Gottfried Herder)是极富影响力的开创者和杰出代表。图 26 显示了他的足迹所到的主要地方。正是这些游历以及期间所形成的交往圈，构成了德意志文化民族主义运动的核心理念与辐射区域。

1744 年 8 月 25 日，赫尔德出生在东普鲁士的莫伦根(Mohrungen)。他的家庭属于虔敬派。这是路德教会的一个派别，主张内心虔诚，注重道德熏陶。1762 年，他前往柯尼斯堡大学攻读医学和神学。在那里，他深受康德哲学的影响。1764 年起，他到里加(Riga)当了五年的中学教师和助理牧师，并与柏林的尼柯莱通过书信建立起友谊。应后者的请求，赫尔德为《德意志万有文库》提供了 40 篇评论。

可以说，到 1769 年为止，赫尔德仍然是德意志启蒙运动的支持者，毫不怀疑理性的作用和普世性原则。不过，他在反对中学里的拉丁语课程、提倡德语教学的实践活动中，却已经发现了语言在文化民族构建上的重要作用。这一点也成为他未来学术生涯的主要方向。

1769 年起，他开始在西欧和帝国各邦游历，认识了一大批学者，例如在汉堡，他同前文提到过的启蒙文学家莱辛和启蒙教育家巴塞多夫见过面。1770 年，他经过汉诺威、卡塞尔、曼海姆，到达斯特拉斯堡。在这里，他与小他 5 岁的德意志伟大文学家歌德(Johann Wolfgang Goethe)见面。两人促膝谈心，相见恨晚。自此，一场声势浩大的文学变革——

"狂飙突进运动"(Sturm und Drang)——拉开帷幕。以赫尔德与歌德为代表的一批文学家追求"自由、平等、天才"的理念,表达强烈的民族意识与民族感情,强调理性与感情的融合。这些思想明显突破了启蒙运动的基本框架。

1771年4月底,赫尔德前往小邦比克堡(Bückeburg),担任王室牧师。次年,他出版《论语言的起源》一书,否认语言是源于上帝的神学见解,而强调语言是社会生活现象,民族语言是一个民族的思想财富。

1776年,经歌德介绍,赫尔德在魏玛宫廷谋得教会总监的职务,并结识了另一位德意志历史上的伟大文学家席勒。他们三人共同把"狂飙突进运动"推向高峰。

然而从1785年起,赫尔德与歌德的道路出现了分岔。歌德前往意大利旅行,从此转向古典主义,放弃了激进的文学立场。与之相反,赫尔德却开始撰写《人类历史哲学的概念》一书,从文学实验推进到启蒙哲学的反思。他也曾在意大利游历,却没有因此而改变想法。1789年法国大革命一度让他感到兴奋,但随之而来的动乱却再次让他肯定了对启蒙思想普世性的质疑。

在魏玛的20余年里,赫尔德逐步完善了文化民族主义的理论体系。他强调民族应该是有机的、自然的、建立在精神和文化基础之上的特殊共同体。他致力于搜集德意志民族的民歌,号召研究本民族的过去、关注民族传统。1798年,他在题为《日耳曼尼亚》的诗中明确表达了自己对民族统一的热烈期待:

> 德意志,你还在沉睡吗?放眼看看你的四周,
> 看看你身边发生了什么事件。别再麻木,振作起来,
> 不要等到胜利者的剑刃
> 在嘲讽的伴随下
> 剃光你的头发!

赫尔德没有等到德意志觉醒的那一天。1803年12月18日,他在魏玛病逝。此时,文化民族主义浪潮只能大抵同德意志启蒙运动旗鼓相

当。赫尔德的观念已被一批更为年轻的文学家们所接受和推进，如诺瓦列斯（Novalis）与施莱格尔（Friedrich von Schlegel）。人们后来称这股思潮为“浪漫主义”，即着力于用美化神圣罗马帝国的方式，来抵制启蒙思想和法国大革命。与之相对的是启蒙思想家们，如与他合作多年的尼柯莱便曾多次撰文，对赫尔德思想、狂飙突进运动和浪漫主义作品提出了严厉批评。

思想界的微妙平衡，最终被一股政治变革所冲破，文化民族主义浪潮也获得了新的生机和动力。

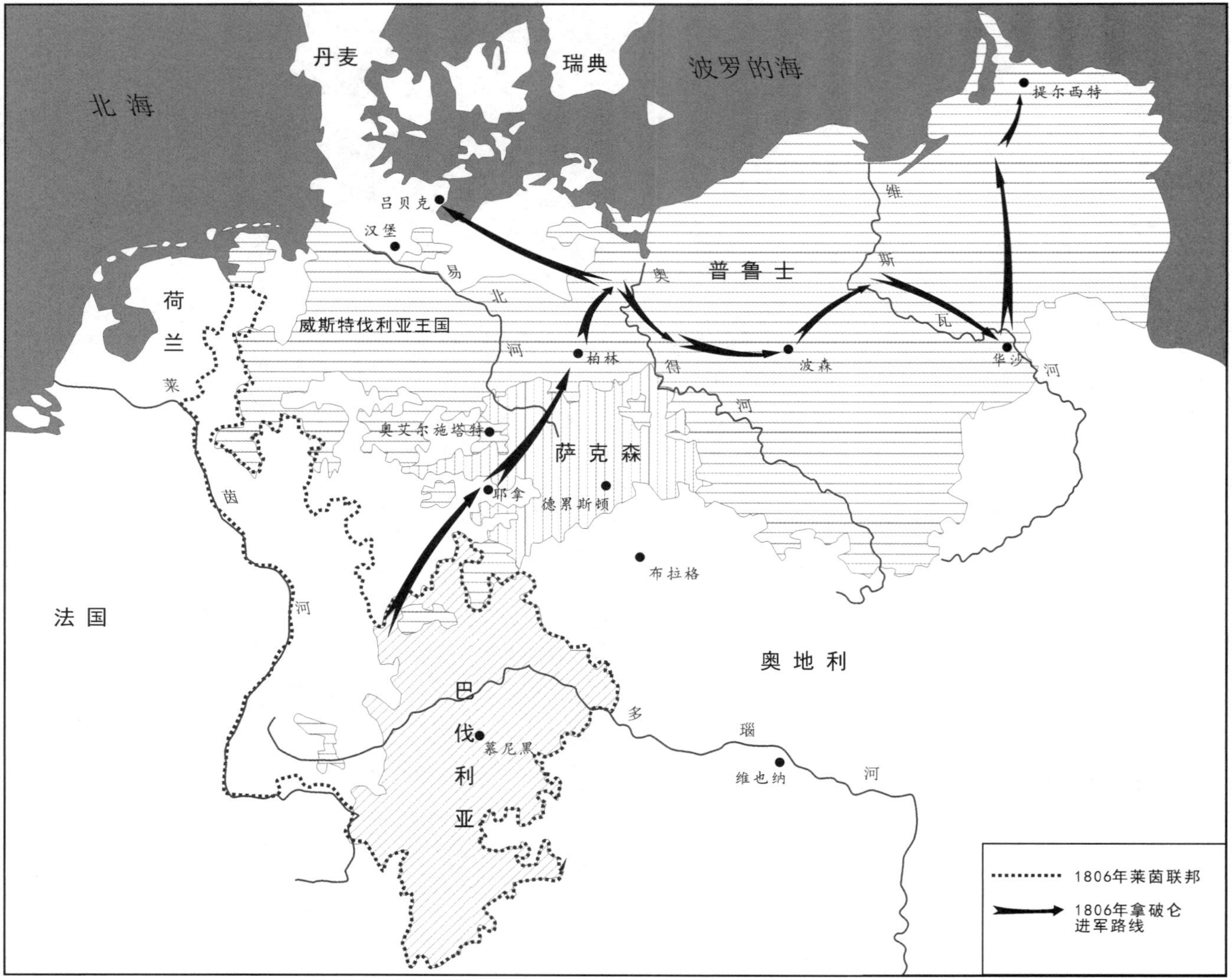

图 27　神圣罗马帝国的解体和新秩序(1806 年)

27．帝国解体

1789年，大革命的火焰在巴黎燃起，大部分的德意志知识分子都报之以热情的颂扬。歌德后来回忆说："谁能否认，当朝阳放射出第一道光芒时，当人们听到人人权利平等、鼓舞人心的自由和令人赞美的平等时，他们是如此的情绪高涨、心花怒放和精神振奋。"显然，启蒙运动的教诲仍然在德意志大地上拥有众多支持者。

然而，谁也没有想到，这把大火虽在思想上开启了蒙昧的心灵，但却一举粉碎了德意志人已在孕育中的民族国家梦想。随着年轻的拿破仑(Napoléon Bonaparte)在法国崛起，神圣罗马帝国的噩梦开始了。

拿破仑洞悉帝国内部的权力格局，采取了各个击破的方式。他重点打击帝国皇冠的持有者奥地利，接连迫使奥地利签订《坎波・福米奥和约》(1797年)和《吕内维尔和约》(1801年)，把莱茵河以西的所有领土收入囊中，并占领了比利时、列日和意大利北部的大部分地区。对于普鲁士，他延续了前任政府的做法，许以"补偿"，使这个"军中之国"按兵不动。他还着力扶持普奥之外的中小邦国，与巴伐利亚和符腾堡等单独签约，分化帝国的抗法力量。在拿破仑的挑唆下，这些所谓的"第三德意志"向哈布斯堡皇室提出召开帝国议会、重新分配领土和修改帝国宪法的要求。

1803年2月25日，帝国议会通过了《全帝国代表会总决议》，大幅度地调整了1648年以来已大致固定的帝国格局：包括所有教会诸侯在内的112个邦国被取消；52个帝国自由城市中只留下6个(不来梅、汉堡、吕贝克、法兰克福、奥格斯堡和纽伦堡)；巴登、黑森-卡塞尔、符腾堡和萨尔茨堡上升为选侯(不过它们此后也没有机会履行选举的义务)，这些中小邦国还在领土调整中受益颇多；普鲁士退出汉诺威，但在西北德获得了5倍以上的补偿。在整个帝国重组中，改变邦国归属的德意志人多达316万人。

毫无疑问，这次变动的最大受害者是哈布斯堡家族。它不仅失去了大片领土，而且还由于教会诸侯邦国的消失而失去了重要盟友——在10名选侯中，天主教徒只有4名；在帝国的52名诸侯中，天主教徒也只有29名。这种局势肯定不利于哈布斯堡家族赢得未来的皇帝选举。神圣罗马帝国的第42代皇帝弗朗茨二世（Franz Ⅱ，1792～1806年为神圣罗马帝国皇帝，1804～1835年为奥地利帝国皇帝）决定首先保证奥地利的既得利益。1804年8月，他在维也纳宣布奥地利王国升格为奥地利帝国，他本人兼任奥地利帝国皇帝，改称“弗朗茨一世”。

四个月后，拿破仑在巴黎圣母院给自己加冕，罗马教皇主持了全部的宗教仪式。这便彻底否定了神圣罗马帝国皇帝的合法性。1805年12月，再次参加反法同盟的奥地利在奥斯特里茨一败涂地，首府维也纳失陷，皇帝落荒而逃。奥地利接受了更为屈辱的《普雷斯堡和约》，失去了五分之一的领土。

在拿破仑的策动下，巴伐利亚、符腾堡、巴登等16个邦国在1806年7月12日宣布脱离神圣罗马帝国，正式组建“莱茵邦联”，并承认拿破仑为保护人，拥有支配联邦军队的权力。早已无心恋位的弗朗茨二世顺势在8月6日宣布解散神圣罗马帝国。

由此，便出现了图27的情势。自962年奥托一世加冕为皇开始，这个存世已有845年之久的神圣罗马帝国已经分崩离析了。曾经连续贡献过16位皇帝的哈布斯堡家族，如今成了“奥地利皇帝”，并一心向东发展。法国人拿走了莱茵河以西地区，西南面的巴伐利亚等邦国也唯法国马首是瞻。德意志的中部出现了一个新的国家“威斯特伐利亚王国”，由拿破仑的幼弟治理。似乎只有北部的普鲁士不仅毫发未损，似乎还有所获益。然而唇亡齿寒。当拿破仑解决了他的主要敌人后，自然把枪口对准了普鲁士。1806年10月，法军长驱直入，一日之内，在耶拿和奥艾尔施塔特接连重创普军。10月27日，拿破仑入驻柏林。不久后，普鲁士被迫在提尔西特（Tilst）求和，由此丧失了一半领土，支付1.5亿法郎的赔款，还不得不参加针对英国的大陆封锁体系。

至此，在拿破仑的阴影下，德意志全境似乎一片惨淡。这让人不禁要问，它未来的光明在哪儿呢？

28. 解放战争

其实拿破仑也并没有只在德意志搞破坏。马克思说过，拿破仑在德意志的统治，像“打扫奥吉亚斯的牛圈”那样，曾起到过除旧布新的作用。巴伐利亚、巴登和符腾堡便在《拿破仑法典》的基础上，推动了本邦司法体制的改革，废除特权，确立宗教平等。

然而在民族意识已然萌发的德意志人看来，拿破仑的军队终究是入侵者。音乐大师贝多芬愤而划去了在《英雄交响曲》扉页上“献给拿破仑·波拿巴”的文字。哲学家费希特在法军的严密监控下，坚持在柏林科学院大礼堂连续演讲了15次——这就是著名的《对德意志民族的讲演》。“祖国”、“祖国魂”、“德国魂”、“德意志的统一”这些陌生而熟悉的词汇响彻礼堂内外，并从柏林飘向德意志大地。爱国诗人阿恩特(Ernst Moritz Arndt)写下了著名诗篇《莱茵，德意志的河流，但不是德意志的边境》。被誉为“体操之父”的雅恩(Friedrich Ludwig Jahn)利用体操对青年人进行军事训练。

在这样的背景下，从1807年起，在面目全非、伤痕累累的德意志的版图上，在哈布斯堡家族一心构建奥地利帝国之时，曾被人们视作帝国化外之地的普鲁士反而成为民族复兴的唯一希望。一大批怀揣着民主自由和民族崛起双重理想的仁人志士都奔向普鲁士。

这是德意志历史上多么奇妙的一幕啊！来自拿骚(Nassau)的施泰因(Heinrich Friedrich Karl von und zum Stein)和汉诺威的哈登贝格(Karl August von Hardenberg)前仆后继地领导了一场全面改革运动，在农业、关税和行政方面促成了普鲁士的现代化。来自萨克森的沙恩霍尔斯特(Gerhard Johann David von Scharnhorst)、格奈森瑙(August Wilhelm von Gneisenau)和克劳塞维茨(Carl Phillipp Gottfried von

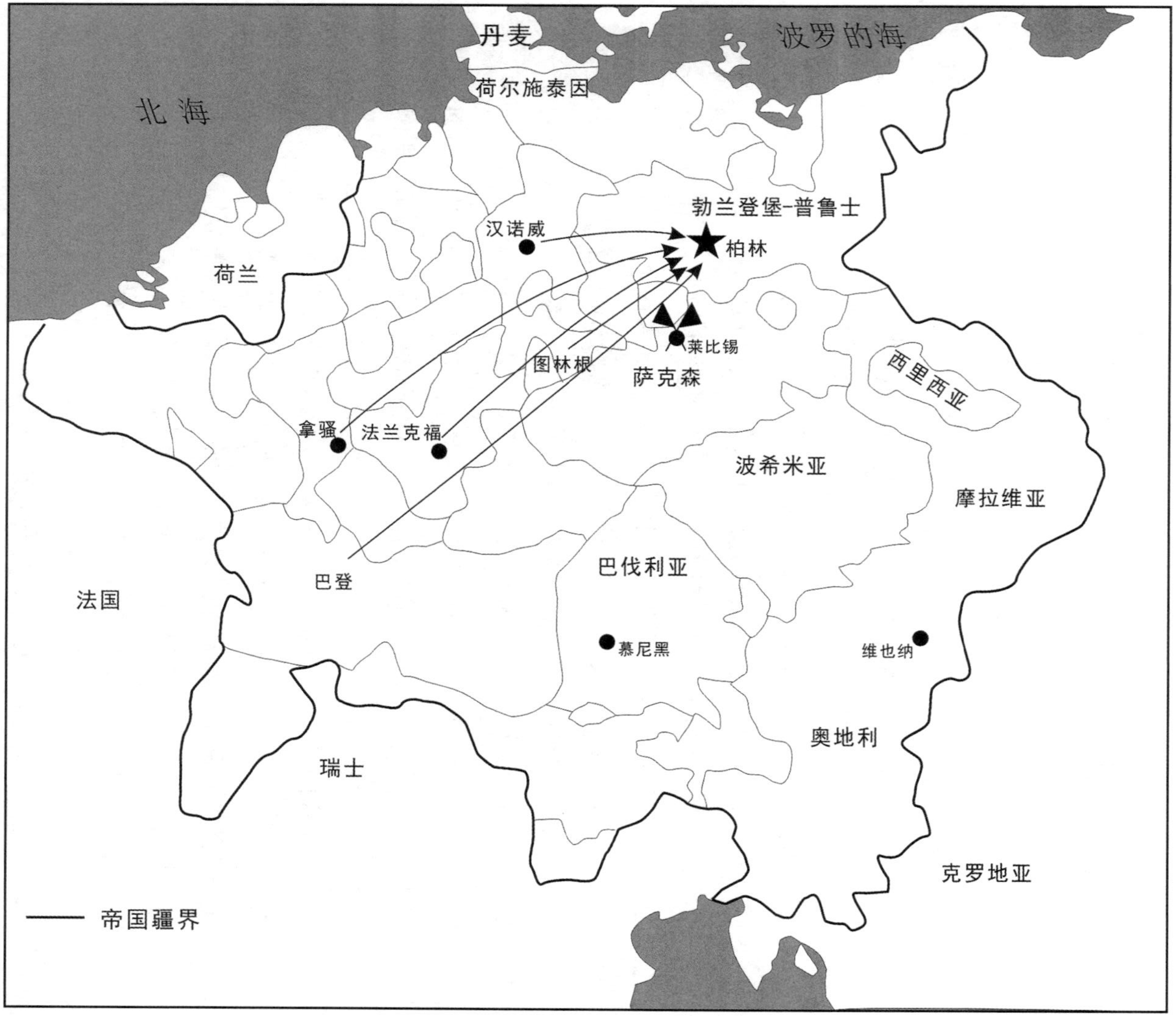

图 28　解放战争时期的德意志

Clausewitz)携手推动了普鲁士的军事改革。只有伟大的教育改革家洪堡(Wilhelm von Humboldt)才是普鲁士人,但他主导建立起来的柏林大学也吸引了一大批当时德意志最杰出的学者,如巴登的古典语言学家伯克(August Boeckh)、法兰克福的法学家萨维尼(Friedrich Carl von Savigny)、汉诺威的农学家塔尔(Albrecht Daniel Thaer)、图林根的医学家胡夫朗特(Christoph Wilhelm Hufeland)等。

1812年底,法国侵俄部队的普军指挥官约克(Johann David Ludwig Yorck)擅自决定与俄军签订协议,保持中立。这一爆炸性的事件迅速激发起德意志爱国者摆脱异族统治的斗志。次年3月,曾经摇摆不定的普王弗里德里希·威廉三世(Friedrich Wilhelm Ⅲ)终于下定决心,发布《告我人民书》,呼吁德意志民众为独立和荣誉而战。一场由普鲁士发起的德意志民族解放战争终于燃起了战火!

解放战争初期,普鲁士曾一度陷入孤立无援的境地,各邦或持观望态度,或拒绝同普鲁士联合共同抗法。直到8月,由俄国、瑞典、奥地利和普鲁士四国组成的反法联军才最终组成。10月16日至19日,反法联军与拿破仑的军队鏖战于莱比锡,法军中的萨克森和符腾堡部队临阵倒戈,使这场"莱比锡民族大会战"以法军败退而告终。联军顺势占领莱比锡,解散莱茵联邦。到年底,莱茵河右岸的德意志领土基本解放。1814年3月,在普鲁士的坚持下,联军跨过莱茵河,恢复1792年的德法疆界。

在民族存亡之秋,率先打出民族解放大旗的普鲁士脱颖而出,第一次成为德意志的领头羊。然而,新的问题又出现了:这种优势地位随着战争的结束还会继续存在吗?战后的德意志会迎来一个新的政治生命吗?

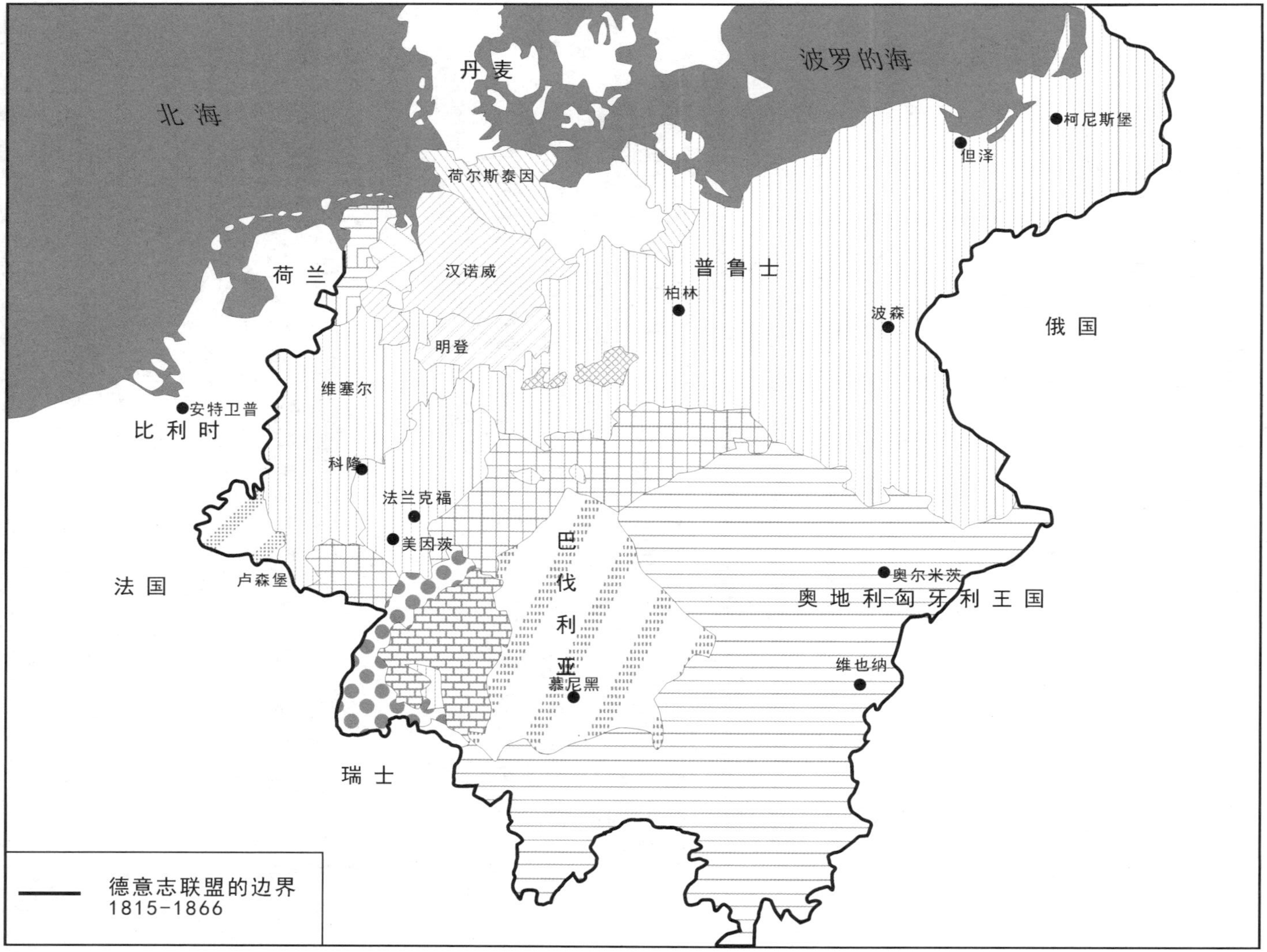
北海
丹麦
波罗的海
荷尔斯泰因
柯尼斯堡
但泽
汉诺威
荷兰
普鲁士
柏林
波森
俄国
明登
维塞尔
安特卫普
比利时
科隆
法兰克福
美因茨
巴伐利亚
慕尼黑
卢森堡
法国
奥尔米茨
奥地利-匈牙利王国
维也纳
瑞士
德意志联盟的边界
1815-1866

图29　德意志联盟

29. 新瓶旧酒

图 29 显示了 1815 年拿破仑战争结束后德意志的新状态。假如我们把它同图 24 放在一起，便会发现，历史似乎走上一条回头路。除了邦国大小和数量上的变化外，这个拥有“德意志联盟”新名称的国家仍然远离了现代民族国家的基本特征：它没有首都，不立宪法，联系松弛，权力分散。新瓶旧酒，如是而已。

在充满激情的民族解放战争后，德意志人为什么仍然无法构建起一个政治性的民族共同体呢？

这首先同邻国的恐惧有关。在经过 20 年的战争和 300 万人丧生后，欧洲国家再也不愿意看到一个新的强国出现在大陆。它们以恢复“欧洲的自由”为名，决定用德意志分裂格局来维持所谓的“均势”。

曾经的帝国领袖奥地利也欢迎这种“均势”。它既不愿意从自己的多民族帝国中抽身，以构建德意志民族国家，同时又希望继续维持一个松散的政治联盟，以保证自己的统治权。为此，奥地利的外交大臣梅特涅(Klemens Lothar von Metternich)提出，“德意志”只是一个地理概念，政治统一更是“妄想”。这种所谓“正统主义”的理论主导了 1814～1815 年维也纳会议的主要进程。

令人意想不到的是，高举民族解放大旗的普鲁士，居然同样对德意志的统一不感兴趣，甚至连洪堡也倾向于恢复“一个邦国联合体”。普鲁士现在关心的，只是如何在新一轮领土调整中捞到更多地盘。

由此，1815 年 6 月 8 日成立的“德意志联盟”只是神圣罗马帝国的复生而已。如图 29 所示，它由 38 个主权邦国组成(到 1817 年增加到 39 个)。在 35 位统治者中，除了德意志境内的各邦君外，英国国王、瑞典国王与尼德兰国王因分别拥有汉诺威、荷尔斯泰因与卢森堡而卷入德意志事务。与之相反，奥地利与普鲁士这两个大邦却各自拥有着并不属于该联盟的国土(参见图 31)。位于德意志心脏地区的法兰克福自由市成为联盟议会所在地。联盟议会分为两级形式：由 11 个主要邦组成的“小议会”，拥有决策权，奥地利担任主席；所有邦国召开全体会议，但只有表决权。根据联盟条例，这个新的共同体对外无权缔结国际条约，对内无法约束邦国主权。

在这场恢复旧秩序的变动中，奥地利无疑保住了自己的传统地位，借助联盟议会主席的身份，继续担当德意志的名义统治者。与此相反，普鲁士在民族解放战争中的耀眼光芒，却似乎被掩盖起来，比之奥地利，略逊一筹。

不过，从后来的历史来看，维也纳会议所确定的领土调整却产生了完全不同的历史影响。为防止法国重新向东扩张，被视作“反法屏障”的普鲁士获得了莱茵与威斯特伐利亚，从而把势力渗入到德意志西部的经济富庶区。此外，它还向南掠得萨克森五分之二的领土，向北扩张到波美拉尼亚(历史地区名，在今德国和波兰的北部，处于波罗的海南岸)及其附近岛屿。普鲁士成为领土方面的最大受益者。与此同时，奥地利被迫放弃了西南部领土，转而在意大利北部和波兰地区获得补偿，以至于统治重心继续东移。

这样一来，德意志联盟事实上确立了“奥地利-普鲁士”的双头统治体制。这种“一山二虎”的政治结构，连同新瓶旧酒的统治形态，注定了 1815 年后的德意志社会并不会如愿走向稳定。恰恰相反，支持与反对政治统一的斗争才刚刚开始，而通往新帝国的道路自此开启。

第七章

统一之路

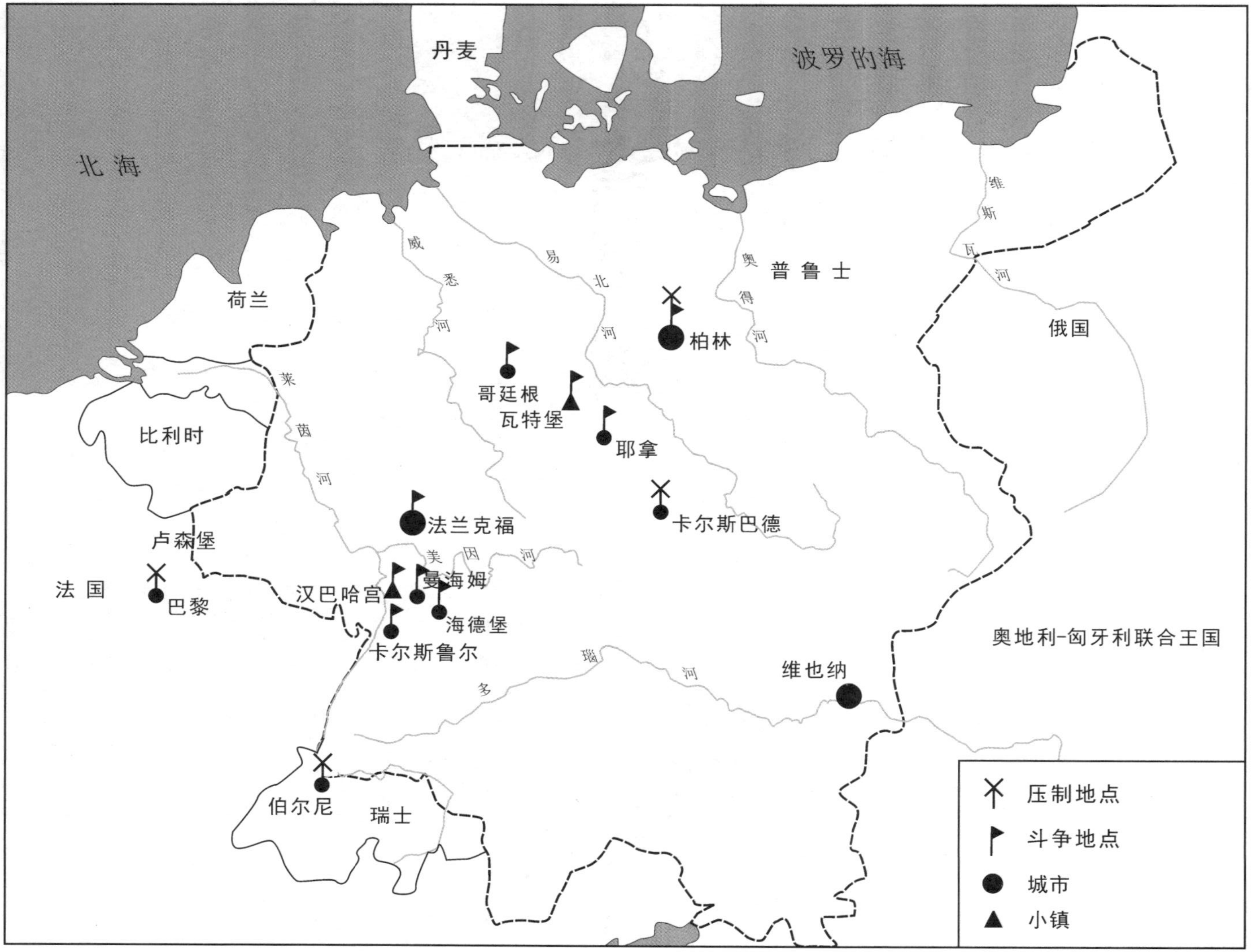

图 30 复辟时代的压制与斗争重要地点

30. 复辟时代

德意志联盟成立后不久，便出现了历史上称之为“复辟时代”的黑暗期。在这段长达30年之久的时间里，德意志社会各阶层围绕着“自由和统一”的问题，展开了一场影响深远的斗争。图30标出了与此相关的重要城市。

1815年9月，奥地利首相梅特涅联合俄国与普鲁士，在巴黎结成“神圣同盟”。不久后，法国也加入其中。这个同盟致力于维持德意志乃至欧洲的“正统”秩序，反对任何试图改变现状的行动。虽然德意志联盟条例称，各邦会制定各自的宪法，但在“神圣同盟”的抵制下，除了西南小邦履行诺言外，其他邦国均自食其言。四年后，梅特涅又在卡尔斯巴德(Karlsbad)召集德意志各邦外长集会，强迫23个邦国在最终协议上签字，联手镇压大学生运动和自由媒体，严密监视大学和相关政治性著作。

这股复辟逆流赢得了一批保守派知识分子的拥护。伯尔尼的政治学家哈勒(Karl Ludwig von Haller)，从1816年起陆续出版六卷本著作《政治学的复辟》，为邦国分立体制辩护。柏林的政治学家根茨(Friedrich Gentz)成为均势理论的鼓吹者。一些年轻的普鲁士人进而在柏林公开声称“一种毫无价值的、外在的德意志统一只能毁灭真正的爱国主义意识”、“德意志祖国在其最本质的生存原则上具有一种多样性”。

同上述保守思潮针锋相对的，是亲身经历过民族解放战争的人们和盼望“自由和统一”的大学生们。1815年6月，在普鲁士的耶拿大学，德意志的第一个大学生社团成立，提出了“忠诚、自由、祖国”的口号，还设计了“黑-红-金”三色旗。此后，德意志各地都出现了大学生社团，并联合成立一个全国性的总社团。1817年，为纪念宗教改革四百周年，500

名大学生齐聚瓦特堡。他们在这里点起篝火，唱着解放战争时期的歌曲，模仿路德当年焚毁教皇训令的方式，把包括《拿破仑法典》在内的28本非德意志的书籍，和象征着旧制度的普鲁士骑兵紧身衣、假发辫一并投入火堆中。他们向民众发表演说，把民族主义的激情和自由主义的期望融合在一起。两年后，大学生桑德(Karl Ludwig Sand)在曼海姆刺杀了被视作俄国间谍的科采比(August von Kotzebue)。

虽然桑德后来被当众处死，大学生社团也遭到当权者的禁令，但“自由和统一”运动的理想仍然获得了不少知识分子的青睐。卡尔斯鲁尔的政治学家罗托克(Karl von Rotteck)第一次在《国家辞典》一书中界定了现代意义上的“议会”。该书后来成为1848年革命前自由主义者的“圣经”。哲学家黑格尔也强调过国家与民族之间的紧密纽带，“没有国家形式的民族根本就不具有历史”。只不过，这位更具敏锐意识的学者还为德意志人指出了未来的领导者：在1816年的海德堡演讲中，他提出“普鲁士国家是建立在理性基础之上的”。到晚年，身为柏林大学校长的他甚至认为，普鲁士国家就是他所倡导的“绝对精神”的最好国家。

19世纪30年代，伴随法国的“七月革命”，“自由和统一”运动掀起第二轮浪潮。1832年，近3万人在巴伐利亚的汉巴哈宫集会，宣扬自由主义和爱国主义。次年，一批大学生冲击了法兰克福的警察哨所，试图推翻联盟议会，建立一个统一的共和国。1837年，哥廷根大学的7位教授因反对汉诺威邦君的废宪举动而入狱，德意志各地旋即掀起声援游行，直至邦君放人、应允立宪为止。

这些政治上的斗争一度达到白热化的称呼，却似乎并没有影响到大众的生活。这一时期文学作品中的两个著名形象后来合二为一，成为描述普通知识分子的专有名词。这就是“毕德迈耶尔”(Biedermaier)。这个名字来自诗人谢弗尔(Joseph Victor von Scheffel)于1848年发表的两首诗中的主角“毕德曼”(Biedermann)和“布梅尔迈耶尔”(Bummelmaier)。1869年开始，人们用“毕德迈耶尔”这个虚构的人物来指称1848年之前的普通知识分子。其特征是清静无为。不过，这些政治旁观者们的悠闲生活也很快面临挑战。经济统一的步伐大步踏来，人们翘首企盼，政治矛盾会因此找到解决之道吗?

31. 关税同盟

图31为我们描述了德意志经济走向统一的进程。这一伟大转折的领导者是普鲁士,"关税同盟"便是它的重要工具。

自神圣罗马帝国后期以来,邦国分立所导致的关税繁杂现象愈加严重。据统计,到18世纪中叶,整个德意志地区大约有1 800条关税线路互相交织。关卡林立自然不利于通商和贸易的发展。德意志的经济发展水平之所以落后于英、法诸国,这也是重要的原因之一。

拿破仑战争曾一度改变了这种局面。一方面,邦国数量的减少当然有利于克服原有的贸易障碍;另一方面,法国控制下的莱茵各邦也尝试改革,联合建立统一的关税管理制度。不过,这些措施并没有从根本上改变德意志经济分裂的格局,甚至还因拿破仑的败北而偃旗息鼓。

德意志联盟成立后,不少有识之士都已发现关税问题成为德意志统一道路上的主要障碍。经济学家李斯特(Friedrich List)便曾痛心疾首地写道:"德意志境内的38道关税和路捐钱使内陆交通瘫痪,这如同人体的每一个部位被结扎,血液不能畅通流入其他部位一样。"然而,固守"正统原则"的奥地利却不欢迎任何改变分裂现状的经济变革,而且出于贸易保护主义的心态,它还担心关税统一的方案将对本邦产生负面影响。在它的干预下,德意志联盟议会根本不搭理改革关税体制的方案。

如此一来,冲破经济枷锁的重任便落在了另一个大邦——普鲁士的身上。与奥地利的心态正好相反,普鲁士恰恰需要用关税改革的手段来解决自身的管理危机。1815年后,普鲁士的领土面积扩大数倍,但颇为分散,因而出现了长达7 500公里的关税边界,管理困难。此外,普鲁士还因参加反法战争而背上了21.8万塔勒的债务,急需一个崭新的、稳定的收入来源。由此,自1818年起,普鲁士废除邦内所有关卡,着手建立

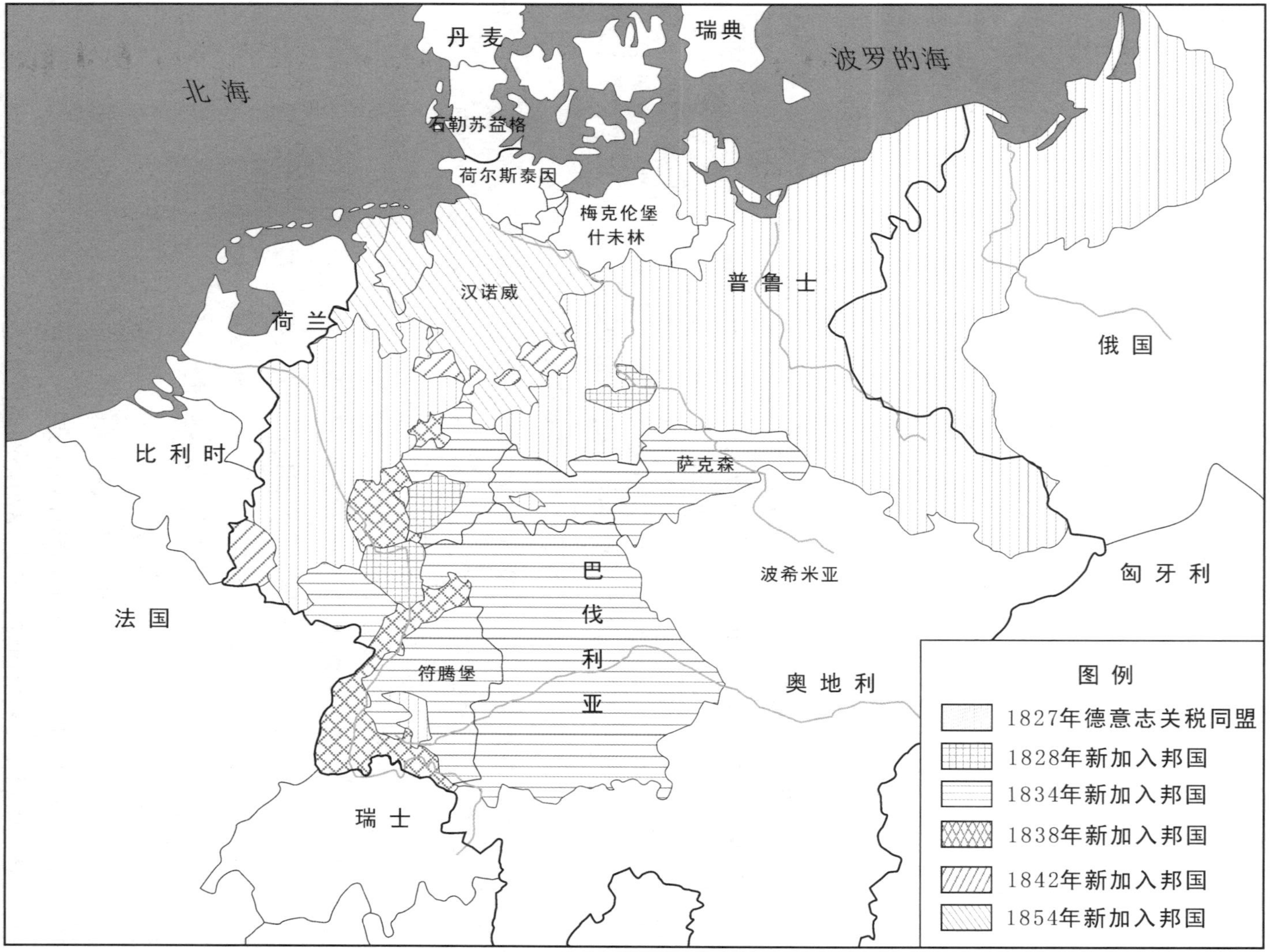

图31　德意志关税同盟的扩展

一个自由的国内市场，对外也基本取消了进口限制。

这场关税改革很快超越了普鲁士的最初设想，成为它首先在经济上称霸北方的基本动力。如图 31 所示，在当时的德意志经济格局中，普鲁士拥有极为有利的地理位置。它横亘在北部，基本上控制了南北向的所有贸易通道。正因如此，普鲁士统一关税的行动无疑对北部小邦构成了巨大的经济压力。1828 年后，这些小邦（如黑森、黑森-卡塞尔、图林根）相继屈服，加入普鲁士主导的关税同盟。

与此同时，普鲁士关税同盟的扩展，还演变为争夺德意志经济领导权的斗争。巴伐利亚、符腾堡、巴登、汉诺威、萨克森等中等邦国十分担忧普鲁士的霸权，因而相继组建“南德关税同盟”和“中部德意志商业同盟”，予以抵制。它们的行动自然得到了奥地利的支持。不过，这些邦国的立场并不统一，彼此之间也存在矛盾，所以这两个同盟的行动能力无法与普鲁士相提并论。另一方面，从普鲁士的角度来看，统一关税的举动已经从本邦、最多是北德意志的政策转变为一种全德意志的政策。普鲁士财政大臣直言不讳地告诉国王：必须在德意志联盟各邦之间建立一个“置于相同利益和自然基础上的”经济联盟，然后“才能形成一个在普鲁士保护和庇护下的真正联合的、从里到外都自由的德国”。

在普鲁士强大的经济优势和各个击破的战略面前，中等邦国的抵制行动纷纷落败，两大同盟相继解体。1834 年 1 月 1 日，德意志关税同盟正式成立。如图 31 所示，该同盟包括 18 个邦国和自由城市，覆盖 2 500 万人口，在德意志土地上形成了一个连成一片的经济区。德意志关税同盟把奥地利排斥在外，事实上确立了普鲁士在德意志经济发展中的领导权。在德意志走向统一的道路上，这是一个具有重要意义的转折点。

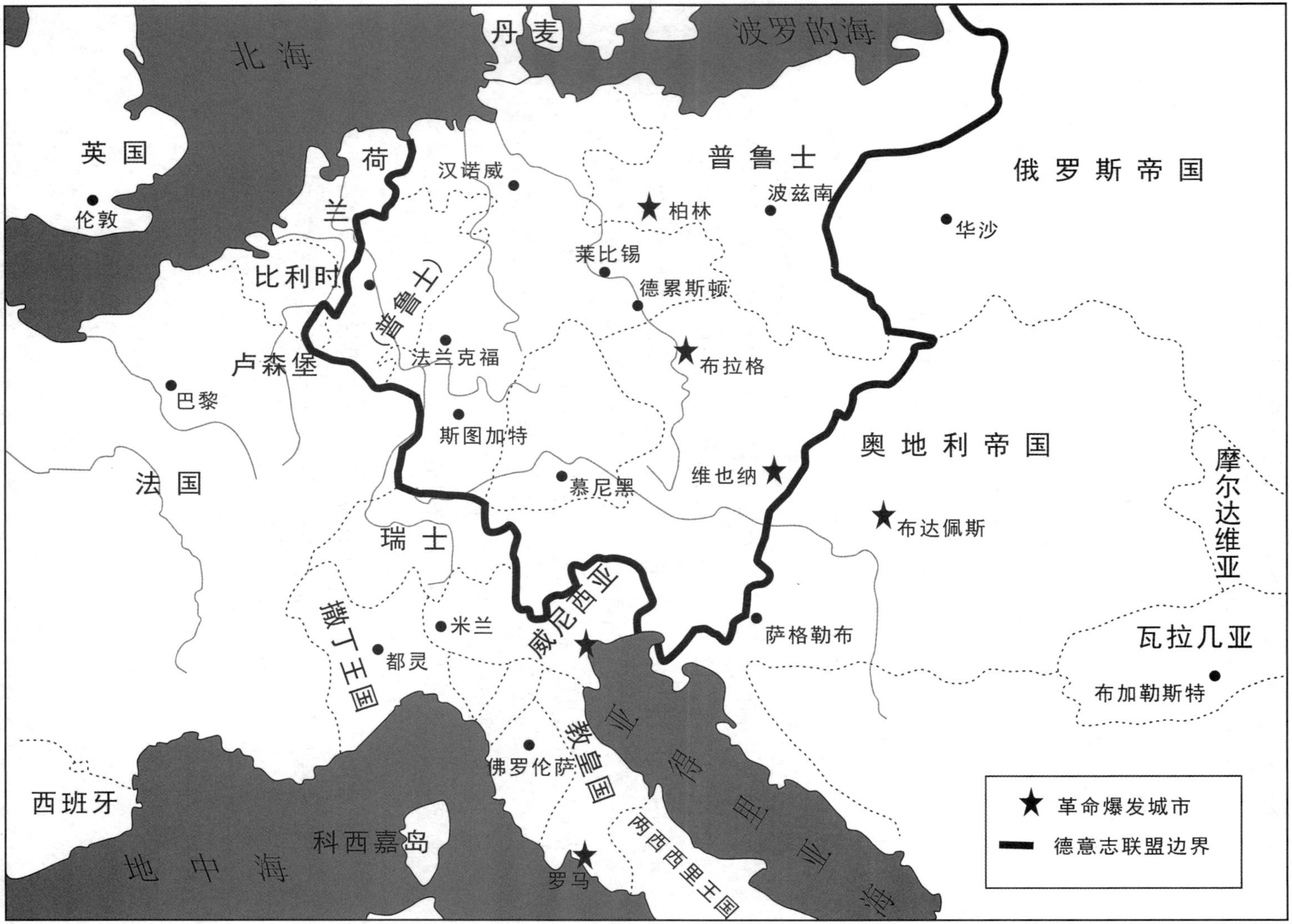

图 32　1848 年革命中的德意志

32. 革命之火

19 世纪 40 年代,德意志处于十字路口:一方面,奥地利领导的德意志联盟议会拒绝任何有关自由和统一的议题;另一方面,普鲁士主导的德意志关税同盟已经吹响了经济统一的号角,南德各邦陆续完成立宪,甚至连普鲁士也采取了一些富有进步色彩的改革措施,例如赦免政治犯、允许召开联合邦议会等。与此同时,人们还能发现大量失业、贫困、饥饿等现象如瘟疫般在德意志大地肆虐,以致像维也纳、柏林、斯图加特这些邦国首都也发生了抢粮风潮。

正是在这种变与不变的纠结与对抗中,德意志迎来了 1848 年革命。如图 32 所示,这场革命首先在巴黎燃起,旋即向东挺进,从德意志南部北上,席卷维也纳与柏林,最终把整个德意志投入熊熊燃烧的革命之火中。

倘若我们仔细观察各地的革命进程,便会发现,这场风暴除了延续此前已经出现的各种争夺食品的骚乱外,主要还是属于一场精神层面上的努力。它继承了“自由与统一运动”的精髓,在两个层面上同时前进:

在各邦首都,革命者喊出了“自由”的口号。1848 年 3 月,巴登邦君首先迫于压力,解除保守派贵族的职务,吸纳资产阶级进入政府。这一模式随后推广到大部分的中小邦国,符腾堡、汉诺威、萨克森以至巴伐利亚等都出现了改革派新政府。奥地利与普鲁士的革命则充满着暴力色彩。维也纳的巷战导致了 60 人丧生,还相继赶跑了首相梅特涅和奥地利皇帝斐迪南一世(Ferdinand Ⅰ),以大学生、中下阶层和工人联盟为基础的革命团体成立了一个“安全委员会”,决定制定宪法。柏林也发生了类似的冲突,至少有 230 人丧生。不过普鲁士国王弗里德里希·威廉四世(Friedrich Wilhelm Ⅳ)反应迅捷,立即任命了一个由温和派自由主义者领导的新政府，并批准召开邦议会，讨论立宪事宜。

与此同时，南德各邦的革命者也没有忘记“统一”的诉求。巴登革命者最早提议召集统一国会。3月5日，51名来自南德各邦议会代表齐聚海德堡，发出了举行全德国民议会的邀请书。3月31日到4月4日，预备国民议会在德意志联盟议会所在地法兰克福召开。会上，主张共和制的激进派以失败告终，君主立宪制成为与会者的共识。5月18日起，来自各邦议会的586名代表在法兰克福的圣保罗大教堂召开全德制宪国民会议。大会首先选举奥地利的约翰大公（Erzherzog Johann）为“帝国摄政”，建立临时帝国政府。随后，国民议会开始讨论帝国宪法和世袭制皇帝人选的问题。

至此，“自由”与“统一”尚在革命的轨道中平行前进。圣保罗大教堂中的议员们当然有理由相信，最终从这场革命之火中孕育而生的国家，便是他们数十年来孜孜以求的“自由的民族共同体”。法兰克福国民议会主席加格恩（Heinrich Wilhelm August von Gagern）在开幕式上就道出了大家的心声：“我们不会放弃自由，并且还要实现我们的民族与祖国的统一，这些都是我们渴望已久的目标！”

然而历史却给出了残酷的回应。革命之火仅仅燃烧了数月，便走到了尽头。这究竟是怎么一回事呢？

33. 梦想破灭

法兰克福国民议会本来内部就矛盾重重,又出现在一个随时都存在各种变数的时代。这便注定了它从诞生之日起,陷入无法解决的一连串困境之中。

困境之一体现在民族国家与世界帝国的角色冲突里。议员们一方面希望建立德意志民族的统一国家,另一方面又不愿意放弃神圣罗马帝国以来的征服者形象。历史学家劳默尔(Friedrich von Raumer)在会上慷慨陈词,拒斥波兰人、捷克人和北部意大利人试图脱离德意志控制的企图:"德意志宁愿消亡,也不会投降,不会交出祖国的任何一片土地。"

困境之二发生在世袭帝制人选的争议中。希望延续传统的"大德意志"派支持奥地利的哈布斯堡家族,但期待奥地利可以把非德意志人地区排除在外;承认现状的"小德意志"派看重普鲁士的霍亨索伦家族,但要求普鲁士自行解体,以消除中小邦国的担忧。两种方案都寄希望于大邦为一个"自由的民族共同体"做出牺牲,显然是一厢情愿,很难实现。

困境之三是诡异多变的外部环境。虽然瑞典、荷兰等国家在外交上承认法兰克福国民议会的合法性,但英、法、俄等欧洲大国,却出于对一个统一德国的敌视而仍然保持缄默。此外,在这个历史上著名的"老太婆议会"围绕民主权利的表述而喋喋不休的同时,各邦政治形势已经急转直下。1848年11月,奥地利与普鲁士两大邦几乎同时改组政府,解散邦议会,颁布"钦定"宪法,重新恢复了君主专制体制。

1849年3月28日,法兰克福国民议会终于推出一部帝国宪法,但革命之火已经黯淡无光了。4月2日,被选为皇帝的普鲁士国王弗里德里希·威廉四世拒绝接受来自法兰克福的皇冠。他轻蔑地把这顶皇冠

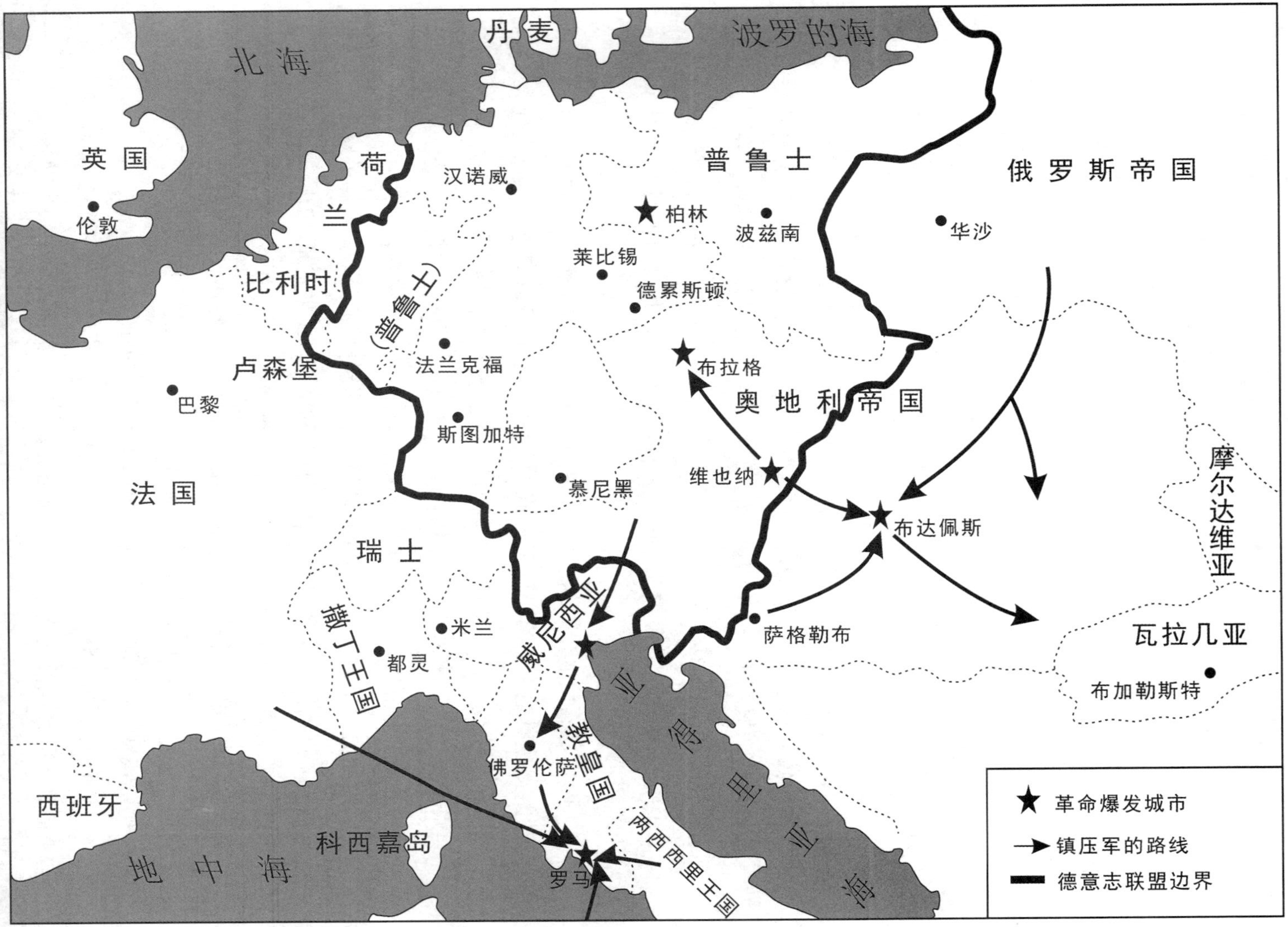

图33　1848年革命被镇压

称为“不洁的……充满了1848年革命的腐尸臭味”。这相当于判了法兰克福国民议会的死刑。不久，普、奥下令法兰克福国民议会中的本邦代表辞职。革命至此转入最后阶段。

革命者决定做最后一搏。在普、奥两大邦的议员辞职后，其余议员组成所谓“残余议会”，并把会址迁往斯图加特。6月18日，符腾堡政府强行解散了该议会。与此同时，面对各邦的复辟浪潮，一些地区出现了“护宪运动”。萨克森首府德累斯顿的起义者在街头抗争5日之久，巴登军队发动了兵变，普法尔茨出现了一支人数众多的志愿军团——革命导师马克思（Karl Marx）和恩格斯（Friedrich Engels）都曾参与领导。但是在普军和各邦保守派的联合围剿下，德国的革命风潮最终在1849年7月平息。此前，普奥军队还同英、法、俄联手扑灭了欧洲其他地方的革命。

从结果来看，1848年革命并没有完成“自由与统一运动”的梦想，甚至在某种程度上宣告了这一梦想的彻底失败。尽管在此期间，很多与“自由”和“统一”有关的诸多观念得到讨论和普及，但革命的失败表明，在德意志，人们无法同时实现“自由”与“统一”的两种理想。事实上，在此之后，“统一”已经超越了“自由”，成为最为现实的目标。“一箭双雕”是民族解放战争那一代人的所怀的梦想，这个梦想的破灭，倒是为德意志的统一之路打开了大门。

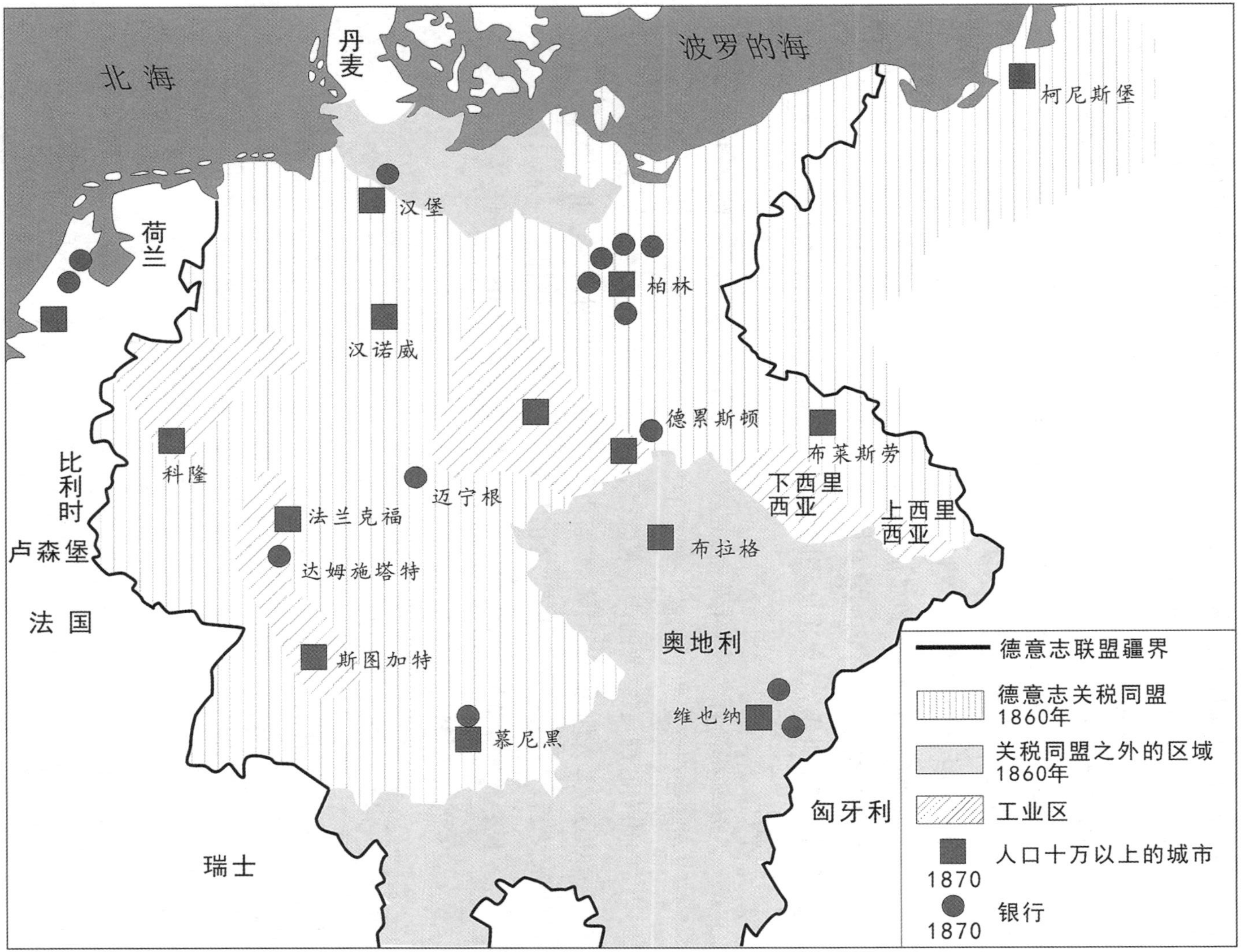

图 34　德意志联盟的经济发展

34. 此消彼长

1848年革命失败了，一切似乎回到了原点。对于渴望自由的人来说，情况或许更为糟糕。1850年，普鲁士公布了新宪法，确立了以出身和财产为标准的三级选举制。次年，奥地利干脆废除了革命期间的宪法，恢复君主专制。其他各邦也纷纷效仿。一时间，自由的气息荡然无存，马克思曾讽刺地称："生不能，死不得，不能结婚，不能写信，不能思想，不能出版，不能开店营业，不能教书，不能上学，不能集会，不能建设工厂，不能迁移。不经当局许可，无论什么事都不能做。"

不过，与"自由"相比，"统一"的迹象却仿佛明朗了许多。在有关德意志未来的讨论中，中小邦国彻底失去了发言权，普、奥两邦的态度显然更具有决定性意义。与奥地利继续维持松散联盟的想法不同，普王虽然不接受法兰克福国民议会递上的皇冠，但是"德意志皇帝"的头衔仍然拥有无以抗拒的诱惑力。1850年年初，普鲁士联合28个小邦，组建新的德意志联盟，以此为基础，提出同奥地利结成一个"联邦国家"。这其实就是变相的统一。不幸，这个方案遭到各方的反对：巴伐利亚等中等邦国抗议，奥地利发出战争威胁，沙皇俄国也公开抵制，最后，普鲁士只好放弃。

尽管如此，倘若视线离开剑拔弩张的外交战场，仔细观察一下当时的经济格局，如图34所示，此消彼长的趋势已经日趋明显。自1834年德意志关税同盟成立后，普鲁士俨然已成为德意志的经济领袖。1850年，奥地利一度筹划所谓"中欧关税同盟"，试图摆脱经济上的不利地位。然而普鲁士却以德意志关税同盟与奥地利签订全面的商业条约为饵，巧妙地把奥地利的计划搁置起来。到19世纪60年代，只有奥地利和零星几个小邦还没有加入德意志关税同盟。关税同盟为各成员邦国带来了丰富的利益,从而使它们在经济上更加依赖于普鲁士。例如,一向对普鲁士称霸抱有戒心的符腾堡,当关税在本邦收入预算中的比重增长了一倍后,也不得不承认:“我们迟早要向普鲁士屈服,因为我们的需要使然。”

如果说关税同盟是普鲁士牵制其他各邦的重要抓手,那么第一次工业革命则是把普鲁士塑造为德意志经济强权的最终推动力。从 19 世纪 30 年代中期起,德意志各邦先后走上工业化的道路。然而几乎在所有领域中,普鲁士的工业化都遥遥领先于其他邦国。在 1850 年,普鲁士的铁路长度已经占到全德总长度的 80%。到 1865 年,普鲁士的钢产量是全德总产量的 86%。在图 34 上,我们也可以发现,柏林已经成为德意志银行业与机械工业的中心城市。在 19 世纪 60 年代,仅普鲁士的国民收入便占到德意志联盟的半壁江山。可以说,第一次工业革命的成功,使得普鲁士在德意志中的经济霸权变得不可动摇。

当德意志的大多数邦国都以经济为纽带依附于普鲁士,当普鲁士在第一次工业革命中又一马当先地成为工业领头羊,那么这两种因素结合的结果便是图 34 所展示的情景:德意志的大多数工业中心和银行业都分布在幅员辽阔且连成一体的德意志关税同盟中,与之相对的是仍然以农业为根本的奥地利。在这场经济竞赛中,胜负显然一目了然。

现在,德意志的统一已经箭在弦上。人们屏住呼吸,静候着一位强者的登场。

35. 强人登场

1862 年 9 月 20 日清晨，一位身材魁梧的普鲁士人悄悄地在柏林火车站下车。当时或许有人注意到他，但想必没有人能预料到，这位长相并无特殊之处的人，将在两天后成为普鲁士首相，更不会想到，这个人将开启德意志历史上的“俾斯麦时代”。

在我们正式踏入这个时代之前，还是首先沿着图 35 所标识的轨迹，去了解这位强人的成长历史。毕竟他在辉煌执政期间的大半思想与立场，已经在此前的人生体验中打下了坚实的基础。

1815 年 4 月 1 日，上帝或许开了玩笑，在愚人节这天把俾斯麦送到了人间。当时，他的父母正居住在普鲁士萨克森省舍恩豪森(Schönhausen)的祖传别墅中。一年后，全家迁往易北河以东的波美拉尼亚(Pommern)，那里是俾斯麦家族的另一处庄园。

父母自然是俾斯麦最初的人生导师。他们来自两个完全不同的家族，性格迥异。父亲祖上是自由骑士，曾以抗拒国王收税而闻名。老俾斯麦性情温和，厌恶战争，喜好容克贵族的逍遥生活。母亲来自一个有教养的高级官吏家庭，热爱城市生活，对自由思想颇有好感。他们一个赋予了俾斯麦极为重要的贵族身份，另一个却将以苛刻的方式，迫使俾斯麦去正视已经到来的新世纪。

在母亲的一手安排下，6 岁的俾斯麦被迫离开了极富有诗情画意的东普鲁士，来到柏林，进入寄宿制学校。中小学的世界显然没有给俾斯麦留下好印象。直到晚年，他还会抱怨学校里的“硬面包”。然而，也是在这里，他学会了纪律、荣耀等普鲁士精神。同时，浪漫派作家施莱马赫尔(Friedrich Schleimacher)的宗教著作一度也曾感染过他。

1832 年起，俾斯麦先后在哥廷根大学和柏林大学攻读法学。年轻

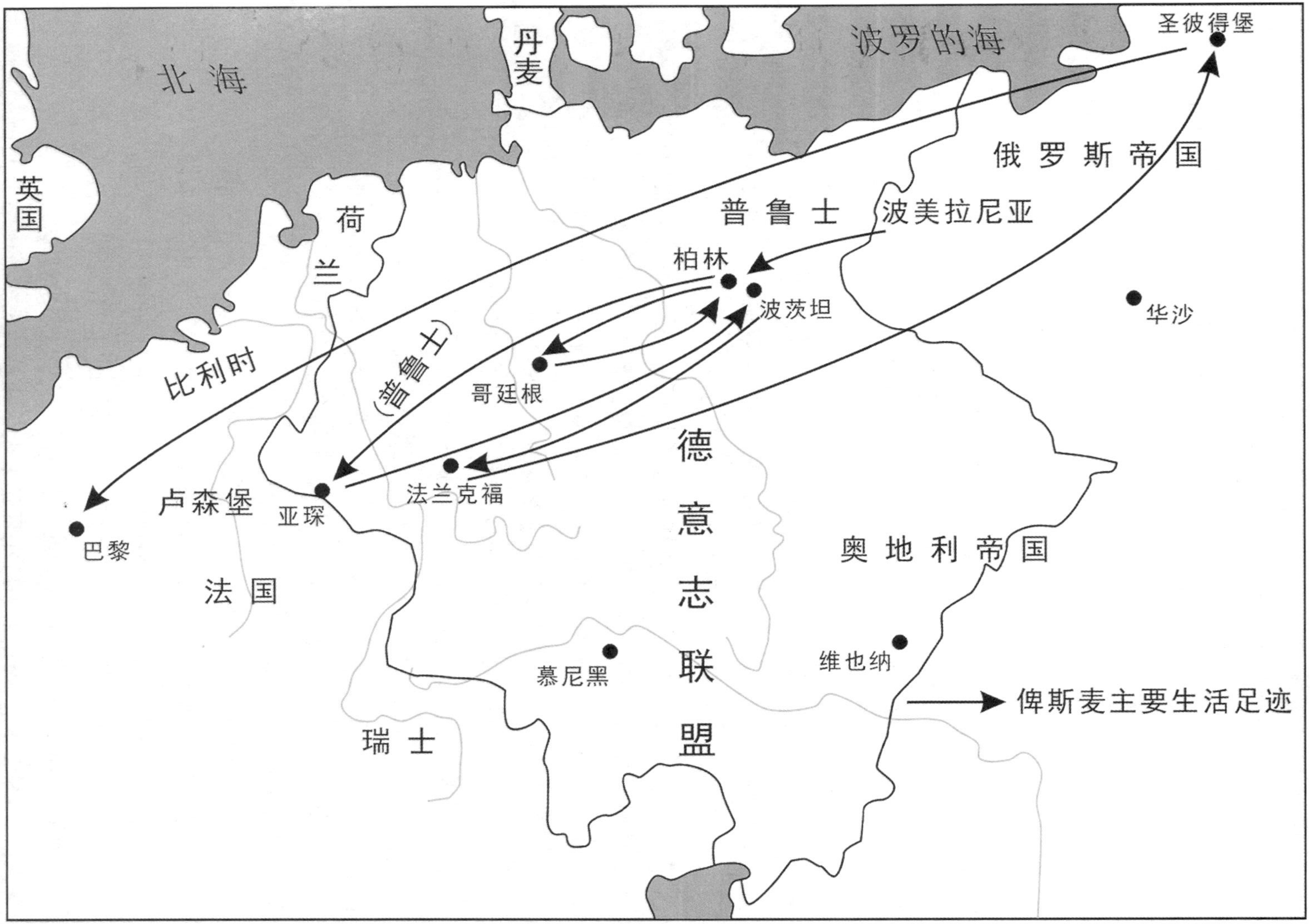

图 35　俾斯麦的主要成长轨迹(1815～1862)

的俾斯麦有点放浪不羁：他穿一件鲜红的外衣，戴一顶奇形怪状的小帽子，挥舞着手杖，嘴上叼一根长烟卷，还牵着一只黄色猎狗。他毫不在乎同学们送上的“怪物”绰号，时常藐视校规，还以“维护普鲁士”的名义找人决斗。大学的前三个学期里，他与人决斗过25次。有一次，他甚至同时和六个人决斗！

在政治立场上，此时的俾斯麦还显得摇摆不定。在这两处大学生社团颇为活跃的城市里，他继续保持了自己的独立性。他时而显得十分保守，以至于让其他人感到他仿佛还生活在“弗里德里希二世的时代”；时而却表现得颇为激进，例如，在美国独立日居然还同一群美国留学生喝酒庆祝自由；他时而直抒胸臆，甚至与人打赌德意志各邦很快会实现统一；时而却小心谨慎，在与兄长的通信中大谈外交诡诈之术。

大学毕业后，他先后在柏林、亚琛和波茨坦担任过律师与候补官员，但始终感到这些工作与自己的性情相差太远。在一封家信中，俾斯麦第一次鲜明地表达了自己的从政观：“我很想发号施令而不愿听号令……普鲁士的官吏像乐队里单个的演员，对全局没有了解，没有影响……但是我只想演奏我认为好的音乐，否则我根本不干。”

或许是带着这种鸿鹄大志，俾斯麦回到了波美拉米亚的庄园，像父亲那样过起了容克贵族的逍遥生活。不过，不甘寂寞的俾斯麦并没有放弃咄咄逼人的战斗姿态，时常在公开场合维护贵族权益。这让他结识了普鲁士国王身边的红人格拉赫兄弟。这两位保守派贵族将成为擢升俾斯麦生命中的重要伯乐。

1847年，俾斯麦十分幸运地通过补缺的方式进入邦议会，成为普鲁士最年轻的议员。他坚决反对自由主义的立场，让保守派十分满意。于是，在格拉赫兄弟的安排下，俾斯麦成功地引起了国王的关注。1848年革命进一步强化了他与王室之间的联系，因为他公开拥护“普鲁士高于德意志”的保守观念。

1851年，俾斯麦前往法兰克福，成为普鲁士驻德意志联盟议会的代表。在这个资深外交家云集的圈子里，俾斯麦还“嫩”得很，不过，他克服了最初的心烦气躁，很快找到了突破口：代表普鲁士，向奥地利在德意志的霸权提出挑战。他公然与奥地利代表同时吸烟，以藐视后者作为联盟主席的特权，甚至在公开演讲中攻击“奥地利现在是，将来也是赌钱的骗子”。

1859 年，俾斯麦结束了法兰克福的任职，被派往圣彼得堡担任大使。两年后，他又被派往巴黎。尽管，俾斯麦本想尽早进入柏林的政治圈，但出使俄、法的经历却在事实上为他提供了更为宝贵的国际视野。自此，他的视界超过了普鲁士乃至德意志，开始从欧洲大局来考虑祖国的未来。更为重要的是，他也因此同这两国的君主建立起非同一般的个人友谊。

正当俾斯麦踌躇满志之时，机会也恰好降临。新国王弗里德里希·威廉（即后来的威廉一世，Wilhem Ⅰ，1861 年起为普鲁士国王，1871 年起为德意志皇帝）希望扩军的意图遭到了自由主义者占据优势的邦议会的抵制。双方围绕宪法赋予的议会权利产生了尖锐矛盾，史称“宪法危机”。在战争部长罗恩（Albrecht von Roon）的建议下，国王决定启用俾斯麦。这才出现了本节开头的一幕。

当然，俾斯麦此次受命担任首相，只是为了解决内政困境。他是否以及如何带领德意志人走向统一，仍然是一个未知数，这一点，甚至也许连他自己也没有考虑清楚。

36. 铁血统一

1862年,就任首相后不久,俾斯麦显然已经胸有成竹。他在议会发表了震惊世人的"铁血演说"。他说:"我们不可能通过演说、联合会、多数决议来进一步达到目的——这是1848年和1849年的重大错误——而是不可避免地将通过一场严重斗争,一场只有通过铁和血才能解决的斗争来达到目的。"

这番言论鲜明地反映了俾斯麦立足于现实的政治观。他反对19世纪初开始的"统一与自由运动",认为两者不可能同时实现。在他看来,只有用军事的方式,才能既达到"统一",又能软化资产阶级对于"自由"的渴望。

图36显示的正是俾斯麦施展铁血政策、实现统一的三场战争。

第一场是德丹之战。位于北德的石勒苏益格(丹麦人占据多数)与荷尔斯泰因(德意志人占据多数)两地的归属问题,数百年来,一直让德意志与丹麦争论不休,但多数时间里,两地都受丹麦统管。1852年,在欧洲其他强国的干涉下,丹麦答应让两地保留一定自治权。可到了1863年,丹麦新国王克里斯蒂安九世(Christian Ⅸ)决定将之吞并,结果引发了德意志各邦的愤慨。俾斯麦很快看到了此事背后的"巨大的诱惑力",率先在普鲁士扯起民族主义大旗,主动联合奥地利,以"维护德意志民族主权"为名,与丹麦兵戎相见。果然不出俾斯麦所料之外,当普军攻下丹麦的要塞后,柏林的自由派们迅速成为俾斯麦的支持者。丹麦落败后,石、荷两地重归德意志所有。1865年,普、奥签订了《加斯坦因专约》,决定由普鲁士管理北面的荷尔斯泰因,奥地利管理南面的石勒苏益格。

第二场是普奥之战。19世纪60年代以来,普奥矛盾到了一触即发

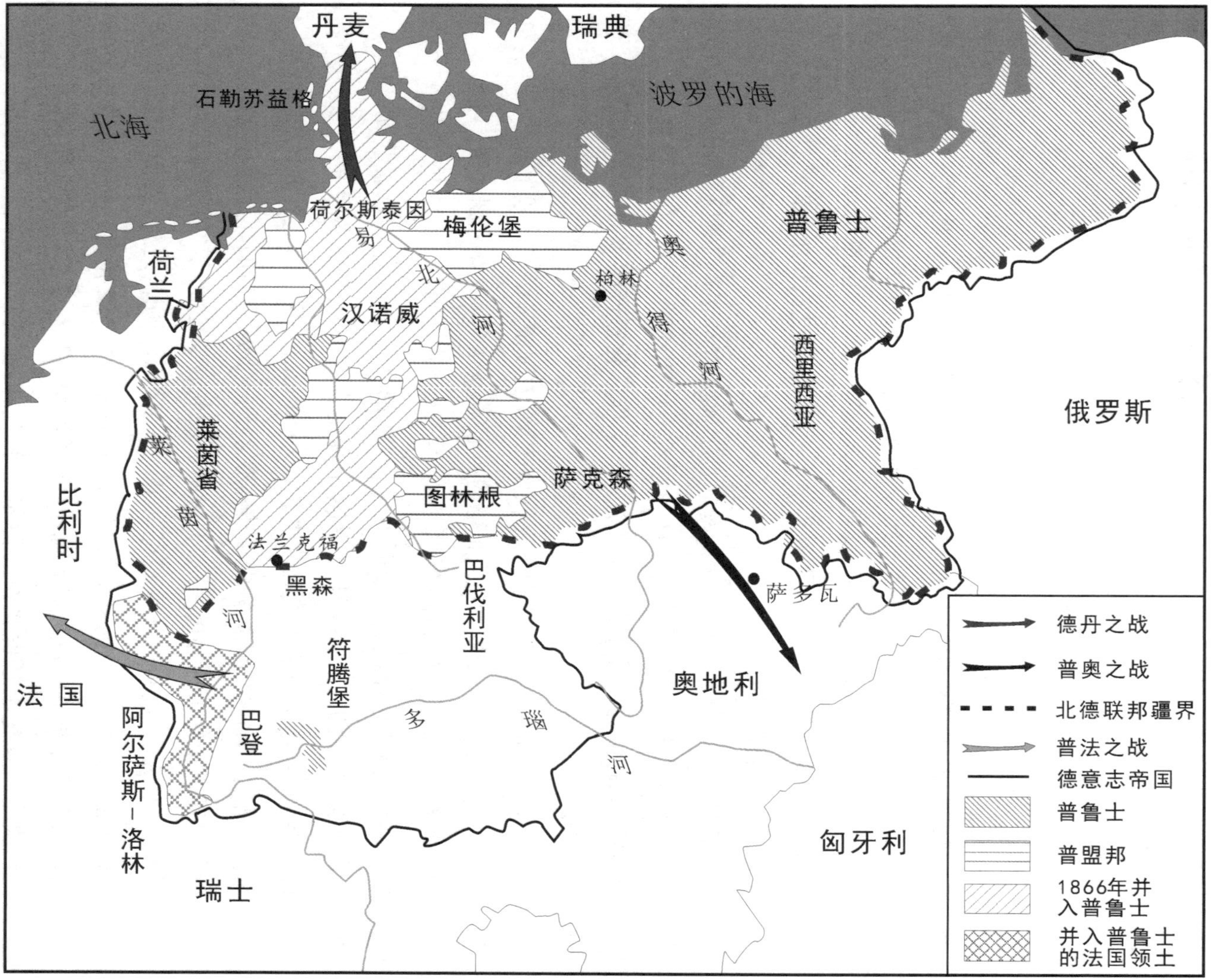

图 36　俾斯麦统一德意志的进程

的程度。在经济上，普鲁士通过德意志关税同盟凌驾于奥地利之上的局面已然定型；在政治上，奥地利仍然通过变革德意志联盟的种种借口来打压普鲁士。俾斯麦对此了然于心，并早早做好了捅破“一张遮盖裂缝的糊墙纸”的准备。《加斯坦因专约》的安排便是一例。如图36所示，地处南德的奥地利若要管理石勒苏益格，必须借道普鲁士；反之，普鲁士若要管理荷尔斯泰因，也必须借道奥地利管理下的石勒苏益格。这种复杂局面事实上为此后的“兄弟反目”埋下了伏笔。当然，俾斯麦也十分留意欧洲其他强国的立场。在1863年以后，他在经济上讨好英国（降低关税），在外交上取悦俄国（支持它镇压波兰起义），在领土上许诺法国（吞并比利时、卢森堡和莱茵河左岸地区），并同意大利结盟。1866年6月，普鲁士借口奥地利撕毁《加斯坦因专约》，进军捷克地区。奥地利随后操纵德意志联盟议会谴责普鲁士，并组成由德意志中部和南部绝大多数邦国组成的联盟军队予以抗击。联盟军队显然缺乏协调，而普军则势如破竹，很快在北部占领汉诺威、黑森与法兰克福，并在东南面取得了萨多瓦大捷。最后，在法皇的调停下，战争在仅仅持续七周后结束。

俾斯麦没有严惩奥地利，甚至还让普王骑马进入维也纳的想法也落空。为了让奥地利成为普鲁士在“欧洲棋盘上的一颗棋子”，俾斯麦力主怀柔政策，只是让奥地利接受退出德意志、解散德意志联盟以及少量赔款的协定。

普奥战争结束后，支持奥地利的北方四邦——汉诺威、黑森-卡塞尔、拿骚和法兰克福被并入普鲁士版图，普鲁士至此连成一片。议会中的自由派彻底被俾斯麦的计谋所征服，原来的进步党分裂，绝大部分人后来组建民族自由党，成为俾斯麦政策的坚定支柱。在俾斯麦的主导下，1867年4月，美因河以北的24个邦国组成北德意志联邦。俾斯麦亲自起草联邦宪法，以保证普鲁士的绝对领导地位。

第三场是普法之战。在俾斯麦眼中，美因河绝不会是德意志的界限。然而南方四邦（巴登、巴伐利亚、黑森-达姆施塔特和符腾堡）却在法国的支持下，仍然独立在外。俾斯麦竭力压制军方的急躁情绪，不动声色地在经济上拉拢南德，增强它们对法的离心力，更何况这些邦国本来也是德意志关税同盟的成员。与此相反，俾斯麦在普法关系上的立场更鲜明，对法一战已被视作普鲁士统一德意志的最后步骤。恰在此时，普法之间围绕西班牙王位继承问题形成了直接对峙。1870 年春，西班牙议会选举霍亨索伦家族的一位成员接任西班牙王位。法皇拿破仑三世（Napoleon Ⅲ）认为此举将导致法国面临腹背受敌的危险，要求普王威廉一世以霍亨索伦家族族长的名义，否决此事。普王本已答应下来，但法皇却得寸进尺，要求普王立下文书，保证今后永远不允许任何一位德意志亲王去继承西班牙王位。普王拒绝照办，并从休假地埃姆斯把此事告知远在柏林的俾斯麦。俾斯麦立即抓住机会，亲自把埃姆斯电报改写为针对法国的"耀武扬威的答复"，以便如"红布"般激怒"高卢牛"。果然，巴黎群情激昂，立即对普鲁士宣战，而俾斯麦则以保卫国土为名，再次举起了德意志民族的大旗。南德各邦同北德军队组成了 50 万人的德意志民族军，很快击败了入侵的法军，并转而进入法国。8 月底至 9 月初，双方在色当对决，10 万法军投降，连拿破仑三世也做了俾斯麦的俘虏。普法战争彻底扫清了德意志统一的障碍，还把阿尔萨斯和洛林这两块德法历史上多次争夺的地区纳入到德意志人的股掌中。

自此，德意志统一之路已走到终点。在神圣罗马帝国消失 65 年后，又一个帝国出现在德意志的土地上，这就是德意志帝国。

第八章

第二帝国

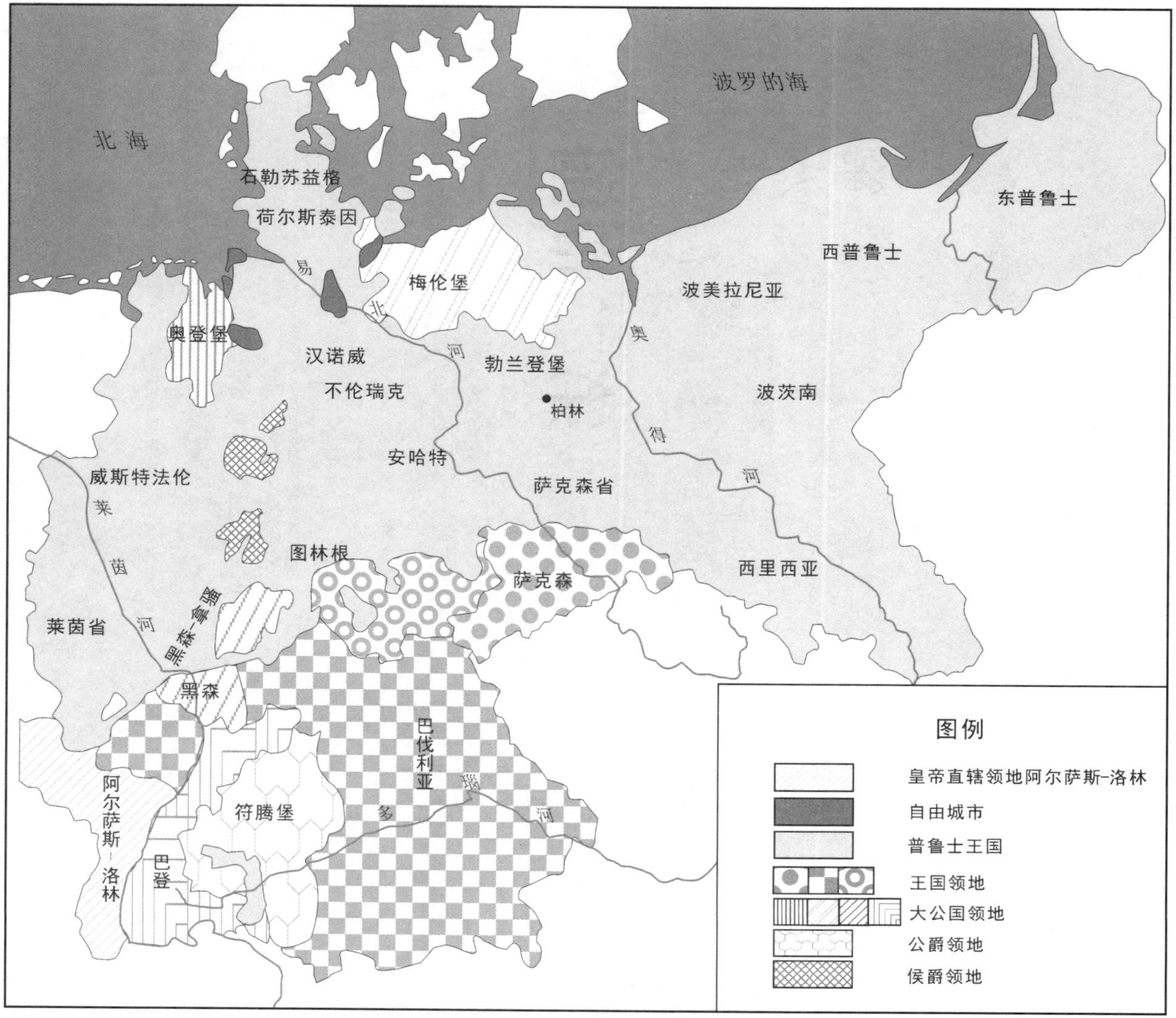
北海
波罗的海
石勒苏益格
荷尔斯泰因
梅伦堡
东普鲁士
西普鲁士
波美拉尼亚
奥登堡
汉诺威
不伦瑞克
勃兰登堡
柏林
波茨南
安哈特
萨克森省
威斯特法伦
图林根
萨克森
西里西亚
莱茵省
黑森-拿骚
黑森
巴伐利亚
符腾堡
巴登
阿尔萨斯-洛林
易北河
奥得河
莱茵河
多瑙河
图例
皇帝直辖领地阿尔萨斯-洛林
自由城市
普鲁士王国
王国领地
大公国领地
公爵领地
侯爵领地

图37 德意志帝国版图

37. 帝国归来

1871年1月18日是普鲁士第一任国王弗里德里希一世加冕170周年纪念日。这一天,为了羞辱宿敌,在法国这个老对手的凡尔赛宫廷中,德意志历史上的第二个帝国宣告成立,史称“德意志帝国”。

假如我们把图37与神圣罗马帝国晚期版图(图19),以及德意志联盟版图(图29)相比,便会发现,这个新帝国既保留着某些历史延续性,又明显带着鲜明的时代特色。

德意志帝国不是一个中央集权国家,而仍然采取了联邦形式。如图37所示,它由四个王国、六个大公国、五个公爵领地、七个侯爵领地、三个直辖市和一个皇帝直辖地(阿尔萨斯-洛林)等组成。帝国皇帝由普鲁士国王兼任,称号是“德意志皇帝”(Deutscher Kaiser),而不是“德国皇帝”(Kaiser von Deutschland),这表明,帝国皇帝只是名义上的德国最高领袖,对各邦并无过多干涉权。根据帝国宪法,各邦保留了警察、司法、财政和教育等行政权,可以自行征税,巴伐利亚和符腾堡两邦甚至还拥有自己的邮政系统。

不过,这个新帝国透露出鲜明的普鲁士气息。从图上我们可以看到普鲁士是帝国的最大邦国,占帝国面积的55%(35万平方公里)和人口的61%(3 000万)。相比之下,最小邦国罗伊斯(老系)侯爵领仅有316平方公里领土和6.2万人口。当时有人便讽刺说,这是一个由一只大猛兽、半打狐狸和十几只耗子组成的联邦!

从实际运作来看,普鲁士也是当仁不让的霸主:普鲁士国王成为世袭的帝国皇帝,普鲁士首相兼任帝国首相和联邦议会主席,而且在联邦议会的58个议席中,普鲁士独占17席。根据规定,在陆军、海军、关税和货物税等问题上,普鲁士若投票赞成维持现行制度,它的票就能起决定作用。如此一来，普鲁士拥有着强大的控制权。进一步来看，新帝国还获得了军队、外交、关税、度量衡、货币、法律、邮电和殖民地等权力，体现出一定的集权趋向。

既为霸主，为什么又遮遮掩掩，出现这种“犹抱琵琶半遮面”的现象呢？这其实是宪法起草者俾斯麦审时度势，刻意做出的决定。

普法战争胜利后，南德邦国虽然也倾向统一，但对普鲁士的霸权多有担心。更何况巴伐利亚的维特尔巴赫王室向来自视为帝国皇冠的竞争者，更不愿意拥戴普鲁士国王登上宝座。为此，俾斯麦绞尽脑汁。他一方面用贿赂的方式换取巴伐利亚国王的让步，另一方面又迫使威廉一世接受“德意志皇帝”这一称号。据称皇帝对此很不满意，就在加冕前夜，他还愤愤不平地说道：“明天将是我一生中最不快乐的一天。普鲁士的君主之位就要被我们埋葬了。而你，俾斯麦侯爵，对此是要负责任的！”此外，据宪法规定，在联邦议会中，任何议案若有 14 票反对就会被否决，这实际上也是对中等邦国恐惧心理的一种安慰，因为巴伐利亚、萨克森和符腾堡的议席总和正好是 14 席。

虽然有这种种微妙玄机，但无论如何，帝国归来了！它再也不是新瓶旧酒，而是一个带着时代特征的新国家。普鲁士的霸权与邦国自治权的统一，构成了德意志民族的新生命。不过，对于俾斯麦而言，中央与地方的关系仅仅是他所面临的众多矛盾中的一个。更为棘手的帝国敌人们将要陆续登场！

38. 内部敌人

德意志帝国顺利成立，但俾斯麦并没有就此放松，而是像年轻时那样，继续保持着时刻准备决斗的姿态。深谙权术的他一定明白，在安抚邦君后，帝国还将面对拥有更具全国性影响力的敌人。

类似图38的形势图或许也曾摆上过俾斯麦的书桌，以十分醒目的方式提醒着帝国首相：在这个新国家里，至少还存在三派同他有着完全不同追求的人：

第一派是自由主义者。在大部分“1848年一代人”被俾斯麦的“铁血统一”所折服时，少数自由主义者仍然坚持民主理念。他们组成“进步党”，在帝国议会中反对扩军、增加预算，提倡自由贸易。这些人大多身处南德或莱茵地区，主要是中小城市的资产阶级和知识分子。

第二派是教权主义者。在统一进程中，南德各邦对普鲁士抱有戒心的另一个理由是信仰不同。北方多为路德宗，南方却还是天主教的天下。19世纪50年代初，普鲁士邦议会便出现了一个天主教政治派别。到1870年，它在罗马教皇的支持下组成“中央党”，并成为帝国议会中的第二大党。如图38所示，帝国成立后，天主教信仰的覆盖区域仍占全国领土的四成以上。它主张天主教会的特殊权利，甚至鼓吹分离主义。1871年12月，巴伐利亚教士在公开布道中攻击俾斯麦的国内政策。不久，一位年轻的天主教徒还行刺了俾斯麦(未遂)。

第三派是社会主义者。革命导师马克思与恩格斯分别出生在特里尔和巴尔门(Barmen)。他们从德意志早期工人运动(如西里西亚纺织工人起义)中逐步积累经验，创立了科学社会主义学说。受他们的影响，出生于德波边界布莱斯劳(Breslau)的拉萨尔(Ferdinand Lassalle)也投身到工人运动中。1862年，最早的两个全德工会联合会分别在莱比锡

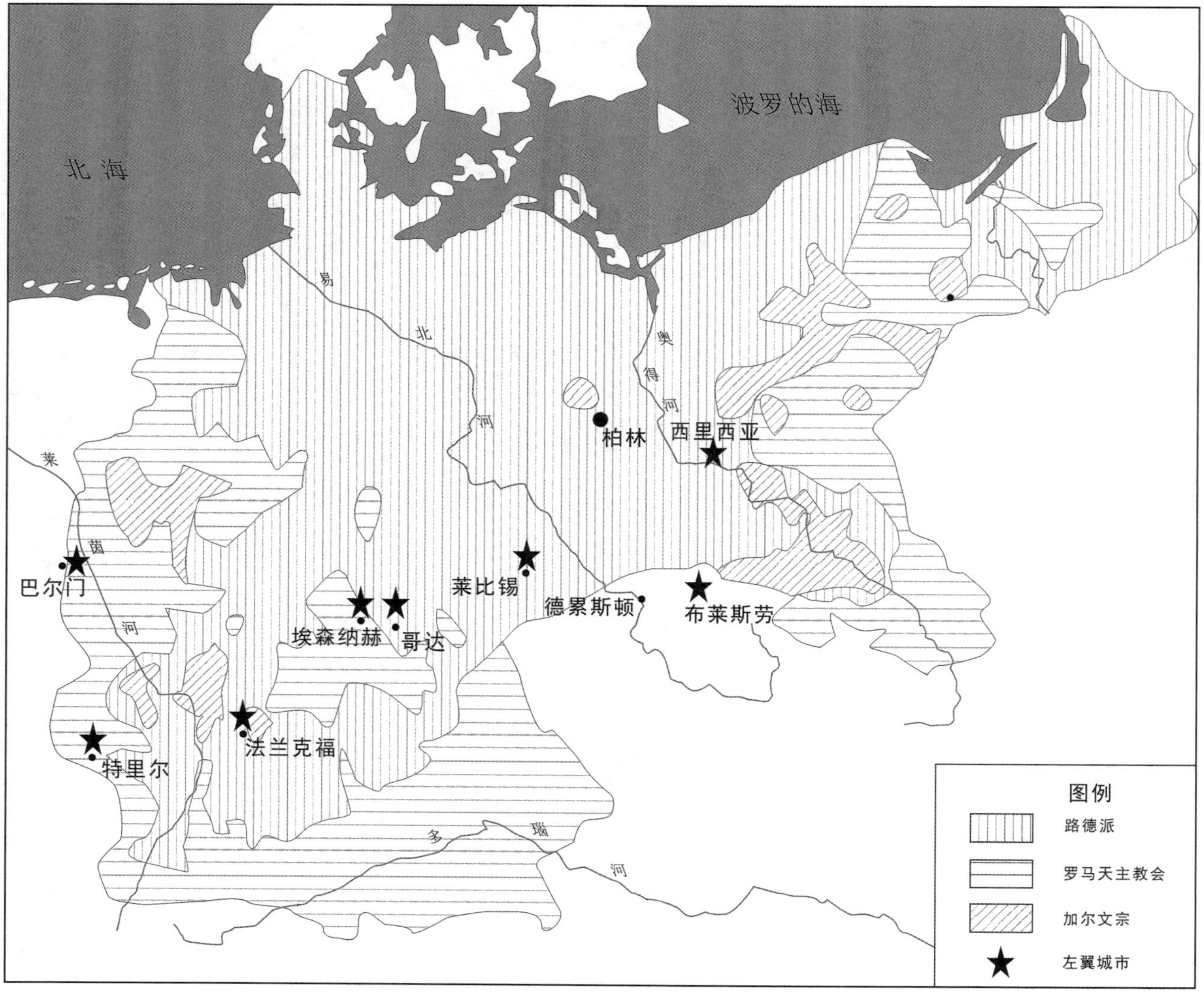

图 38　德意志帝国初期的政治形势图

和法兰克福成立。1869 年，一部分工会组织在埃森纳赫（Eisenach）实现合并，成立德国社会民主工党。这是德国工人运动乃至国际工人运动中的第一个社会主义工人政党。1875 年，不同派别的工人组织在哥达（Gotha）合并，成立统一的德国社会主义工人党。此后，社会主义者的影响力持续上升。到 1877 年，工人政党已拥有 4 万名党员、251 个地方组织，工会组织共有 26 个、5 万名会员、56 种报刊。帝国主要城市都已成立了工人政党的地方组织。工人政党在帝国议会中的议席也从 6 个增加到 12 个。

面对着这些各有目标但都反对帝国的公开敌人们，俾斯麦只能费尽心机地一一回应。

他用徒有虚名的帝国议会来满足自由主义者的政治需求。根据宪法，帝国议会颇具进步色彩地采取了普遍、直接和秘密的选举制。这便实现了拿破仑战争以来德意志自由主义者的最大愿望。然而内阁并不需要对帝国议会负责，帝国首相仅需获得皇帝信任，民主只是个空架子。与此同时，他还借助经济发展的契机，让自由主义者在经济上得到满足。此举让自由派最终没有能力对帝国政治提出致命挑战。

他试图发起所谓"文化斗争"来打压教权主义者，但最后却不了了之。1871 年，帝国议会通过《布道坛条款》，禁止布道者进行政治煽动。两年后，普鲁士颁布了一系列反天主教法令，把教会教育置于国家的严格监督下，拒绝继续资助教会，取缔耶稣会。其他邦国纷纷效仿。可教权捍卫者们也不是省油的灯。教皇立即反击，发布通谕，宣布所有反教权法令均无效。更令俾斯麦始料不及的是，对于天主教会的打击行动反而让中央党成为选民的同情对象，中央党在帝国议会中的议席数量因此增加了二分之一。1878 年，俾斯麦被迫停止"文化斗争"，重新与天主教会建立联系。俾斯麦同教皇互赠照片以示亲密，他本人还获得了一枚教皇勋章。不过从这次斗争的结果来看，中央党对帝国的批评也的确减少了许多。

相比之下，俾斯麦对社会主义者采取的措施不可谓不多，而效果却与他的预期更是大相径庭。日益兴盛的社会主义运动早已让俾斯麦感到危机四伏。1878 年，他借口一位工人刺杀皇帝的未遂案件，强行在帝国议会通过所谓“非常法”，赋予政府肆意镇压工人运动之权。此法后来一再延长，直到1890年。在此期间，一共有1 300种刊物被禁，330多个工人组织被解散，900多人被放逐，1 500多人被判入狱。在抡起“皮鞭”的同时，俾斯麦也知道“蜜糖”的作用。在19世纪70至80年代，帝国政府先后通过了一系列针对周日劳动、童工、劳动时间的保护立法，还成为世界上第一批在疾病、工伤、残疾和年老领域中推行社会保险的国家之一。俾斯麦十分形象地把这些举措称为，在恢复帝国健康的材料中“加几滴社会主义的油”。然而事实上，无论哪种手段，都无法遏制社会主义运动的发展。在80年代末，罢工已席卷几乎所有的大城市，重要工业部门无一例外。在1890年1月“非常法”的延长案被帝国议会否决后不久，德国社会主义工人党在新选举中反倒获得了35个议席。

当然，在俾斯麦执政期间，帝国社会总体上仍然保持着相对稳定的状态。他对内部敌人的处理虽然算不上成功，但在执行过程中，也精心培育了一大批忠于帝国的“臣仆”。大作家海因里希·曼（Heinrich Mann，1871～1950）笔下的“赫特林”（Hertling），或许就是这些举措的典型产物之一（见小说《臣仆》）。

39．“五球不落”

德意志帝国成立的时候，整个欧洲也正在“新生”。同 1815 年维也纳会议后的欧洲相比，此时的欧洲出现了三个新国家：1861 年实现统一的意大利王国；1866 年后被逐出德意志、并于次年建立起来的奥匈帝国；1871 年刚刚成立的德意志帝国。它们加上英、法、俄三个传统强国，构成了欧洲、乃至当时世界的主要外交舞台。

在这个舞台上，德意志帝国并不因它处于中心地位而沾沾自喜。恰恰相反，深谋远虑的俾斯麦早已认识到地理位置带来的困境：“我们位于欧洲中部。我们至少有三条会遭到进攻的战线……此外，根据世界历史整个发展的情况、我们的地理位置以及根据德意志民族的内部联结与其他民族相比也许相当松散这一特点，我们比其他任何一个民族更易遭到别人联合起来对付我们的危险。”

为此，俾斯麦精心编织了一张纵横交错、异常复杂的外交网。它以维护德国作为欧洲大陆强国的地位为目标，因而也被称作“大陆政策”。这一揽子政策被后人称为“五球不落”法，因为它的基本思想是，让其他五个强国如球一般，被德意志玩弄在鼓掌之间。图 39 就形象地展示了这张网。下面就让我们来一一分解各种法门。

政策核心是防止法国复兴及其同俄国的联合，致使德国陷入两线作战的困境。因此，法、俄两“球”之间必须筑起屏障，确保隔离。

而在俾斯麦看来，德法和解毫无希望，两国再战只是早晚的事。因此，法国这个“球”要被重重包围，严防死守。为此，他一方面制造“战争在望”的舆论，试图以防御战的名义对法国先发制人；另一方面四处煽风点火，例如怂恿英国和意大利在北非渗透，从而使两国与法国的关系极为紧张。

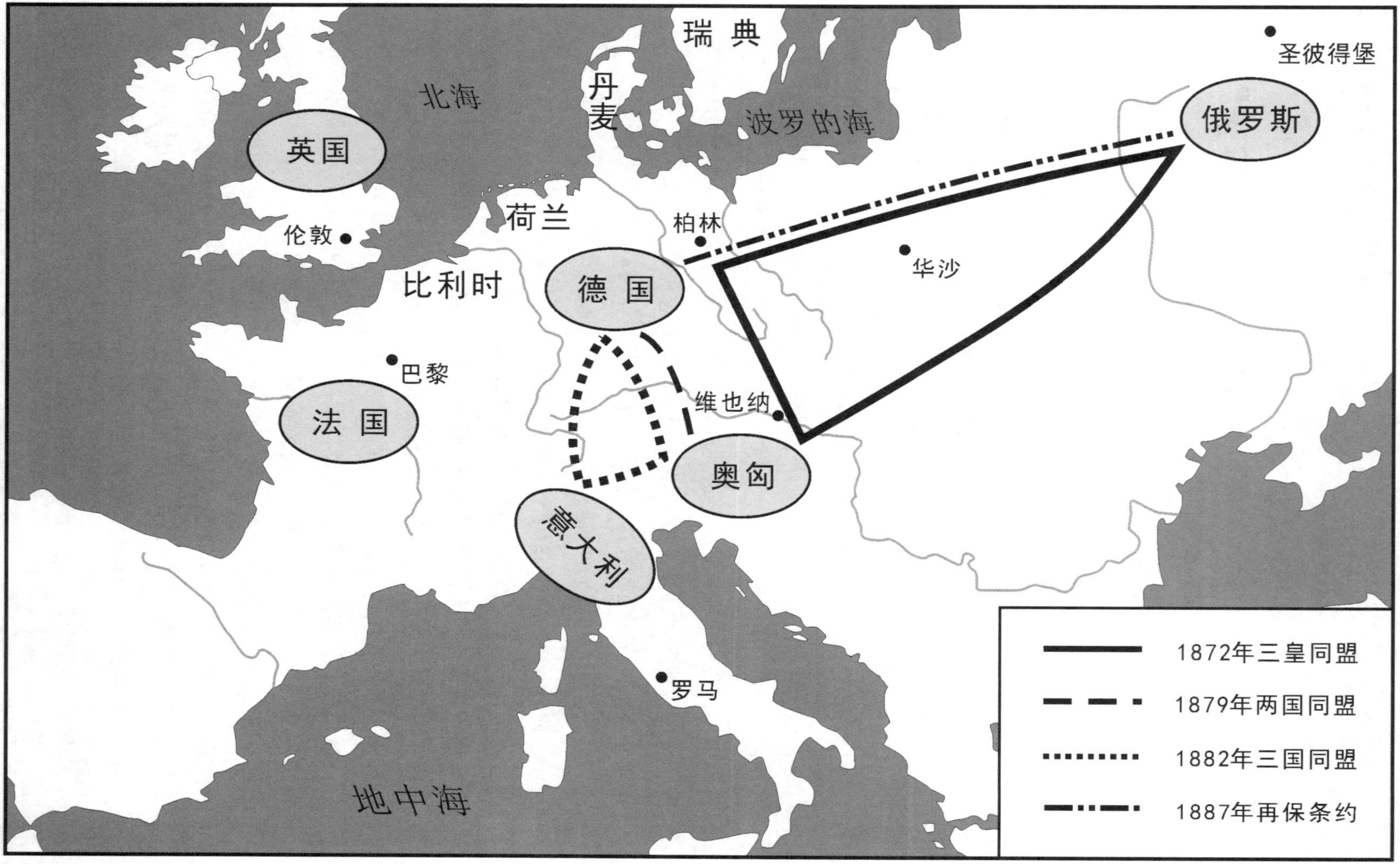

图39　俾斯麦的外交体系

奥匈帝国与俄国都是俾斯麦着意拉拢的对象，但两国又在巴尔干地区互不相让。因此，如何联合奥匈帝国、拉拢俄国，并协调俄奥关系，便成为俾斯麦大棋局上的重要环节。前面我们说到，1866 年普奥之战后，俾斯麦手下留情，没有“痛打”奥地利，现在那份仁慈起作用了，德奥关系发展顺利。在对俄政策上，俾斯麦看准了俄国因为在奥斯曼土耳其帝国问题上，与英、法等国存在矛盾，便以“国际掮客”的角色居中调停，换取俄国的好感，同时打消俄、法接近的可能性。此外，他又以专制统治原则和镇压波兰的共同要求为名，促成德、奥、俄结成“三皇同盟”。

和如日中天的英国硬碰硬，可不是聪明人俾斯麦会做的事情。帝国成立初期，俾斯麦便坚持在欧洲之外的政策上持谨慎态度，拒绝迅速发展海军的计划，以免让海上霸主英国起疑心。不仅如此，他还多次在外交政策上向英国让步，既让英国不会对德发难，又让它不会想要与法、俄接近。

这套设计确实精妙。然而，这位被誉为“欧洲平衡大师”的政治家毕竟还是凡人，外交局势的瞬息万变总归不是他凭一己之力就能控制的。奥俄两国在巴尔干半岛上的根本利益冲突，最终使“三皇同盟”破裂，而俄国与法国之间的亲近，让他苦心争取来的德俄“再保险条约”形同虚文。到 19 世纪 80 年代，国内的民族主义者又迫使他也开始热衷于海外殖民，以致德英关系失和。德国最终同奥匈帝国及意大利结成了“三国同盟”，其他三个国家随后结成“三国协约”。欧洲的战争阴云至此愈加浓密。

1890 年，在内政外交均显败迹之时，俾斯麦又同年轻的皇帝威廉二世（Wilhelm Ⅱ）关系紧张，最终挂冠而去。颇具讽刺意味的是，五年后，俾斯麦 80 岁寿辰之际，帝国议会中的反对派们联手拒绝为他举行国家层面的祝寿活动，而欧洲各国领导人却群起抗议，众口称赞他是“致力于国际和平与稳定的朋友”。几十年以后，当德国乃至整个欧洲连续两次坠入世界大战的深渊时，俾斯麦的“五球不落”便愈发显示出他的机智和不易了。

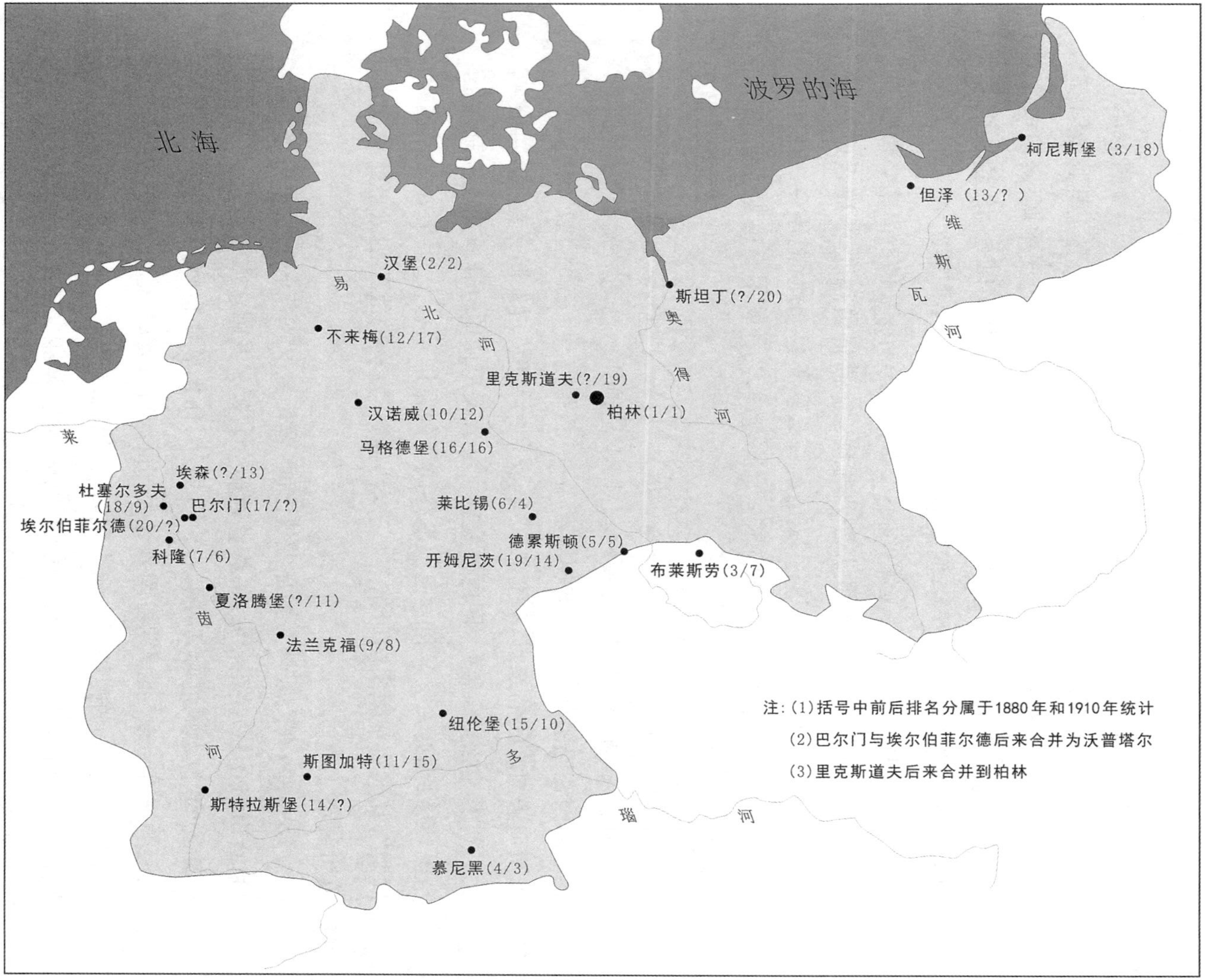

图 40　德意志帝国的大城市(1880 年、1910 年)

40. 城市社会

1888年,德意志帝国跨入"威廉二世时代",德国社会也恰在此时经历着一次重大转型。这就是城市化。

城市化是农业社会向工业社会转变的伴生现象。工业革命带动了农业人口迅速向拥有各种工商业的城市集中。在1875至1910年间,1万人以上的城市总数从271座增加到576座,增幅高达112.5%。同时期,德国的城市人口所占比重从36.1%上升到60%。这便意味着德国在19世纪末20世纪初跨入了城市社会。

图40为我们标识出1880年和1910年德意志帝国境内人口数量前20位的城市。在这短短30年间,这些城市的人口总数不仅普遍翻了一番,而且显示出西部城市迅速崛起的历史轨迹。比如,鲁尔区的杜塞尔多夫,排名从第18位跃至第9位,前一次未上榜的工业城市埃森(Essen),后一次冲到了第13位。与此相反,东部城市普遍呈现人口流出量大于流入量的现象,一些中心城市的地位显著下降,如布莱斯劳从前三甲跌到了第7名,柯尼斯堡更直落10位,在20世纪初的德国大城市中只位列第18位。此外,普鲁士在工业经济上的领先地位也在该图上一目了然。1880年,在前20位城市中,普鲁士占了11座。到1910年,又进一步增加到12座。

在这些大城市中,帝国首都柏林在人口数量上遥遥领先于其他城市。1880年,它拥有112万居民,而第二名汉堡仅有28万人。1910年,柏林的人口增加到207万,汉堡人口仍不到它的一半(93万)。值得注意的是,在19世纪70年代第二次工业革命发生前,迁居柏林的主要是德意志各邦的知识分子和艺术家。但到了19世纪80年代后,这里同样是全国最大的工业中心,如著名的西门子公司(Siemens)和德国通用公司(AEG)都把总部设在柏林。柏林近郊还出现了一些以这些大公司为中心的工业城镇,如西门子城、博斯希城。

城市化带来了城市扩建的热潮。1901 至 1910 年间,有 57 个城市合并行政区,如慕尼黑的城市面积翻了 4 番,纽伦堡面积增加了 5 倍。与此同时,伴随这种城市扩建和居住分散趋势而来的则是公共交通建设的起步。在柏林,首条城市轨道交通线建设项目于 1896 年动工,1902 年年底建成开通。一年后,人们发现,这条轨交线累计运送乘客人数达 2 900万人次,大大加速了城市内部的人口流动。

当然,住在城市中的人很可能有着完全不同的感受。在 1908 年出版的一本百科全书中,作者把城市定义为"艺术、学习、教育、福利和休闲的中心",城市化甚至还被赋予了"提高民族团结感"的重任。诗人们尽管不喜欢那些丑陋的建筑和噪音,却仍然着力去发现城市的"美丽和诗意"。与此相反,由于快速城市化而带来的住房拥挤、卫生条件恶劣、交通拥堵等问题让一些观察者感到失望。直到一战爆发前,德国主要大城市的住房紧缺危机始终未能解除。由于居住条件糟糕,相应带来的一系列卫生问题。1873 至 1874 年间,慕尼黑的供水系统遭到污染,以致引发霍乱,造成了 1 486 人死亡的悲剧。即便如此,新城市人的清洁意识仍然十分糟糕,像柏林、德累斯顿和莱比锡这些市政府曾出台过各种法令,督促居民"按时清理垃圾"。

城市社会还存在着阶级分化日益严重的趋势。贫富阶级在生活空间上的隔离屡见不鲜。一些新的生活方式也成为这种隔离感的加速器,例如,乘坐柏林轨交的月费用,一度相当于一名建筑工人近五分之一的月收入,这使得劳动者很少能够享受城市生活带来的便捷。此外,旧的中产阶层(如手工业者和小商人等)被工业化浪潮逐渐吞没,取而代之的是一批所谓的"新中产阶层"(如职员、科研工作者和公务员)。这些变化让城市成为阶级冲突最集中的地方,各种形式的罢工和游行屡见不鲜。

41. 海外殖民

19 世纪末 20 世纪初，德意志人在实现统一大业不过 30 年后，迎来了自己的"帝国时代"。图 41 的阴影部分显示了 1914 年前德意志帝国在海外的主要殖民地，它们分别是：非洲的西南非洲（今纳米比亚）、东非、喀麦隆、多哥，南太平洋上的马绍尔群岛、俾斯麦群岛、帕劳群岛、加洛林群岛、马利安纳群岛、萨摩亚群岛的一部分，以及中国的胶州湾。

德意志人其实早在 16 世纪就开始了海外殖民活动，第一块殖民地在委内瑞拉，可是之后就没怎么给力的发展。究其原因，主要是各邦你干你的，我干我的，没有形成合力，在欧洲列强的圈地竞赛中只有打打酱油的资格。

德意志帝国建立后，俾斯麦立足于大陆政策，同样对海外殖民不感兴趣。他甚至不惜表示："只要我当一天首相，德国就不会有殖民政策。"显然，这位"铁血宰相"并不愿意在殖民地问题上得罪那些老牌帝国。所以，在其当政期间（1871～1890 年），帝国的殖民区域主要局限在非洲一些不太热门的地区。

1890 年，"领航员"下船了。年轻的威廉二世宣告天下："现在，国家之船上的值班大副的职位归我承担了。航道照旧，全速前进吧！"虽说照旧，但实际上，帝国自此转向了所谓"世界政策"的轨道。1897 年，首相比洛（Bernhard Heinrich Martin Von Bülow）在国会中不加掩饰地把海外殖民宣扬为争夺"阳光下地盘"的正当权利。不久，德国人陆续把触角伸向亚洲和南太平洋地区。他们不仅争抢殖民地，还以贷款和收购等各种方式，渗入英、法等国的势力范围，修建从巴格达到君士坦丁堡的巴格达铁路即为一例。与此同时，德国的军事开支上涨数倍，到 1914 年，陆军人数达到 230 万。1897 年起，德国还大规模扩建海军。威廉二世

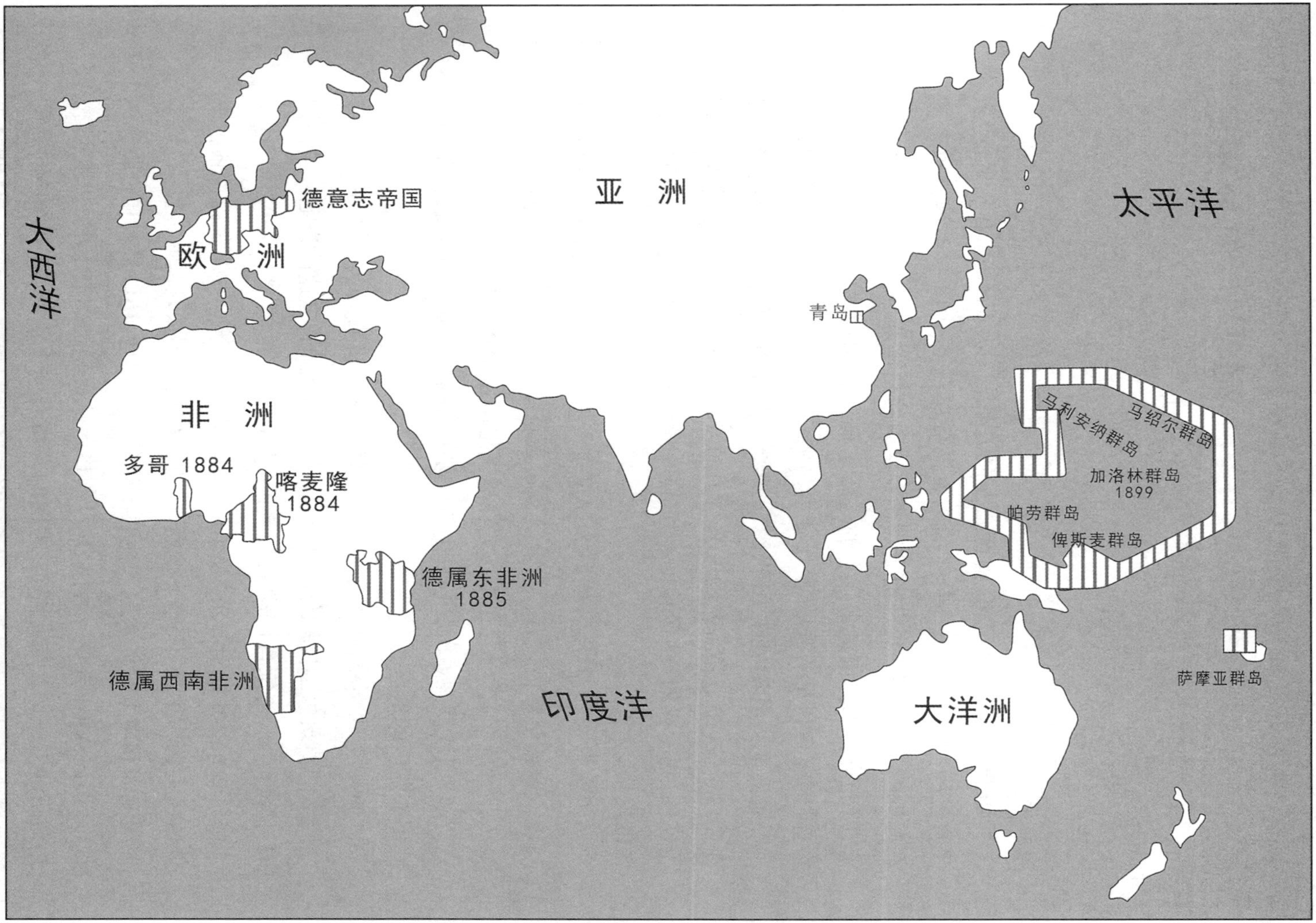

图 41 1914 年前的德国海外殖民地

宣称:“定叫海神手上的三叉戟掌握到我们手中!”

当帝国的海外殖民政策变得更为积极时,国内的社会舆论也被煽动起来。面值100马克的纸币上印着一个全副武装的德意志少女,她带着象征着商业和工业的徽章,坐在一棵大橡树下,望着远方全速前进的一艘战列舰。水手服成为当时少年们的流行服饰。一批鼓吹军事扩张的著作应运而生,即便是书名也足以让普通百姓“热血沸腾”:《西摩洛哥是德国人的!》、《“即将爆发的”世界大战既是世界和平的前兆又是为德意志而战》、《19?? 年的法国末日,未来一瞥》。

平心而论,与同时代的其他欧洲强国相比,德意志帝国的“战利品”其实不算很多。到1914年为止,德属殖民地面积为340万平方公里,只有英属殖民地的10%、俄属殖民地的15%、法属殖民地的30%。到1913年,德国的海军军费是英国皇家海军军费的40%,包括战列舰、战列巡航舰和前无畏舰在内的主力舰数量接近英国皇家海军的60%。

然而德国人咄咄逼人的姿态,不仅让老对手法国人寝食难安,就连曾把德国视作“天然盟友”的英国人也感到坐立不安。1909年,英国大报《每日邮报》的总裁访问德国后,把德国描绘为“商贸和战舰的国家”,它们的“工厂烟囱里生产的枪支都是指向英国的”。在下议院的讨论中,德国军舰的时速、海军预算、燃料花费也一再成为热议话题。

在这种背景下,俾斯麦的“五球不落”方针再也无法维系。德意志帝国的外交空间看似随着海外殖民的推进而拓展,实则由于树敌增多而日益狭小。战争的阴霾已经出现。那么,德意志人做好准备了吗?

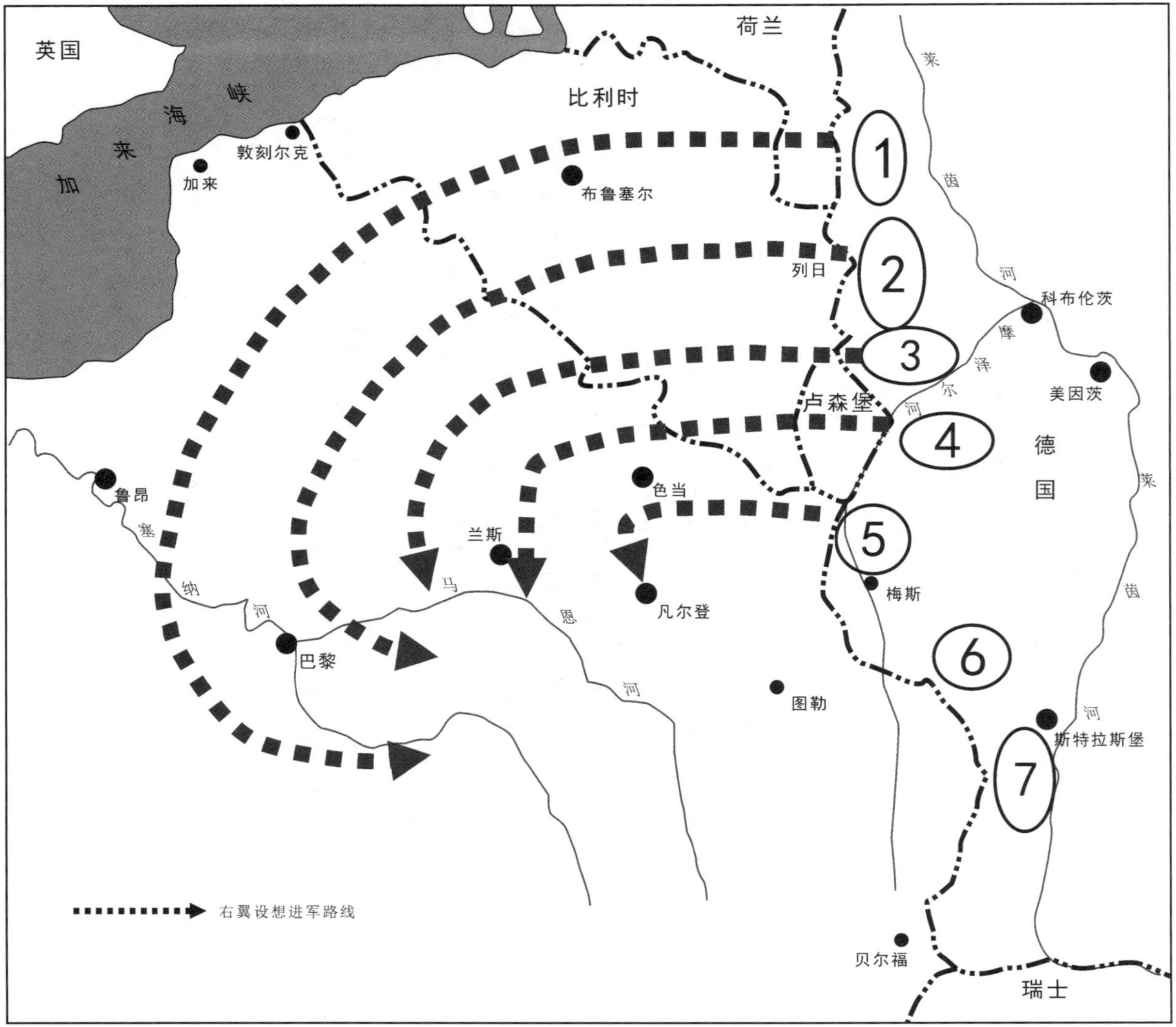

图 42　德国的施利芬计划

42. 作战计划

德意志帝国的统治者深谙“凡事预则立，不预则废”的道理。尤其在威廉二世当政时，两线作战的噩梦随着法、俄两国的不断亲近而变得愈加清晰。在这种局势下，德意志社会上下自然早早行动，做好开战的各种准备。

帝国政府伙同一些民族沙文主义者首先通过大规模的舆论宣传，把社会达尔文主义与生存空间理论相互融合，引导民众认可并接受未来战争的必要性。军方高层多次强调，“战争是推动文化发展的强大动力。其伟大意义必须做到家喻户晓”。官方的吹鼓手们告诉民众，“政治历史不外乎是治人的种族间斗争的历史，尤其是侵略常常是治人的种族的事业”、“一种思想高尚的高贵种族的入侵不意味着毁灭，而意味着更高的发展”。连一向以冷静自居的历史学家们也开始投身于这场火热的“民族觉醒”运动中，直截了当地鼓吹“德国谋求成为世界强国……只有通过这场战争才能完全分晓”。

军事上的一系列改革紧随而至。1888 年，帝国颁布新的《国防法和兵役法》，把 20 至 39 岁的男性公民都囊括在军事动员的计划之列。随后 20 年间，帝国的军费开支成倍增长，到 1913 年达到 20 亿马克，占到全部国家预算的一半。在加快各兵种现代化的同时，军方还不忘灌输所谓“爱国主义”、“忠君”和“民族观念”的教育，以提高军人的“政治免疫力”。

当然，在所有准备中，最为关键的一步是军事战略计划的制定。这将直接关系到未来战场上的输赢。图 42 为我们展示的是这一时期帝国军方最后敲定的“施利芬计划”。

施利芬(Alfred von Schlieffen)出生在普鲁士的一个贵族家庭，

1891 年起担任总参谋长，直到 1906 年退役。1911 年，他被授予陆军元帅军衔。在德国军事史上，施利芬并不以指挥见长。事实上，他从未指挥过一场大战，以至于后世揶揄他为“纸上谈兵的军事家”。不过，从战略角度来看，这份“施利芬计划”却是可圈可点的。

在施利芬看来，既然两线作战不可避免，那么德军就必须充分利用地缘优势，首先选择最为恰当的突破口。1890 年前，国防军高层都倾向于把俄国作为首先打击的对象。施利芬上任后，力排众议，把东西两线的兵力配比从 1∶2 下降到 1∶8。如图 42 所示，“施利芬计划”针对的是法国。他甚至表示，为确保西线，在东线可以不设防，必要时也可放弃一些省份。

在西线的兵力配置上，施利芬从古代战役中汲取灵感，制定了“集中兵力，各个击破，迂回包围，速战速决”的策略。他以梅斯为中轴，左右两翼为 1∶7 的兵力配比。如图 42 所示，左翼的两个集团军位于阿尔萨斯-洛林一带，施利芬认为，这是法军的战略重点，德军不能硬拼，而只能诱敌深入；右翼的五个集团军将展示“右勾拳”的威力，在战争开始后的一周内，借道荷、比、卢三国，突破法国的北部防线，在里昂渡过塞纳河，折向东南，绕过巴黎，将法军置于“铁锤”（右翼）和“铁砧”（左翼）之间。

施利芬耗费近 20 年的时间，直到 1912 年才最后敲定了这份作战计划。仔细来看，“施利芬计划”若要成功，就军事上而言，必须满足三个条件：第一，在德军全力攻打法国时，俄国还不能构成威胁；第二，法军如施利芬所愿，把重兵安置在东南方向，而忽视北部防守；第三，德军的右翼进攻顺利。

到第一次世界大战爆发前夕，前两个条件似乎都已具备。俄国的铁路运输系统极为落后，仍然无法实现快速动员。法国经过多次讨论，最后通过的所谓“第十七号计划”，恰恰把战略重点放在了夺取阿尔萨斯-洛林地区。正因如此，当施利芬在 1913 年去世前，他的唯一嘱托“加强我的右翼！”便显得颇有远见。

然而当大战的火焰真的燃烧起来时，德意志帝国面临的问题却不仅仅是施利芬的唯一嘱托是否仍然有效，而是这场大战“牵一发而动全身”的整体性完全超出了军事家们的掌控力。

43. 一战风云

1914年的夏天,战争终于如人们所愿的那样降临。尽管萨拉热窝距离柏林超过1 000公里,那里甚至还不存在德国试图拓展的“生存空间”,但此前20年间欧洲列强的矛盾连同拉帮结伙的倾向,再加上帝国政府不遗余力的战争宣传,仍然使德国民众因一场所谓“保卫战”而热血沸腾。帝国的内部“敌人们”似乎都缴械投降了,连社会民主党也赞成开战。面对这一切,威廉二世心满意足地宣告天下:“朕的面前,不再有什么政党,只有德意志人。”

不过,这种所谓的“城堡和平”很快遭遇到战争僵局的考验。继任总参谋长的小毛奇(Helmuth Johannes Ludwig von Moltke)为防备俄国,自作聪明地削弱了“施利芬计划”中的右翼,结果重创法国的计划落空。如图43所示,1915年起,德国与英法联军陷入到死伤惨重的拉锯战中。相比之下,东线倒让德国人看到一丝希望。由兴登堡(Paul von Hindenburg)和鲁登道夫(Erich Ludendorff)率领的第八集团军成功阻击俄军,取得“坦能堡大捷”。1916年,这两人接掌最高指挥部,实行军事独裁。

然而,被人们寄予厚望的军事独裁也未能力挽狂澜。除了在东线,德国趁俄国爆发革命之际,逼签城下之盟(即《布列斯特-立托夫斯克和约》),如图43所示,向东突进,缓解压力外,其他进攻不仅没有成效,而且还带来更为严重的后果,比如,德国发动的无限制潜艇战成为美国参战的理由之一。同时,日益严峻的供应问题让民众失去了信心。据估算,战争期间,德国主要食品的供应量下降到战前的12%以下,因饥饿死亡的人数超过75万。人们也因此放弃了最初的爱国热忱,转向坚定的反战立场。

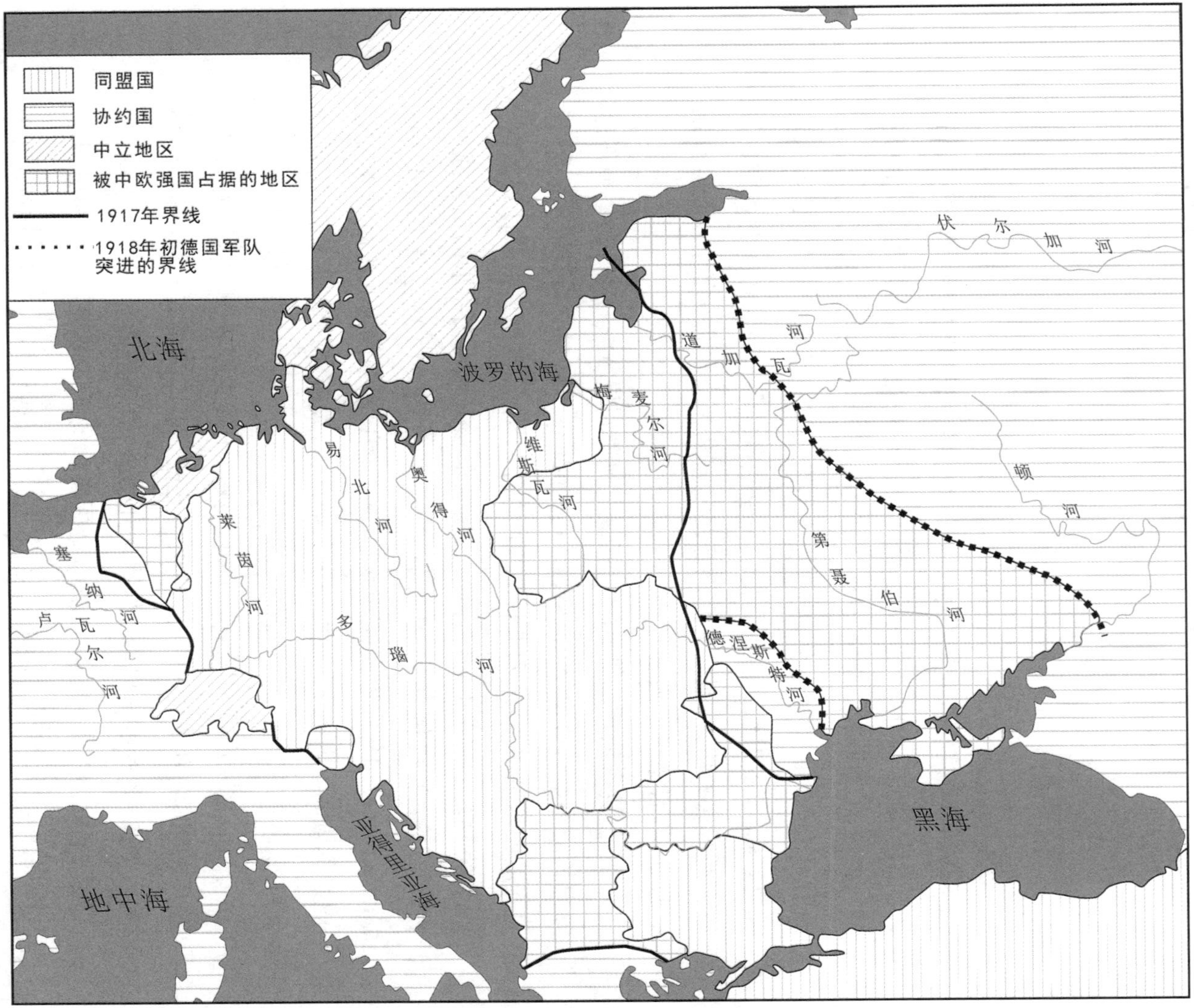

图 43　第一次世界大战中的德国

从1916年开始，德国的许多城市都出现了各种形式的反战运动。人们最初以哄抢商品的方法表示不满，后来则表现为更大规模的罢工和游行。到1918年1月底，工人大罢工席卷了柏林、汉堡、基尔、哈勒、马格德堡、莱比锡、开姆尼茨、慕尼黑和科隆这些重要的政治与经济中心，罢工人数多达100万以上。

在帝国之都柏林，反战运动则还表现为一场政治变革。曾被视作帝国反对派的三个政党——多数派社会民主党、中央党和进步人民党在国会中结成联盟，史称“国会多数派”。它们抨击最高指挥部的战争政策，要求尽快与协约国缔结和约，并在此基础上，推动德国的民主转型。美国总统威尔逊（Woodrow Wilson）在无意间成为这种改革诉求的支持者，因为他从1918年初起便坚持把谈判对手界定为一个“民主的政府”。

在西线的最后一搏仍然以失败告终后，鲁登道夫终于承认，“（继续）进行战争具有……一种不负责任的赌博性质”。9月28日晚，最高指挥部同意停战媾和，并推动政治改革。10月3日，来自巴登的马克斯亲王（Max von Baden）携手国会多数派成员，建起德国历史上第一个自由派内阁。数天后，新政府颁布宪法修正案，推行普选制，强化国会权力，确立君主立宪制。随后，新政府着手准备同协约国进行停战谈判。

恰在此时，一场突发的水兵起义打断了“上层革命”的进程。这场起义何以兴起，又如何席卷全国，我们将在下一节中详谈。这里只想指出的是，这场来自下层的革命风暴在11月9日到达柏林，威廉二世宣布退位，巴登亲王内阁倒台，德意志帝国就如此匆匆地消失在历史的长河中。两天后，德国代表在《贡比涅森林停战协定》上签字，为期四年的世界大战落下了帷幕。

第九章

共和兴衰

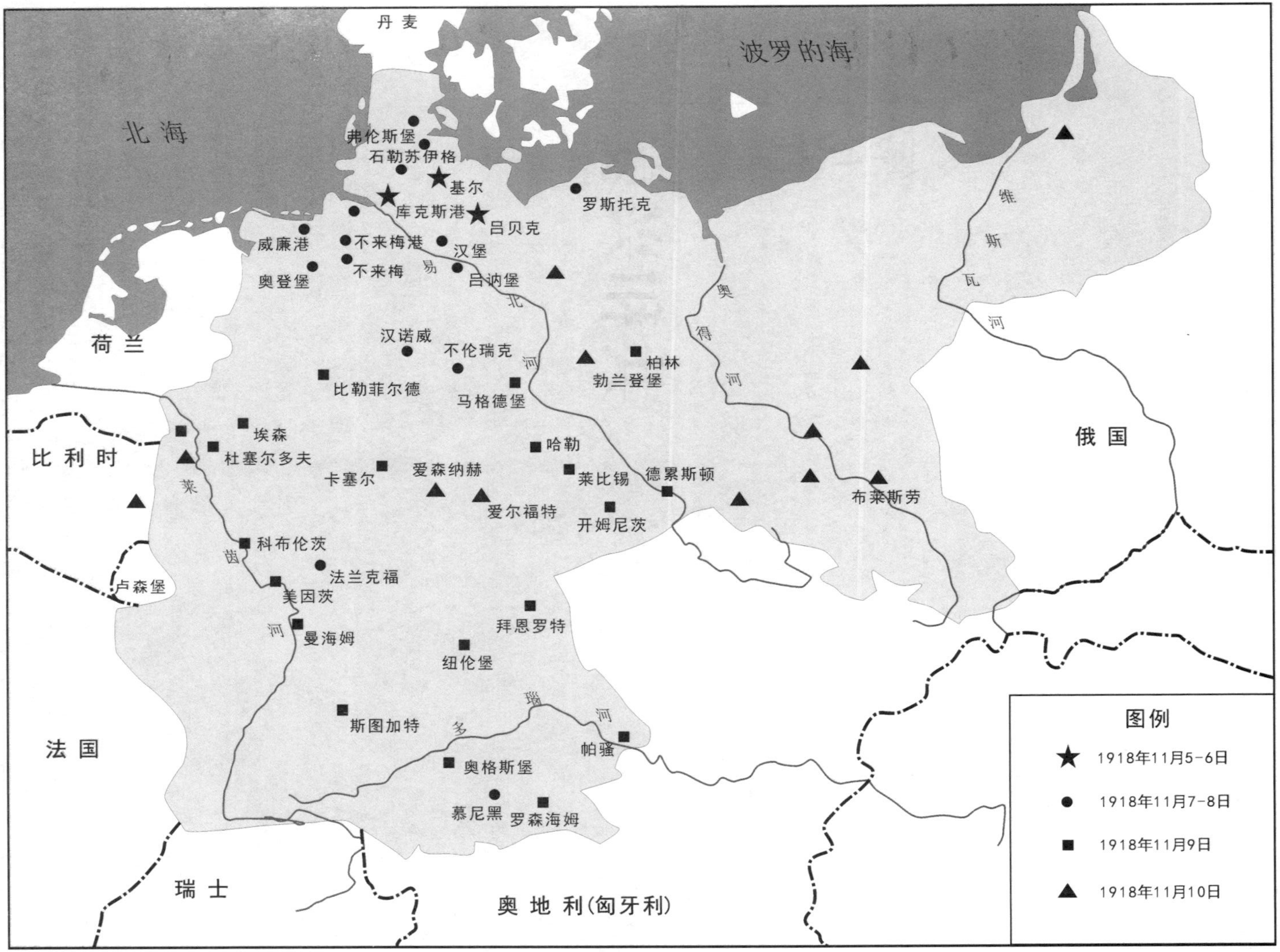

图44　1918～1919年革命

44. 革命浪潮

1918年深秋，世界大战的幕布正在徐徐拉上，好战的威廉二世与最高指挥部的军人们都已知趣地退到幕后，德国自由派渴望已久的民主改革正式启动。当时，几乎所有的政治家，甚至包括战争期间不断鼓动革命的独立社会民主党人，都未能预料一场革命居然毫无预兆地从北部军港爆发。然而它确实发生了，而且，如图44所示，在短短一周内就席卷全国，最后在首都推翻了帝制。这场被当事人喟叹为“感情冲动式的迸发”究竟是如何发生的呢？

让我们把时针再次调回到10月底的政治改革中。马克斯亲王内阁在推动修宪的同时，要求所有军队停止进攻，准备同协约国谈判。可海军高层却为获得更多的停战筹码，一意孤行地下令潜艇继续出海。这自然遭到水兵们的抵制。战争期间，水兵的死亡率超过50%。1917年后，各地水兵便以绝食、罢工、逃逸甚至暴动等各种方式表示过抗议。正因如此，当海军部继续把潜艇战视作德军的最后一张王牌“扔到桌上”时，水兵们再也无法忍受下去。

10月28日，威廉港的水兵拒绝接受出海命令，一些军舰干脆熄火。海军当局立即以“不稳分子”为名，逮捕了千余名水兵，将他们押往基尔港受审。孰料，唇亡齿寒的心理反而让基尔港的水兵们迅速团结起来。11月4日，忍无可忍的水兵们终于行动了！他们解除了军官的武装，占领了军械库。当地工人也积极配合，攻占了市政厅。次日，全城总罢工，所有军舰上都升起了红旗。随后，水兵们自行宣布解散，登上回家的火车。

事后来看，基尔港水兵起义，原本只是水兵的求生渴望与高层的赌徒心理之间激烈碰撞后的产物，然而它一旦同德国民众早已厌战的心理相结合，便不可避免地汇集成强烈的革命激情。如图 44 所示，当自行卸甲归田的水兵们沿着铁路线，把基尔起义的消息散布出去后，革命的火焰瞬间在德国的主要城市迸发出耀眼的光芒。11 月 5 日，被誉为德国北部门户的吕贝克被水兵占领。当晚，北方重要商业城市汉堡宣布革命成功。次日，不来梅由水兵与工人合作接管。此后，汉诺威、马格德堡、不伦瑞克、奥尔登堡、什未林、罗斯托克、科隆、德累斯顿、莱比锡、开姆尼茨、法兰克福、斯图加特、慕尼黑都无一例外地卷入革命的浪潮中。

各地革命的主要目标是驻地部队和行政管理部门。一般而言，起义士兵负责接管军械库，工人们占领市政厅。双方随后以"工兵代表会"的名义，代行临时政府之责。在一些城市（如海德堡），资产阶级自由派也会加入到管理者行列，成立"市民代表会"。处于农业地区的城市（如慕尼黑），则出现了"工农兵代表会"。总体而言，各地革命虽是突然迸发的现象，但并没有造成大规模人员伤亡。邦君们大多主动退位，市政高层也愿意配合革命者。从留下来的照片看，人们甚至都找不到其他革命都会出现的破坏迹象。

11 月 9 日，革命浪潮终于到达帝国首都柏林。当天，在左翼政党的组织下，几十万人举着"和平、面包、自由"和"兄弟们，别开枪"的标语涌向市中心。到中午时分，示威者非常顺利地控制了包括皇宫、卫戍司令部和警察总局在内的大部分重要机关。帝国政权陷入瘫痪之中。在此局势下，马克斯亲王只能代为宣布皇帝退位、皇太子放弃继承的消息，并把首相一职交给多数派社会民主党主席艾伯特。这不仅意味着德意志帝国的终结、统治普鲁士近 500 年的霍亨索伦家族的下台，也预示着一种新体制即将出现在德国大地上。

45. 民主初构

革命出乎所有政治家的意料之外，而革命之后，人们想要的民主转型并没有立即实现。11 月 9 日，皇帝退位，帝制结束，但它的接班人却还没选出来。竞争者主要有三派，他们在这一天还忙着"竞选"：下午 2 点多，多数派社民党（这是社会民主党内部多数党员支持的派别）政治家谢德曼（Philipp Scheidemann）在国会大厦的阳台上，向示威人群宣布"德意志共和国万岁！"两个小时后，左翼革命领袖卡尔·李卜克内西（Karl Liebknecht）来到游行队伍中，宣告成立"自由的德意志社会主义共和国"。不久，在上述美国模式和苏俄模式之间，一批革命者又提出推行直接民主制，要求以革命中出现的"代表会"来全面接掌政权。

事后来看，这些充满着意识形态色彩的争辩，甚至最后出现的武装冲突，并非毫无意义。它们既显示出勤于思考、善于思辨的德国人（尤其是工人阶层）第一次如此积极地投身到国家事务中，又清楚地表明这个社会已经在快速现代化进程中不断分化的严峻现实。但是在当时，这些都付出了血淋淋的代价。图 45 标识了 1918 至 1919 年间德国各地出现的突发事件。它们不仅让一些革命者为之献身——其中最为著名的是在 1919 年 1 月初柏林枪战中被杀的罗莎·卢森堡（Rosa Luxemburg，1871～1919 年）和卡尔·李卜克内西，而且还迫使原本同情左翼的普通民众匆忙退缩，转向稳定和有序的政治目标。

第一次国会大选的结果便充分证明了德国社会的这种转向。战争末期启动民主改革的三个党派（或其后续组织）重新联手，组建了后来被称为"魏玛大联盟"的政府。当选总统艾伯特（Friedrich Ebert）特地挑选了魏玛为新国会的开幕地，一是想为宣扬新国家的民主精神，因为德意志文化巨人歌德曾在这里工作和生活；二是为避开柏林的紧张局

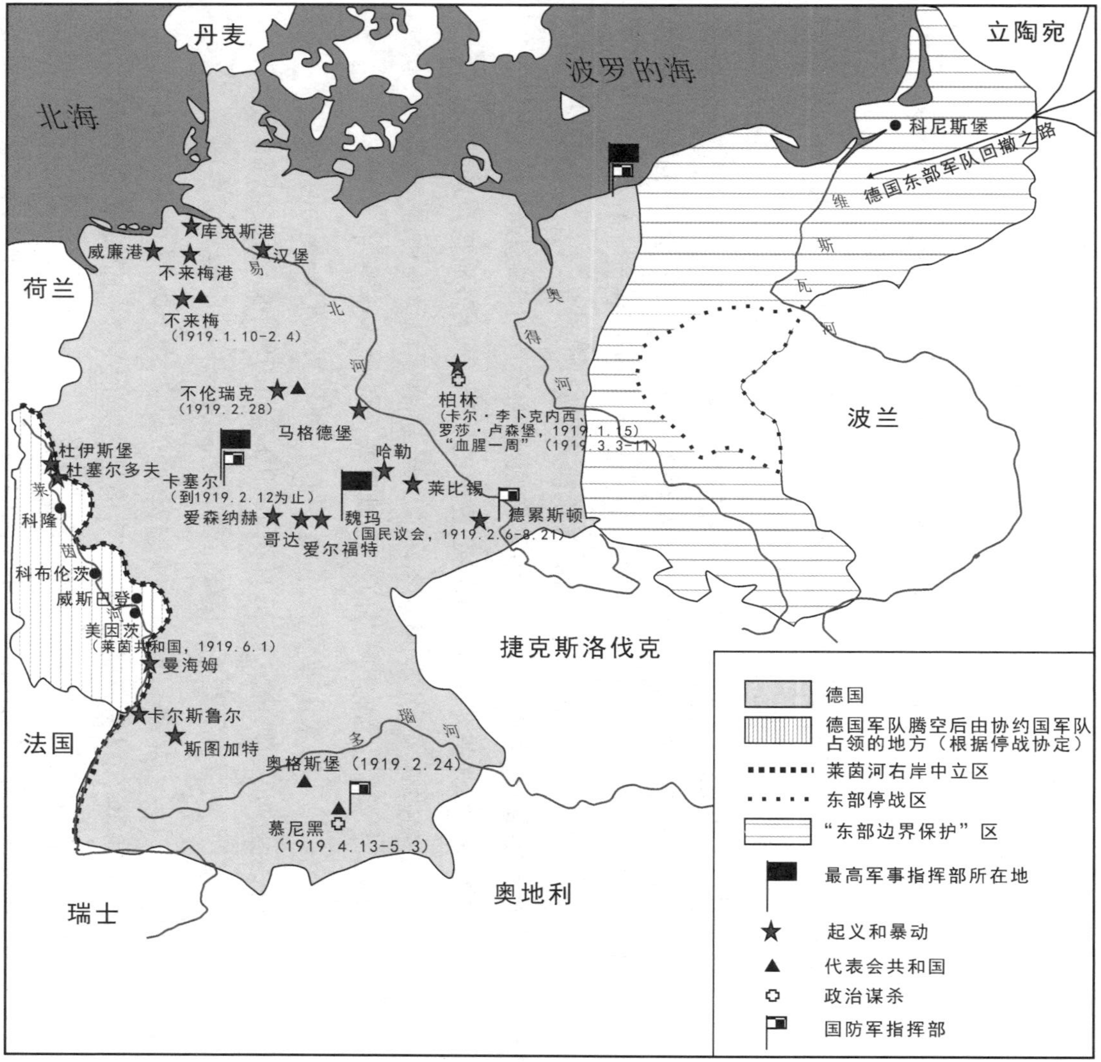

图 45　1919 年的德国

势——不过，在图上我们看到，魏玛周围也不稳定。它周边的哈勒、莱比锡、爱尔福特、爱森纳赫、哥达在 1919 年春天都出现过数次罢工。甚至，新宪法起草进程也伴随着此起彼伏的暗杀和暴动。

1919 年 7 月 31 日，在经历了半年的讨论后，新宪法终于在国会得到通过，史称《魏玛宪法》。同德国历史上曾经出现过的 1848 年法兰克福宪法（见第 32 节）、1867 年北德联邦宪法（见第 36 节）和 1871 年德意志帝国宪法（见第 37 节）相比，魏玛宪法在构建民主体制上至少做出了三大贡献：第一，它首次强化了中央权力，不仅列举了 40 个国家立法领域，而且还赋予中央政府干涉各州的权力；第二，它建立起国会和总统的二元权力中心，力图避免民主程序拖沓造成的失误；第三，它同时罗列了公民的基本权利和政府的基本义务，这一点也是当时世界上的首创。

《魏玛宪法》颁布时，乐观者曾自豪地宣称，德国已成为"世界上最民主的民主国家"。但现在看来，它仅仅是在德意志社会完成了民主初创的使命。当时人们就对它评价不高，例如称之为"理想主义的信念"、"专制国家思想的产物"、"幻想政策"等等。若我们仔细推敲宪法文本的话，也能发现一些不甚合理的条款：例如，新国家是一个"共和国"，但被继续冠名为"Reich"，而该词含有"帝国"之意；再如比例代表制的选举方式，看上去保证了最大多数人的最大民主权利，但在实际运行中便会不可避免地导致小党林立、组阁困难的结果；又如总统拥有的"独裁权"，虽然可以解决国会悬而未决的难题，却也在无形中增加了推行专制的可能性。

不过，最大的问题并非宪法本身，而在于它生不逢时。这部宪法试图重新规范内部秩序，但整个社会还没有摆脱帝国时期养成的臣仆心理，极力排斥议会民主制的态度到处可见。更为糟糕的是，德国外部的力量却不会呵护这种难能可贵的民主尝试，反而强迫共和国割地赔款，给它带来了沉重的负担。

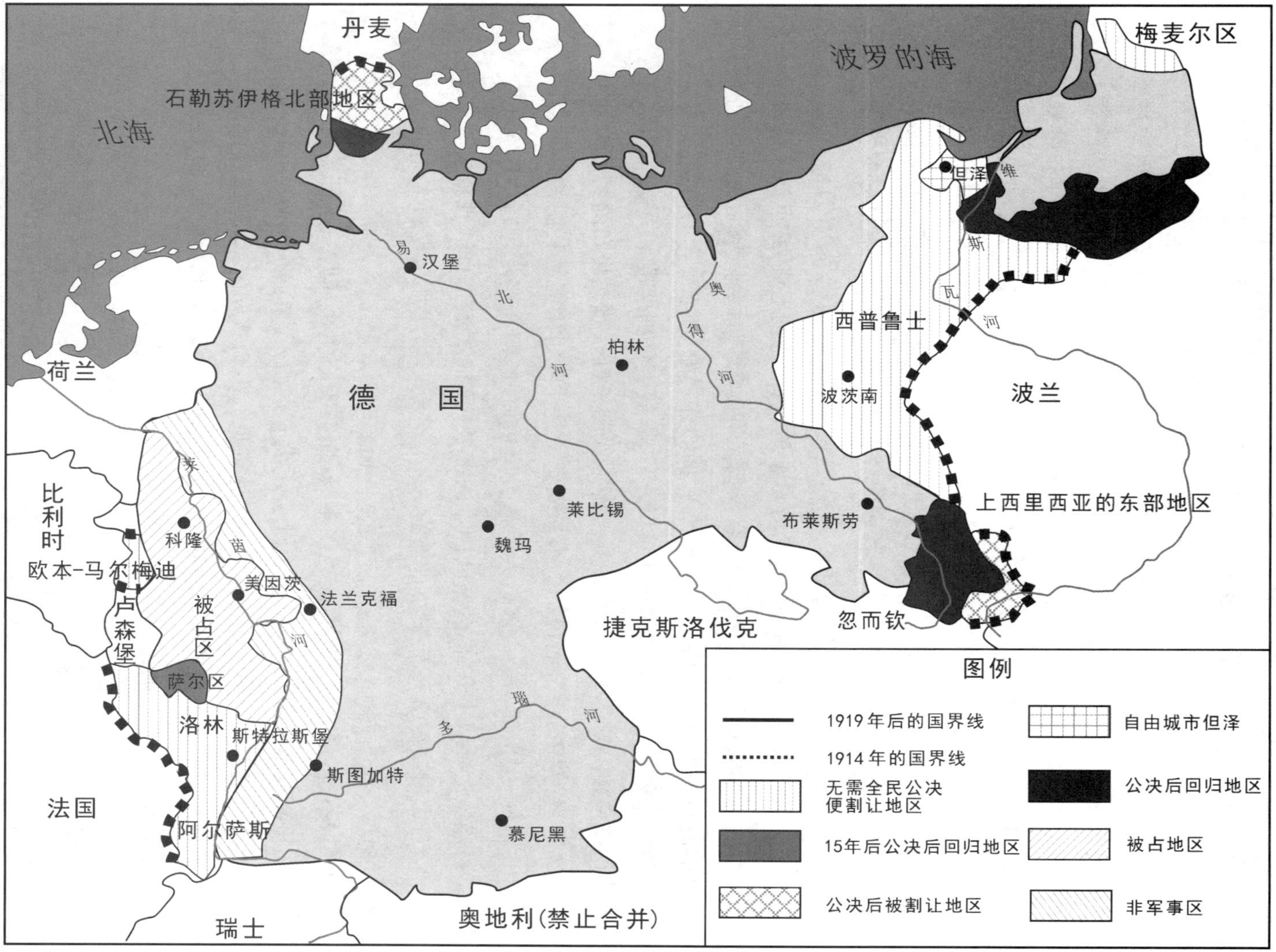

图 46 《凡尔赛和约》签署后德国的领土变动

46. 割地赔款

战争结束了，号称要缔结和平的巴黎和会召开了。可与会国说，德国不能参加讨论。德国人于是只好静静地候着，等待战胜国给自己一份“和平条约”。最后，他们等来了这样一份《凡尔赛和约》：

> 东部：梅麦尔割让给立陶宛；波美拉尼亚部分地区、大部分西普鲁士和一部分东普鲁士地区交给波兰（这样便形成了所谓的“波兰走廊”）；但泽作为自由市由国际联盟管辖；上西里西亚的南部地区也在1920年被国联划给波兰。
>
> 北部：石勒苏伊格北部地区经公民投票归丹麦所有。
>
> 西部：毛来斯纳、欧本及马尔梅迪割让给比利时；同意卢森堡退出德国关税同盟；阿尔萨斯-洛林归还法国；萨尔煤矿的开采权交与法国，管辖权交与国联，15年后由公民投票决定其归属；莱茵河以西领土由协约国实行军事占领。
>
> 南部：上西里西亚南部的忽而钦地区交给捷克斯洛伐克；承认并尊重奥地利的独立。

仅上述条款便使德国失去了7万多平方公里的领土，其中包含了15%的耕地和730万人口，并丧失了75%的铁矿、44%的生铁生产能力、38%的钢生产能力和26%的煤炭产量。此外，德国被迫放弃所有殖民地，废除普遍义务兵役制，裁减陆军到10万人，禁止拥有坦克、军用飞机等新型武器。《凡尔赛和约》还把战争的责任全部推到德国及其盟国的身上，要求它们承担一切损失与损害。

实在不可思议，和平就是这样的吗？德国人惊了，怒了。第一任总理谢德曼把和约形容为“德意志民众的坟墓，近在眼前的死刑判决”，甚至表示“谁使自己和我们受到这种束缚，他的手怎能不烂掉”？所有政党的发言人都赞同政府的抵制立场，首都 20 万民众上街游行表示抗议。

然而，战胜国除了答应修改少数条款外，拒绝接受其他任何要求，而且把和约的最后文本连同一份最后通牒交给了德国代表团。谢德曼内阁的大部分成员迅速以辞职表示抗议。但军方却表示，德国若因拒绝签约而遭到协约国的攻击，“德方不存在军事抵抗的可能性”。如此一来，共和国陷入第一次内政危机中。

在艾伯特的反复斡旋下，社民党人古斯塔夫·鲍尔（Gustav Bauer）才答应出面组阁。鲍尔十分清楚自己这个“签字内阁”的使命。他向国会和民众强调德国毫无选择余地，希望人们“不要让是否接受和约的问题成为党派之争”。最后，国会终于批准了和约。

6 月 28 日，在德意志帝国宣告成立的法国凡尔赛宫的镜厅，魏玛共和国的代表黯然签署了《凡尔赛和约》。当日，各右翼报纸在第一版都加上了表示哀悼的黑色镶边。极端民族主义倾向的《德意志报》特地加上了一段话：“复仇！德意志民族！今天，在凡尔赛宫镜厅签订了耻辱的和约。不要忘记这件事！”

尽管从历史来看，割地赔款仿佛是合乎战争逻辑的行为。普法战争后，德国也曾以类似的方式从法国手里拿到了阿尔萨斯-洛林以及 50 万法郎的赔款。但是，《凡尔赛和约》之所以引发了德国社会的巨大反弹，并进一步成为魏玛共和国初期各种动荡与社会矛盾的根源所在，则是因为它延续了秘密外交的传统，缺少交流和教育的环节，让大多数从开战以来一直沉浸在“民族防御战”谎言中的德国人，突然面对“战争罪魁祸首”的指责，心理落差太大。而真正的罪魁祸首，那些右翼民族主义者们，却恰好利用了这份和约，把无奈签署和约的鲍尔内阁连同民主体制都一并归入“民族敌人”的阵营。《凡尔赛和约》最终未能成为从外部巩固魏玛共和国的基石，反而演变为这个民主体制的沉重包袱。

47. 危机岁月

“前门有人讨债，后院有人放火。”我们只能说，新生的魏玛共和国实在命不好。

1919至1923年是它的危机岁月。在短短五年间，走马灯式地换了七位总理。不仅赔款问题让内阁焦头烂额，如何安抚左右两翼也让共和国的政治家们时常陷入进退两难的困境中。

1920年，君主主义者、东普鲁士地方长官卡普（Wolfgang Kapp）伙同一帮军官，以抵制裁军为名，发动了一场军事政变，曾迫使内阁一度离开柏林。工人阶级虽然及时发起大罢工，帮助政府镇压了卡普暴动，但随后又提出“建立工人政府”的要求，并在中德地区推行激进的社会化措施。1922年，激进的右翼民族主义者借口“犹太人不可能爱国”，刺杀了正在斡旋德国赔款事宜的外交部部长拉特瑙（Walter Rathenau）。

迟迟未能解决的赔款问题，连同情绪不断激化的左右两翼，最终把这段危机岁月推向它的最高潮。如图47所示，1923年的德国已经陷入四面楚歌的危险中。

这场全面危机首先开始于西部。1月初，法、比两国借口德国拖延赔款，联合派军占领鲁尔区。占领军当局除掠夺当地煤炭资源外，还鼓动了莱茵地区的分离主义者们。3月起，这些分离主义者便要求发行“莱茵货币”，成立“莱茵理事会”。10月，他们在亚琛、波恩、特里尔、威斯巴登等地发起夺权运动。21日，“莱茵共和国”诞生，定都科布伦茨。一个月后，施佩耶尔也出现了一个“普法尔茨共和国”。

面对法比联军的侵占，魏玛政府决定采取“消极抵抗”的政策，即要求鲁尔被占区的民众不要配合占领军当局，德国其他地区则以罢工、示威游行和捐资等方式进行援助。政府为被占区的失业者或停产的矿主

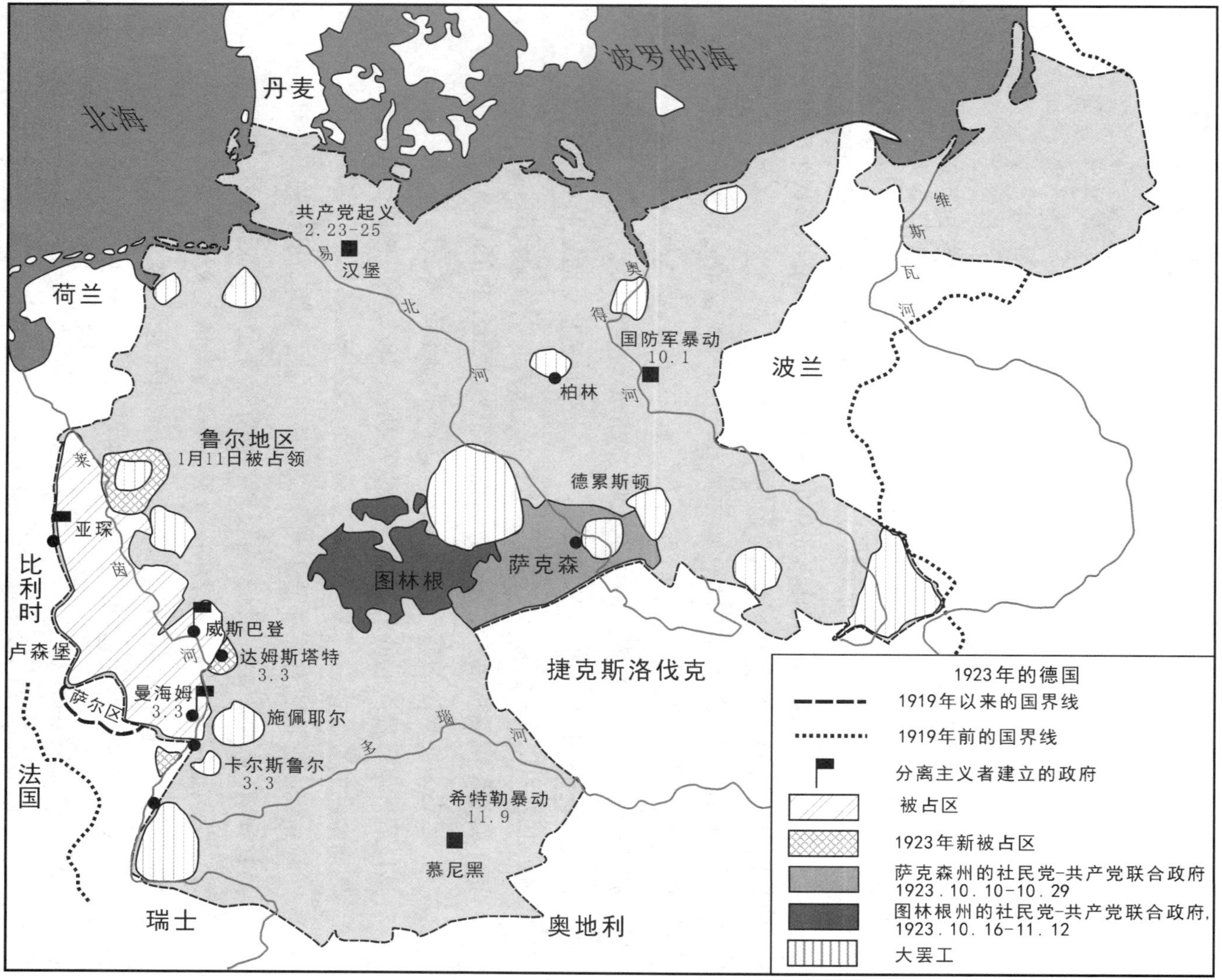

图 47　1923 年的德国

准备了多达5 000亿马克的“莱茵-鲁尔救助基金”。此举虽然起到了一些抵制效果，但经济代价实在惊人，还引发了恶性通货膨胀。1月，美元与马克之比为1∶7 525，到5月已经上升到1∶31 700。

在英美两国的斡旋下，新任总理施特雷泽曼（Gustav Stresemann）决定从9月底起结束消极抵抗政策，并支持美国参与德国赔款问题的解决。但是，由鲁尔占领和消极抵抗政策带来的影响却不可能立即消失。恶性通货膨胀仍在继续，美元与马克之比在11月达到历史最高点1∶4.2万亿。人们的收入已变成一张废纸，抢劫、骚乱、痛苦和诅咒出现在大街小巷。左右两翼的反政府行动也由此拉开帷幕。

如图48所示，图林根和萨克森两州在革命后一直处于动荡中。这里是传统的工业区，左翼政党的影响力较大。如在哈勒的梅泽堡，共产党是当地第一大党。在鲁尔危机开始时，德共便成立了数个“无产阶级百人团”，并同共产国际取得联系，准备发起无产阶级革命。10月，图林根和萨克森两州为稳定局势，吸纳了部分共产党员进入州政府。中央政府害怕左翼势力坐大，立即派出国防军进驻两州，重组州政府，解散百人团，逮捕数千名工人。为抗议政府的镇压举动，恩斯特·台尔曼（Ernst Thälmann）在汉堡发动武装起义。由于力量悬殊，起义者只坚持了三天。11月底，德共被宣布为非法组织，在全国范围内遭到取缔。

中央政府虽然打击了德共，但他们很清楚，左翼并不是最可怕的，头号威胁其实是右翼。就在施特雷泽曼宣布停止“消极抵抗”的当日，巴伐利亚州便决定在内部实行紧急状态，任命一位君主主义者卡尔（Gustav von Kahr）为“总督”。卡尔扶持各类右翼分子，其中便包括后来搅动德国乃至欧洲历史的希特勒（Adolf Hitler）及其纳粹党。11月9日，希特勒在慕尼黑最大的啤酒馆“伯格布劳克勒”（Bürgerbräukeller）发起暴动，试图迫使卡尔尽早同柏林决裂。孰料，老奸巨猾的卡尔审时度势，仍不愿意立即同中央政府决裂，反而掉转头镇压纳粹党。这场啤酒馆暴动以失败告终。次年，希特勒被判五年监禁。

总之，1923年可以说集中体现了共和国初期的各种矛盾，但魏玛民主最后居然奇迹般地安然无恙。常言道，大难不死，必有后福。果然，熬过了危机的共和国，接着就迎来了一段黄金年代。

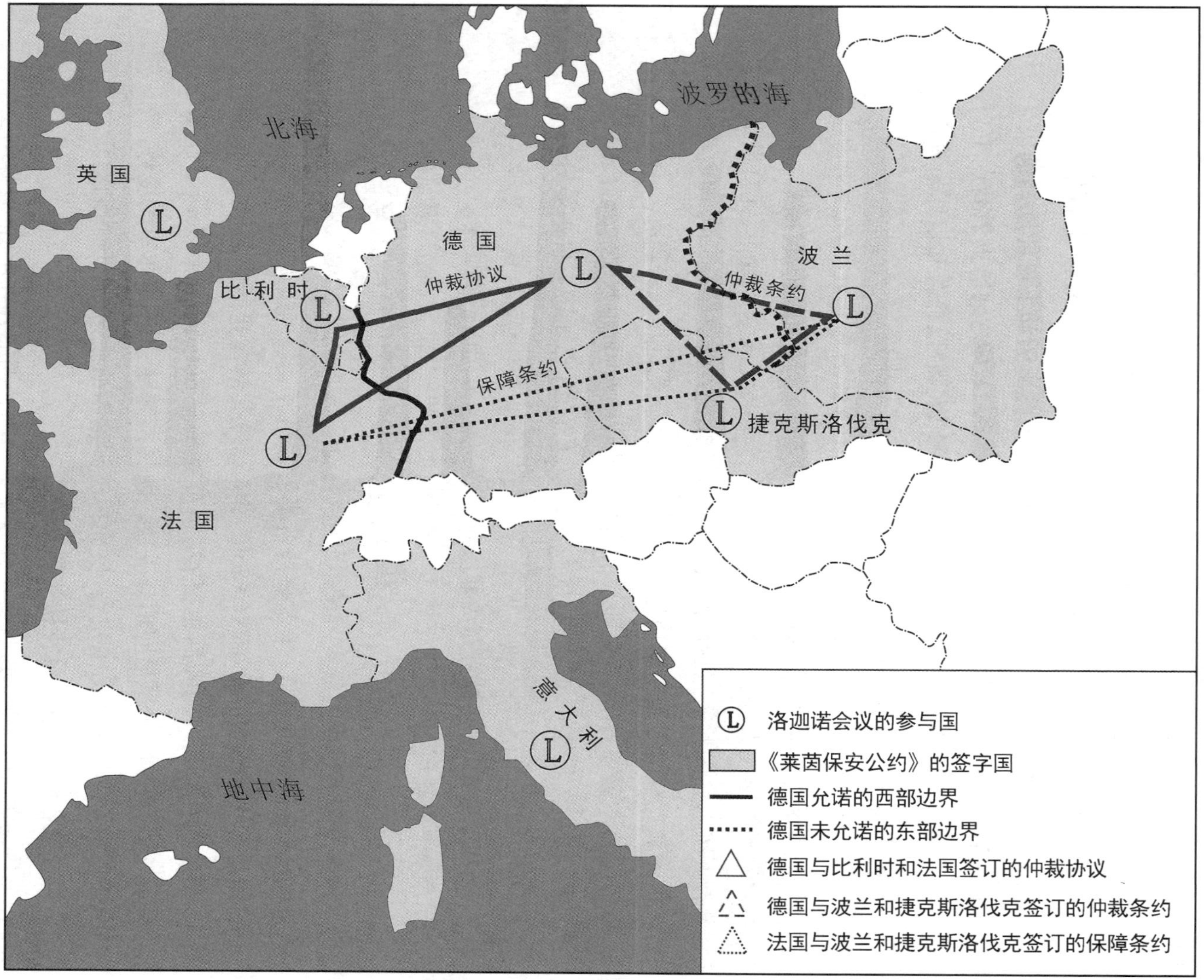

图 48 《洛迦诺公约》(1925 年 10 月 5～16 日)

48. 黄金年代

熬过了大危机,有福的共和国迎来了一段好时光。1924 年后,德国的平均经济增长率达到了 3.8%。到 1927 年,经济发展水平恢复到战前水平。反政府的左右两翼势力收敛不少,德国和邻国的关系也不再剑拔弩张。共和国的文化领域迸发出耀眼的光芒。各种先锋派的艺术实验在德国轮番登场——各种美好叠加,构成了“黄金般的二十年代”。

这里头,美国人帮了不少忙。1924 年年初,由美国人主导的专家委员会提出了新的赔款方案《道威斯计划》。它比较合理地设定了德国在五年内的赔款额度,并允诺由美英出资贷款,首先解决德国经济复兴所需的资金缺口。

托美国人的福,赔款问题初步解决,但和平发展的环境终究还得靠自己去努力营造。期间有一个人绝对功不可没,这就是施特雷泽曼。前总理施特雷泽曼从 1924 年起转任外长。既然《凡尔赛和约》太伤人,其他国家又靠不住,他决定自力更生,从最为关键的德法关系入手,为德国,乃至整个欧洲寻找一条和平之路。图 48 显示的便是他的伟大杰作《洛迦诺公约》。他充分理解法国的危机感,以放弃阿尔萨斯-洛林为代价,换取法国及其盟友(英国、比利时、意大利)的信任。1925 年 10 月,德、法、英、比、意、波、捷七国在瑞士小城洛迦诺缔结了一系列条约。在这些条约中,德国确保不再变动《凡尔赛和约》所规定的西部边界,但它保留同波兰和捷克在边界问题上的争议,不过又答应所有争议将由国际组织来仲裁。此外,法国分别同波、捷两国签订互助条约,承诺在两国遭到(德国)侵略时会出手相助。

《洛迦诺公约》既满足了法国对欧洲集体安全体系的需求,也在事实上稳定了欧洲的外交格局,确实让和平有了指望。次年,施特雷泽曼和法国外长白里安(Aristide Briand)共同获得了诺贝尔和平奖。同年,德国正式参加国际联盟,并当选为常任理事国,重新恢复了欧洲强国的地位。

美国人一出手,外加一纸新条约,就解决了危机,这黄金年代来得不是很简单吗?可是,如果我们再深入去看,就会发现,在光明的背面,阴影却非常浓重。

美国的援助来了,美国的舞蹈、好莱坞电影、爵士乐、橄榄球,乃至美国的生活方式,等等,也跟着一拥而入,让相对传统的德国社会受到震撼,也激起了不少人的反弹,来抵制他们所痛恨的"美国主义"。例如当时有位著名的法学家卡尔·施密特(Carl Schmitt)便不遗余力地攻击自由主义,批判议会民主制,宣扬斗争和独裁的必要性。

在国内政治舞台上,一种右倾的趋势日益变得明显起来。在1924至1929年间,共和国的七届内阁从左右联盟到中右联盟,再到右翼联盟,敌视民主和叫嚣修约(《凡尔赛和约》)的政党对共和国的政治影响力越来越大。1925年,第一任总统艾伯特因病去世。当年通过全民选举上台的第二任总统居然是右翼政党的候选人、第一次世界大战中的风云人物——原陆军元帅兴登堡。

当局者迷。在很多年之后,德国人才发现,施特雷泽曼竟是在如此诡谲多变的内政困局中施展手脚的。其艰辛可想而知。然而天不假年,1929年10月,施特雷泽曼去世。几天后,美国股市崩盘,世界经济陷入萧条之中。德国的黄金年代自此落下帷幕,而施特雷泽曼精心营造的"洛迦诺精神"也因后继乏人,不复存在。德国和世界即将迎来一场更大的风暴。

49．纳粹兴起

德国的这场风暴是由一个起初并不起眼的小党发起的。但这场风暴最终也让这个小党进入到德国历史乃至世界历史的中心舞台。这就是希特勒领导下的纳粹党。

纳粹党(Nazi)是“德意志民族社会主义工人党”(Nationalsozialistische Deutsche Arbeiterpartei)的简称。该党成立于1919年1月的慕尼黑，最初取名为“德意志工人党”。当时，它只是众多极端民族主义小党派中的一个。如图49所示，它在当年的国会选举中一无所得。它后来能风生水起，可以说完全归功于新领导人希特勒。

1889年4月20日，希特勒出生在位于德奥边境的小镇因河畔的布劳瑙(Braunau in lnn)。他小时候其实并不想当什么元首，倒是对艺术很感兴趣，可惜的是，他没能如愿以偿地考进维也纳美术学院。自此，我们只好无限惆怅地送别艺术家希特勒，心情沉重地迎来极端分子希特勒。

没考上美院的希特勒没目标了，彷徨了，就在这时候，第一次世界大战爆发。他于是兴冲冲地加入德国军队，当了一名通信兵。战后，他被国防军雇佣，负责监督那些动向不明的极端民族主义团体，其中便包括德意志工人党。可是，监督来监督去，倒把自己给圈进去了。1919年9月，希特勒经人推荐，加入该党。

在希特勒的精心安排下，该党很快经历了一系列变化，如改变党名、制定党纲、推广党徽(卐)，甚至成立了一个准军事组织“冲锋队”。到1922年，纳粹党已是巴伐利亚地区引人注目的右翼团体，希特勒也成为右翼政治家的座上宾。然而在1923年的国家危机中，希特勒急于上位的心理不仅让他的“啤酒馆政变”最后以失败告终，而且也让他身陷囹圄。

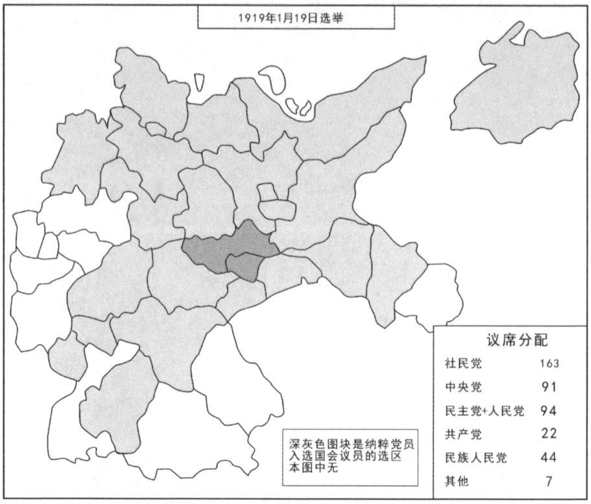

图 49－1

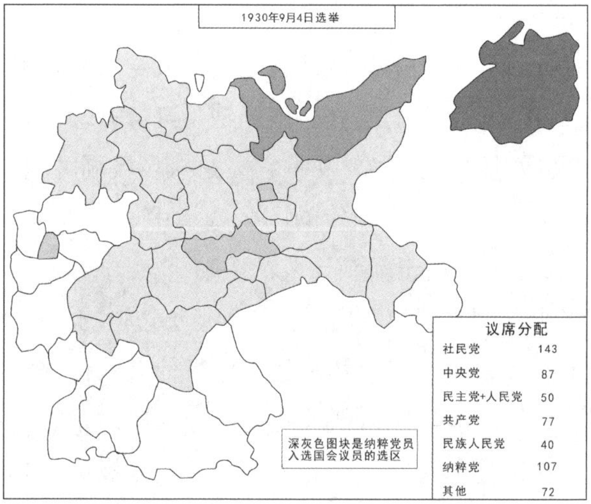

图 49－2

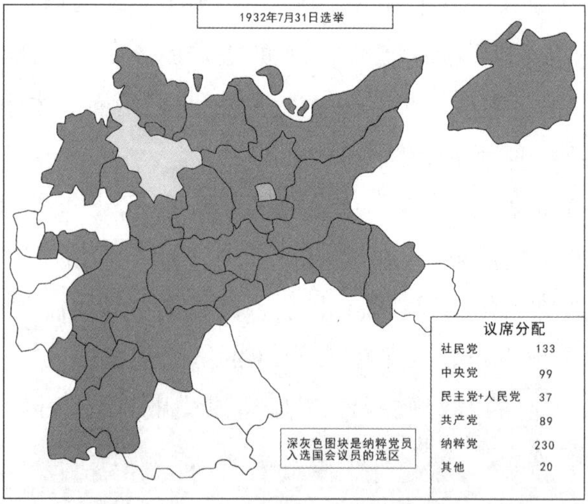

图 49－3

图 49　纳粹党的得票率变化(1919～1933)

监狱生活让希特勒重新反思了纳粹党的未来发展。他在《我的奋斗》中确立了民族主义和反犹主义为纳粹党的主要意识形态，并决心不再使用暴力来推翻现存政权，转而走议会斗争的道路。

不过，很不幸的是，自1924年年底希特勒出狱，到1928年，共和国正值"黄金年代"，政治上的右倾趋势虽然日益明显，但纳粹党的宣传却尚未找到"知音"。在1928年5月的国会选举中，纳粹党只获得了2.6%的选票。

然而从1929年10月起，随着世界性经济大萧条的爆发和持续扩展，极度依赖美国的德国经济一蹶不振，工业产值在1929至1932年间下降了42%，失业人数从1930年起突破300万，两年后更翻了一番。这一变局让所有攻击共和国和民主制度的右翼政党都开始获得选民的青睐，其中尤以纳粹党为甚。如图49所示，在1930年9月的大选中，纳粹党已经获得了107个议席，跃居为国会第二大党。

纳粹党之所以后来居上，超过所有其他右翼政党，希特勒的演讲能力是极为重要的因素之一。除了口若悬河式地寻找替罪羊（如犹太人）外，他还利用全国巡讲和大型集会的方式制造心理共鸣。以下是一份希特勒在1932年7月国会大选前的日程记录①：

7月15日　从慕尼黑经柏林和科尼斯堡，到达提尔西特（4万人）—古姆宾嫩（5万人）

7月16日　吕岑（2万人）—奥尔特尔斯堡（2.5万人）—奥斯特罗德（2万人）—里森堡（2万人）

7月17日　科尼斯堡（15万人）

7月18日　休息

7月19日　施耐德缪尔（4万人）—科特布斯（5万人）—施特拉尔松德（2.5万人）

7月20日　基尔（4万人）—汉堡（10万人）—吕讷堡（3万人）—不来梅（6万人）

7月21日　汉诺威（12万人）—不伦瑞克（7万人）—哥廷根（5万人）

---

① 资料来源：Werner Hilgemann，Atlas zur deutschen Zeitgeschichte 1918～1968，München：Piper，1984，pp. 34. 68.

7月22日　里格尼茨(4万人)—瓦尔登堡(5万人)—尼斯(4万人)—格莱维茨(3.5万人)

7月23日　齐陶(4万人)—包岑(3万人)—德累斯顿(4万人)—莱比锡(8万人)

7月24日　爱贝尔菲尔德(12万人)—杜伊斯堡(12万人)—格拉德贝克(5万人)—波鸿(10万人)—奥斯纳布吕克(6万人)

7月25日　休息

7月26日　松德斯豪森(4万人)—爱尔福特(12万人)—格拉(5万人)—希尔德堡豪森(5万人)

7月27日　埃伯斯瓦尔德(4万人)—勃兰登堡(3.5万人)—柏林(18万人)

7月28日　亚琛(4万人)—科隆(12.5万人)—美因河畔法兰克福(7万人)—威斯巴登(5万人)

7月29日　罗林根(3万人)—诺伊施塔特(5万人)—弗赖堡(7万人)—鲁道夫策尔(6万人)

7月30日　肯普滕(3万人)—纽伦堡(7万人)—拜罗伊特(4万人)—慕尼黑(6万人)

在两周时间内,希特勒走遍了所有州。我们可以想象希特勒在当时制造出来了多猛烈的舆论旋风！由此,如图49所示,在7月31日的国会选举中,纳粹党大获成功,得到了37.7%的选票,成为国会第一大党。

面对纳粹党的崛起,魏玛共和国并非毫无幸存几率。在国会中,若社民党、中央党和共产党联合则拥有311席,完全可以超出纳粹党连同其他右翼政党共同拥有的267席,继续把极右翼政党阻挡在内阁之外。时任总统兴登堡也有权拒绝任命国会第一大党的元首希特勒登上总理宝座——事实上,他确实也曾做过一次。

然而在1932年底,共和国的政治家们都犯下了短视的错误：社民党愿意继续成为"反对党",以监督政府;共产党不愿意同修正主义者同流合污;兴登堡周围的保守主义者自信可以控制住希特勒。其结果是,1933年1月30日,兴登堡终于决定,任命希特勒为政府总理。一场以和平方式推动的"褐色革命"(因纳粹党的武装组织冲锋队身着褐色制服而得名)结束了共和国短暂的十四年生命历程。

第十章

纳粹德国

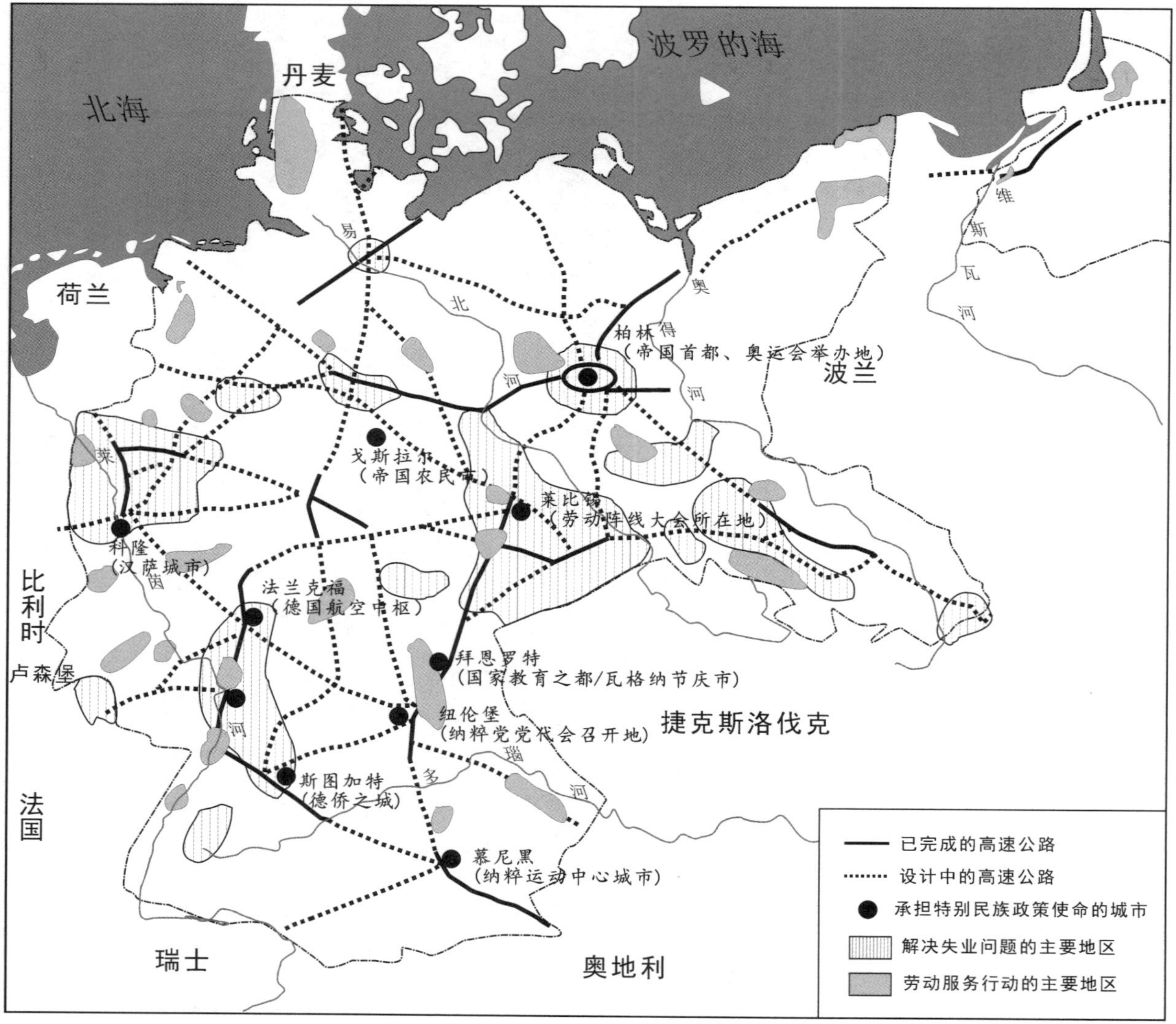

图 50－1　第三帝国的高速公路建设

50. 铸造神剑

希特勒曾在《我的奋斗》中坦言，德国若想重新崛起，必须首先“铸造神剑”。那么，什么是“神剑”呢？在他心目中，“神剑”有双刃，一刃为对内建成所谓的“民族共同体”（Volksgemeinschaft），一刃为对外具备随时扩张的能力。

“民族共同体”思想不是希特勒首创的。这一概念最迟在第一次世界大战爆发时便被广泛使用，强调德意志民族必须内部统一、集体对外。不过，唯有希特勒把它付诸政治、经济和社会领域的实践中，史称“一体化”（Gleichschaltung）。

上台伊始，希特勒借口一名荷兰共产党员试图焚毁国会大厦一案，不仅把德共排斥在正常的政治活动之外，而且还大肆渲染左翼夺权的风险，误导民众全力支持纳粹党。随后，希特勒运用各种恐吓手段，迫使国会通过《授权法》，取得为期四年的独裁权。不到半年，纳粹党成为德国的唯一政党。与此同时，各州政府相继被柏林派出的国家特派员接管，中央实行集权统治。在这一过程中，传统官僚逐步被纳粹党员替代，犹太人则被排斥在公务员行列之外。1934 年 8 月，兴登堡去世，希特勒集总统和总理的职务于一身。

经济复兴是纳粹政权不可回避的使命。图 50 - 1 展示的是轰动一时的高速公路建设情况。希特勒此举的目的，一是为了保证中央与地方之间的交通顺畅，以利于加强控制。如图 50 - 1 所示，高速公路连接起帝国境内的重要城市，像纳粹运动的主要城市慕尼黑、纳粹党党代会所在地纽伦堡、德国的航空中枢法兰克福、帝国农民之城格斯拉尔、劳动阵线大会所在地莱比锡，以及德国教育之都拜恩罗特。目的之二是用这种大型公共工程的方式刺激需求、增加就业岗位，各地成立了大量“劳动服

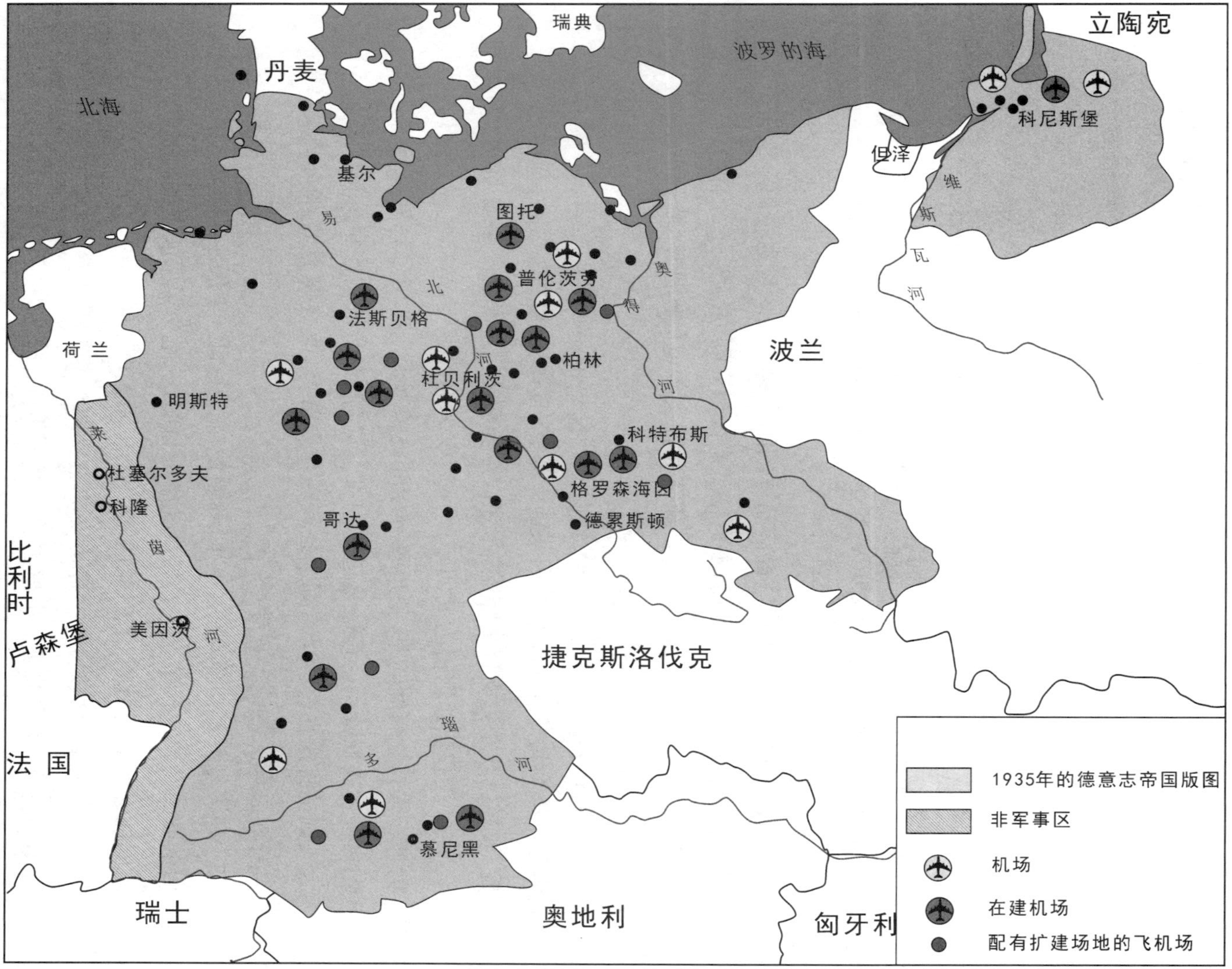

图 50－2　第三帝国的秘密空军分布

务行动”机构。与此类似的做法还体现在兴办1936年奥运会。到1936年,德国工业指数已超过经济萧条前的水平,官方宣布失业率几乎下降到零。纳粹政权还借经济调控之机,逐步筹建总体战争经济体制,大幅度提升军事工业的比重。

在社会层面上,“民族共同体”的理念表现在重组社会的一系列行动中。纳粹政权用各种独创仪式(如“嗨,希特勒!”这样的问候语)强化团体意识,把个人安置在无所不在的纳粹社团或附属组织中,并接受“盖世太保”一类秘密警察的监督。在优待雅利安人的同时,大量所谓“无生存价值的生命”被无情地淘汰,他们包括犹太人、吉普赛人、精神病患者、同性恋者、反纳粹分子等。所有“非德意志的”文化产品都遭到排斥,甚至被焚毁。

“铸造神剑”的另一面体现在不断突破《凡尔赛和约》所设的限制。毁约扩军是希特勒政权最初三年的主要目标。图50-2展示的是1935年前德国空军的发展情况。《凡尔赛和约》曾禁止德国拥有空军,但希特勒上台后,便授权戈林(Hermann Göring)以发展民用航空的名义,在全国多地筹建空军基地。据统计,到1933年年底,德国各类军事飞机的数量已增加到2万架。如图50-2所示,早在1935年前,纳粹政权已建立起包括战斗机、轰炸机、远距离侦察机、近距离侦察机等在内的各类战斗团体,而且还不断扩建军用飞机场,支持军事工厂的生产,加强军事院校的训练。除此之外,陆军也在秘密发展,其规模早已突破10万限额,在1934年底达到25万人之多。1935年3月,纳粹政府正式宣布建立空军,并重新实行义务兵役制。一年后,德军进驻莱茵非军事区,恢复领土主权。《凡尔赛和约》对德国的主要军事限制已被一一突破。

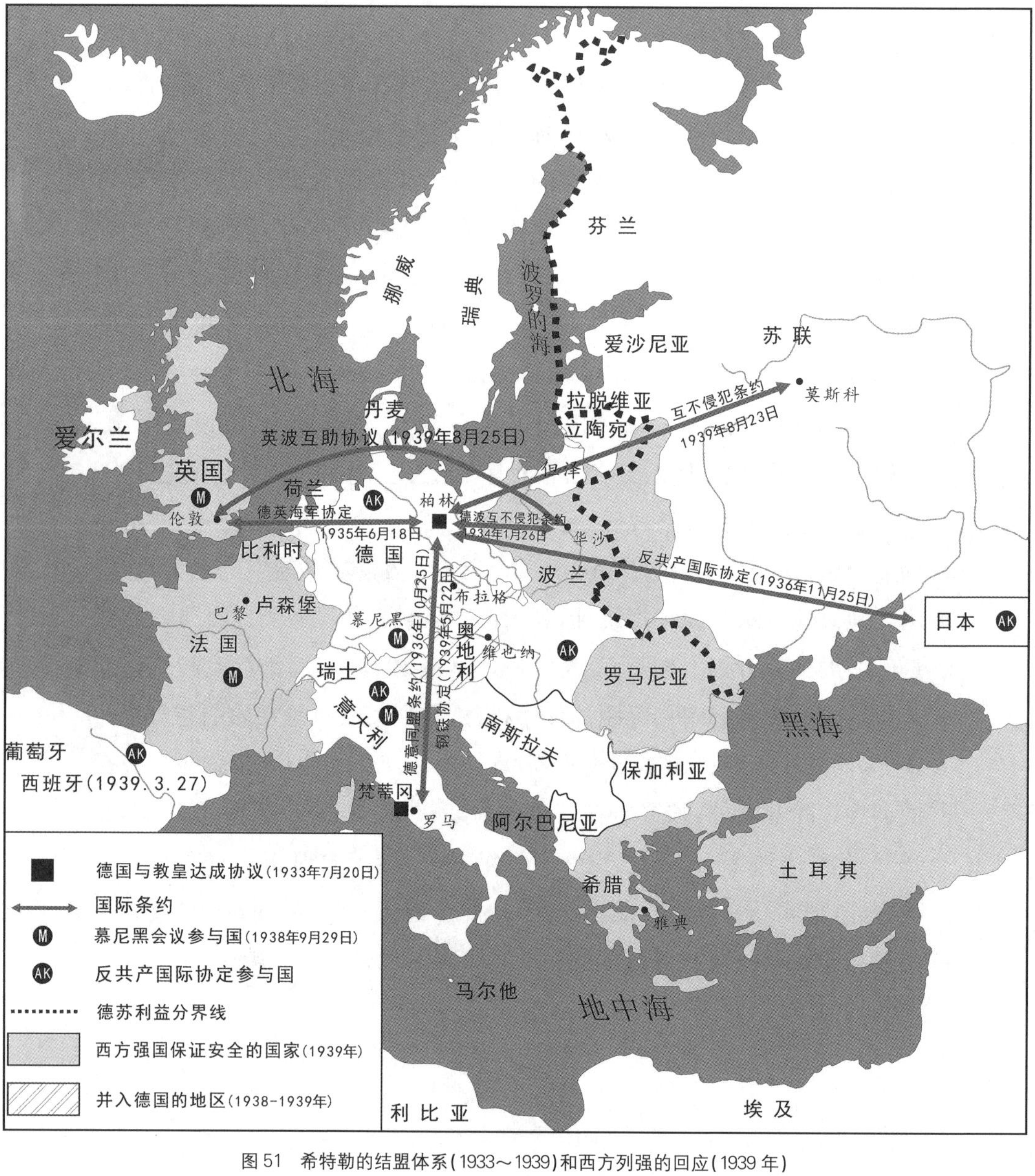

图51　希特勒的结盟体系(1933～1939)和西方列强的回应(1939年)

51. 寻找盟友

在《我的奋斗》中，希特勒也认识到孤掌难鸣的问题，所以“寻找盟友”同样是他掌权后的一个重要目标。不过，欧洲政治格局从来都是诡谲多变的，而且外交舞台可不像国内局势那样好控制。如图51所示，在1933至1939年间，纳粹德国的结盟举动和欧洲列强的反应总是连锁的。

在完成“铸造神剑”的使命前，希特勒在外交上大致采取了退缩的战略，即在安抚潜在敌人的同时打破包围圈。纳粹政权始建不久，便以法国不肯裁军为名，退出裁军会议和国际联盟。这引发了两个邻国的极度担忧：波兰立即表示要打一场“预防性战争”，法国则开始联络英、意、波、捷等国，甚至打算同苏联谈判，重新筹备针对德国的集体安全体系。同样，希特勒总是挂在嘴边的“大德意志国”也引起了意大利的强烈不满。墨索里尼(Benito Mussolini)试图恢复罗马帝国的雄风，早已觊觎奥地利。为安抚这些敌对者，希特勒暂时做出了退让。1934年1月，他主动与波兰签订《德波互不侵犯条约》，稳定东线；1935年6月，《德英海军协定》允诺把德国海军实力限制在低水平上，以向英国示好；1936年10月，《德意同盟条约》建立轴心关系，从此拉拢意大利。德国虽然暂时做出了不少让步，但所有这些举动都剑指法国的集体安全体系，使它无果而终。

1936年后，希特勒在外交上开始逐步掌握主动权。1936年11月，他同日本签订《反共产国际协定》，此后意大利、西班牙和匈牙利加入其中。借此，希特勒把自己打扮成反共先锋，以换取西方列强在其他领域中的让步。随后，他打出了民族自决的旗号，以保护德意志人为名，向东筹建“大德意志国”。西方列强既为息事宁人，也为祸水东引，决定推行绥靖政策。1938 年 3 月，奥地利并入德国。9 月，英、法、意、德召开慕尼黑会议，迫使捷克斯洛伐克割让苏台德地区。

1939 年，希特勒加快了对外扩张的步伐。3 月，德国侵占捷克斯洛伐克全境。8 月，德苏两国签订互不侵犯条约，它们还秘密划定了以芬兰经爱沙尼亚、立陶宛，沿波兰中轴线一直到罗马尼亚比萨拉比亚地区的势力范围。发现形势严峻的西方列强只能重新筹建集体安全体系。8 月，英波两国签订互助协议。然而为时已晚。一周后，世界大战的火焰再次燃起。

52. 战争狂人

“希特勒就是战争!”1932年总统大选时,左翼政党便打出了这个标语。这倒不是他们未卜先知,而是希特勒从来都不掩饰他那赤裸裸的战争观。他在《我的奋斗》中反复论证过“强者驱逐弱者”的权利,并叫嚣,“任何人要是胆敢对我们的行动加以阻挠,我们就要把他撕成碎片”,“德国的不幸必须以钢铁来打碎”。

在希特勒眼中,德国的战争目标不仅仅是恢复1914年前的旧版图,因为“1919年的国界对德意志民族的将来没有任何意义”。相反,战争是为了给“优秀的”雅利安人获得更多的“生存空间”。

那么如何夺取“生存空间”呢?希特勒在《我的奋斗》中曾做过初步设想:“我们要从600年前祖先停止的地方下手。我们要停止日耳曼人老是在欧洲南进和西进的脚步,而把目光转向东方国家。”换言之,苏联是德国的最大敌人。但是在1933至1939年的欧洲格局变动中,希特勒逐步调整了自己的想法。1937年11月,希特勒在内部高层会议上陈述了自己的战争方案,会议内容由他的副官霍斯巴赫(Friedrich Hoßbach)整理,史称“霍斯巴赫备忘录”。这个方案是“先大陆、后海洋”的三步走方针:首先建立一个囊括中欧的“大德意志”,主要包括捷克斯洛伐克、奥地利和波兰走廊;其次打败法国,消灭苏联,成为欧陆霸主;最后向海洋发展,战胜英、美,称霸全球。

1939年前,纳粹德国已建成了一个“大德意志国”。第二次世界大战爆发后,希特勒便沿着既定路线,开始了他的“狂人征途”。如图52所示,德国的战略进攻大致同“霍斯巴赫备忘录”相似:1939年9月1日,德国突袭波兰,仅用27天时间攻陷华沙,并与苏联瓜分波兰。为确保铁矿石的运输线,1940年4月,德军北上,占领挪威与丹麦。一个月后,西

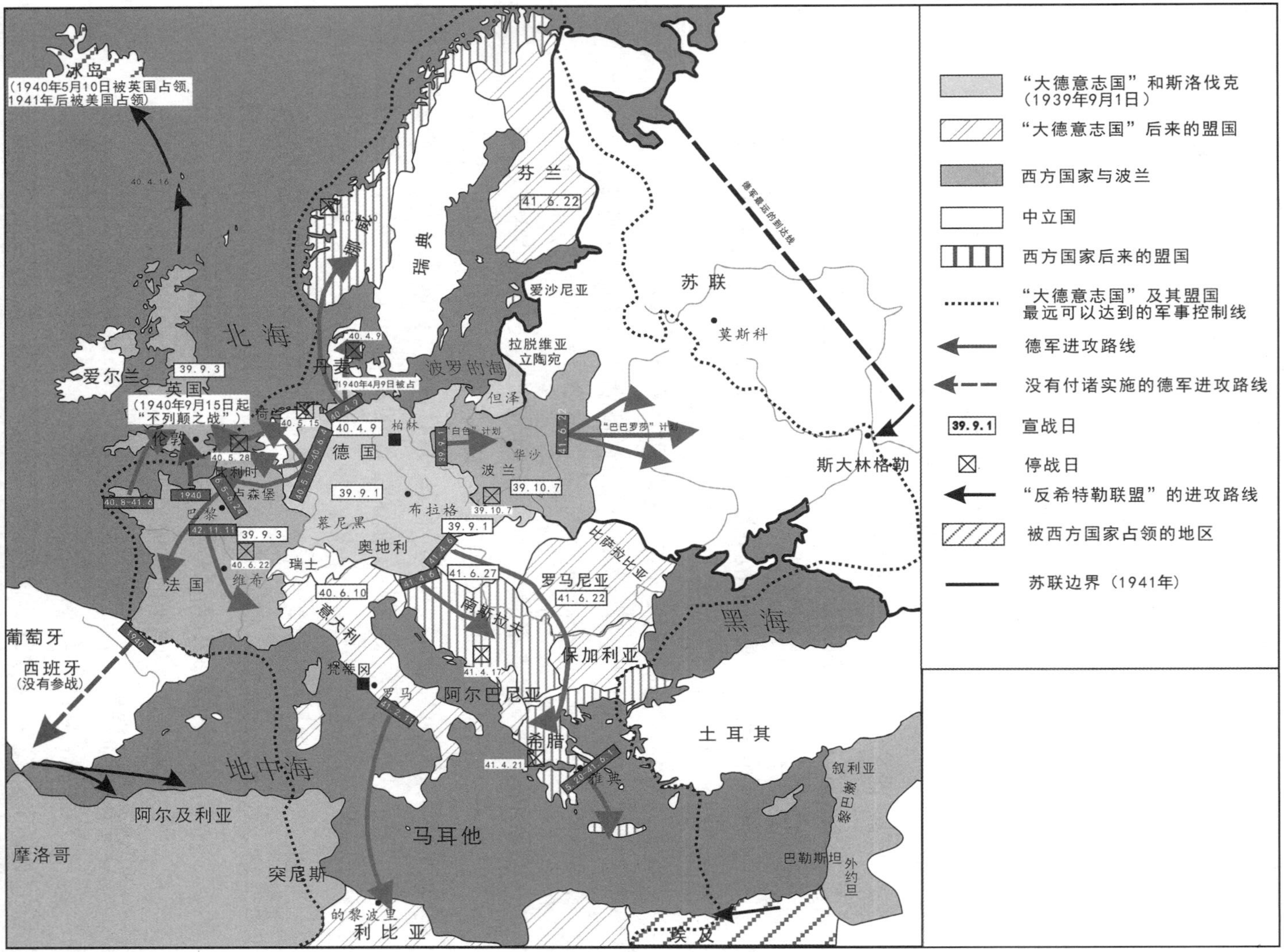

图 52　德国在第二次世界大战中的行动(1939～1942)

线战场陷入战火中，荷比两国投降，法国仅抵抗了半个月便把巴黎拱手相让，维希政府在法国南部建立傀儡政权。7月，德国空军开始空袭英国，“不列颠空战”拉开帷幕。1941年2月，德军会同意军准备渡海，前往北非。4月，德军南下，攻占巴尔干地区。6月，代号为“巴巴罗萨”的侵苏计划启动，分三路扑向莫斯科。四个月后，德军在莫斯科城外与苏军展开阵地战。12月，日本突袭珍珠港后，德国向美国宣战。

纵观二战前期的这些战役，德军取胜的重要砝码在于成功运用了“闪击战”的战术。所谓“闪击战”，简言之，便是在强大的空军支援下，集中机动性最强的装甲兵团，用突袭的方式，分割并围歼敌军集团，并向敌纵快速推进。它在某种程度上继承了第一次世界大战前“施利芬计划”所强调的速战速决的特点，同时也巧妙运用了当时最为先进的武器技术。

但是，德国在二战初期的一系列行动并非毫无问题。如图52所示，1940年计划中，借道西班牙攻入北非的行动最终搁浅。1940年6月，在围追英法联军时，希特勒出人意料地停止进军，让33.8万联军在敦刻尔克成功撤退到不列颠岛上。此后，长达近一年的不列颠空战既无法让德军登陆，甚至根本没有让德军取得制空权。“巴巴罗萨”计划虽取得了突袭效果，苏联甚至已经丢失了三分之一的领土，但苏联广袤无边的战场和后续作战的能力仍然出乎希特勒的意料。1942年初，希特勒并没有迎来这场世界大战的最后胜利。相反，转折正在出现。

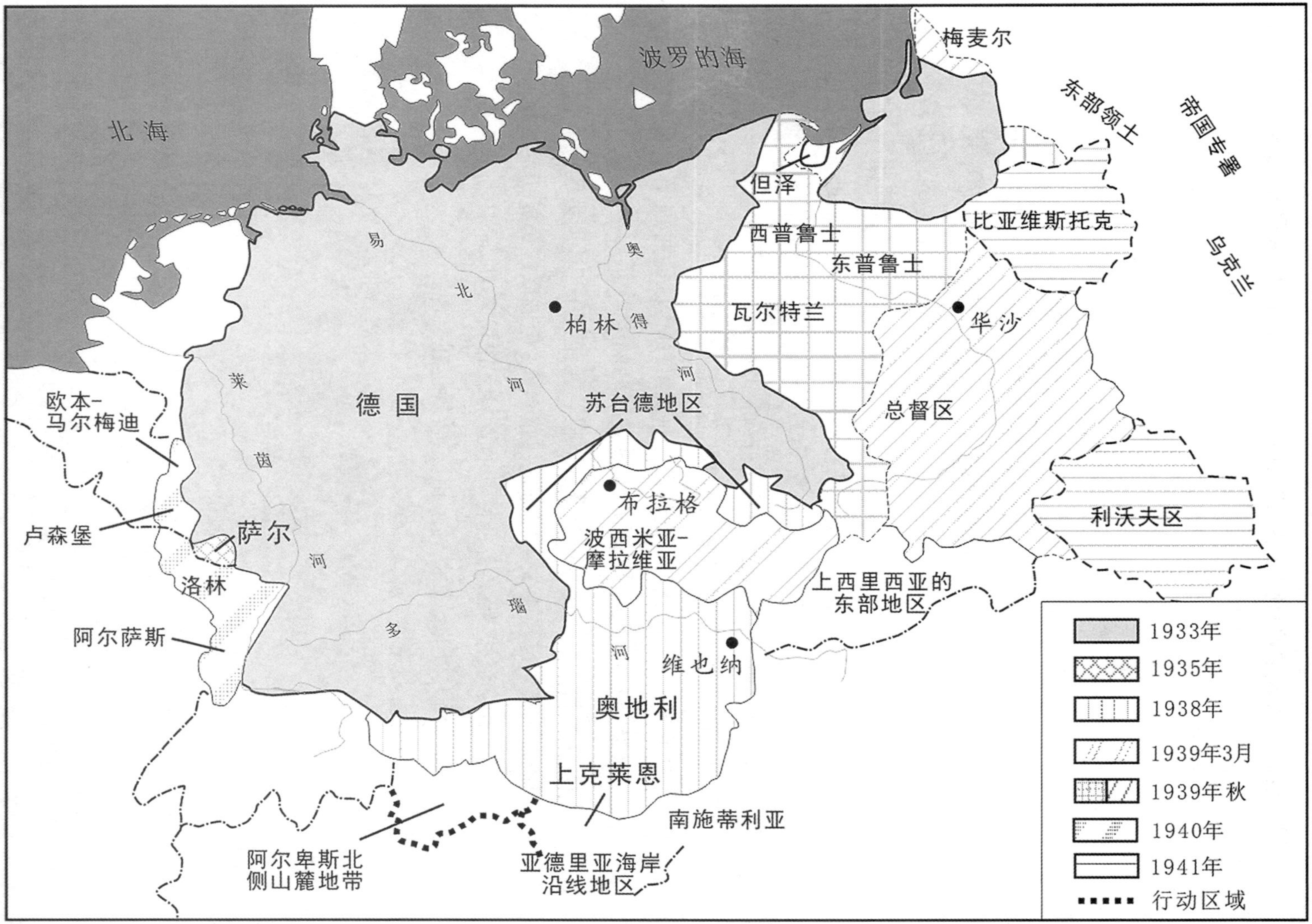

图 53　纳粹德国控制区域的扩展

53. 帝国秩序

众所周知，纳粹德国又称作“第三帝国”。这一称呼原是神学家所创，近代以来，被德国的浪漫主义者和保守派们所接受。1923 年，作家范登布鲁克（Arthur Moeller van den Bruck）出版了同名论著，把“第三帝国”视作在传统上继承神圣罗马帝国（第一帝国）和德意志帝国（第二帝国）的新国家，以此反对魏玛共和国。希特勒上台后，也用“第三帝国”自称。直到 1939 年，在官方宣传中，“大德意志国”才正式取代了“第三帝国”的名称。

但无论如何称呼，如图 53 所示，1941 年的德国在某种程度上的确恢复了往昔神圣罗马帝国的版图，甚至有过之而无不及。它最初是把《凡尔赛和约》所剥夺的德国领土一块块地拿回来，例如西部的欧本-马尔梅迪、卢森堡、萨尔、阿尔萨斯和洛林，东部的波兰走廊、但泽、梅麦尔和上西里西亚的东部地区；然后以建立“大德意志国”为名，把周边德意志人聚居的地区都吞并进来，如南边的奥地利、东边的苏台德地区；最后再用战争的形式掠夺更多的“生存空间”。

据统计，到 1941 年，这个“大德意志国”的控制区域已数倍于 1933 年前的德国本土面积。它侵占了欧陆 11 个国家，约占欧洲陆地面积的 7%。除此之外，在其强大攻势面前，瑞典和瑞士勉强保持中立，西班牙、葡萄牙与德国交好，南欧巴尔干地区已成为德国的特有经济区（专供德国军需品），只有英国依靠海峡天堑勉强保持独立，苏联则因疆域辽阔而尚未投降。

不过，在这个帝国里，希特勒还未来得及建立起统一的政府体制，而是采取分而治之的方式：

在德国本土以及“合并区”——这里主要指德意志人占据多数的地方，如奥地利、原属捷克斯洛伐克的苏台德地区、原属立陶宛的梅麦尔、回归德国的萨尔区等，实行纳粹党直接控制的体制。由纳粹党的大区领袖出任地区行政长官，原来的“州”改为“部”，直接隶属于柏林政府管辖。

在“民政长官管辖区”，例如西部的卢森堡、阿尔萨斯、洛林，东南部的南施蒂利亚、克恩顿和克莱恩，东部的比亚维斯托克，由希特勒直接管辖，但海关、邮电、铁路管理方面尚未完全并入德国，地名、姓氏、语言等方面需要进一步“德意志化”。

在“总督管辖区”，如原波兰东部、法国北部等地，由德国派出的总督管辖，当地政府拥有一定的自治权，但在军事和经济方面受到德国的控制。

在东部原苏联领土上，帝国设立“专署”进行军事管理。

1943年后，由于意大利的法西斯政权瓦解，希特勒扶持墨索里尼在意大利北部建立傀儡政权。该地后被称为“作战区”，其主要目的是为阻止盟军进入中欧。

在新领土上，帝国的士兵们似乎是被当年的“蛮族”附体了，大肆烧杀抢掠。他们掠夺了数百万辆各式交通工具、15亿美元以上的黄金外汇、数千万吨铁矿石，甚至还以维持占领为由，向被占国家搜刮600多亿马克的占领费。每到一地，德军还不忘记搜罗各种艺术珍品。到1944年7月，被帝国以“征收”的名义掠夺的各国文物超过2万件，仅法国文物的价值便高达10亿美元。更严重的是，德军对那些非德意志人采取了极为残酷的暴力措施，如奴役、拷打、人体试验，乃至大屠杀。正是在帝国不断东扩的进程中，“最后解决”犹太人问题的方案才浮出水面。

54．“最后解决”

犹太人是一个古老而特殊的民族。早在罗马帝国时期，一部分犹太人已在欧洲定居。然而，由于犹太人始终是基督徒眼中的异教徒，而且他们热衷于放贷等经济活动，所以在历史上，犹太人时常受到欧洲各国的排挤、压迫甚至屠杀。但令人惊奇的是，即便如此，犹太民族的生命力依然十分顽强。不过，随着时间的推移，各地犹太人的命运出现了分化。大部分东欧犹太人倾向于聚居，且保留着传统的宗教习俗。西欧犹太人则分布分散，慢慢地接受了居住地文化，有些人甚至改变了宗教信仰。到1933年纳粹上台之际，如图54－1所示，所有的欧洲国家都拥有着数量不等的犹太居民，其中近60万犹太人居住在德国。

在德国近代历史上，统治者对犹太人大多采取了友好的政策，如，在俾斯麦周围便有不少犹太银行家。但在一些极端民族主义者眼中，犹太人总被视作金融风暴或国际阴谋的始作俑者。希特勒也不例外。他在《我的奋斗》中肆意指责犹太人在马克思主义(马克思也是犹太人)的帮助下，准备“消灭全人类”。他把犹太人贬低为“文化的迫害者”，污蔑它挤压“文化的创造者”雅利安人的“生存空间”。1939年，在大战开启前，希特勒又在国会中大放厥词：“假如国际性的金融犹太人在欧洲内外成功地支持一场世界大战，那么其结果不是这个地球被布尔什维化并让犹太人取得胜利，就是消灭欧洲的所有犹太种族。”

在德国境内，纳粹党对犹太人的迫害是逐步升级的。他们刚一上台，就鼓动民众抵制犹太人商店，并出台法令，禁止犹太人担任公务员、医生或律师，取消犹太儿童享受义务教育的权利。1935年9月，纳粹政权通过《纽伦堡法》和《德意志荣誉保护法》，公然剥夺犹太人的公民权，取消犹太人的德国国籍，禁止德意志人与犹太人通婚。1938年11月，

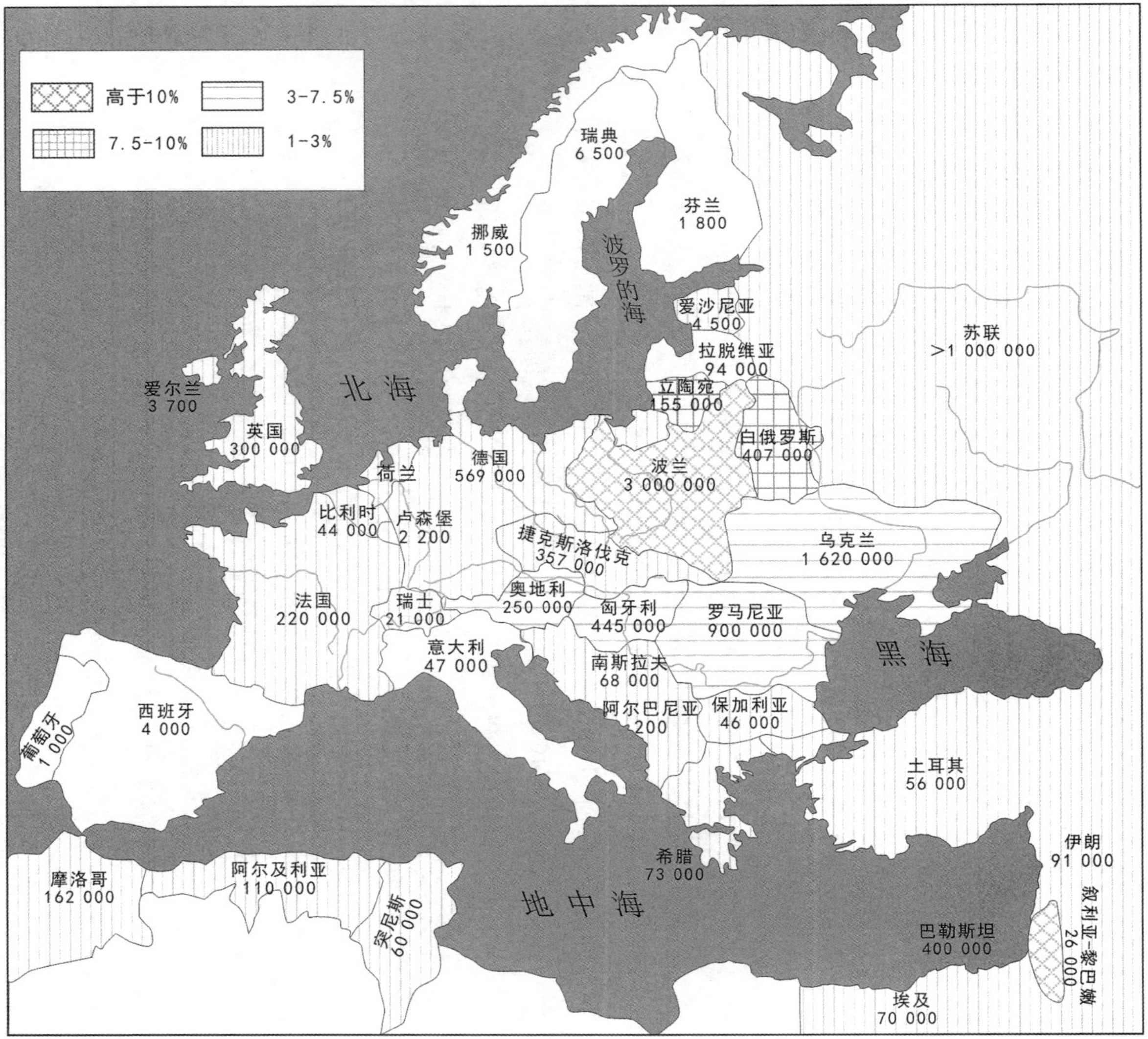

图 54-1　欧洲的犹太人分布(1933 年)

一位犹太青年试图刺杀德国驻巴黎公使，纳粹党于是借机鼓动民众，上街抢劫犹太人的财产、焚毁犹太教堂，最后还责令犹太人赔偿10亿马克。该事件在历史上被称为“水晶之夜”①。在这样的局势下，第二次世界大战还没开打，就大约有一半犹太人(其中不少是著名的科学家和人文学家，如爱因斯坦)通过各种方式逃离德国。另一半犹太人则被监禁在各大集中营里。

第二次世界大战爆发后，德军在波兰占领区建立所谓的“隔都”，把西欧和东欧的犹太人都封闭在那里。1941年6月，德国入侵苏联时，一支“特别行动队”对隔都实施了大屠杀，约54.4万犹太人丧生。7月31日，戈林命令党卫军头目海德里希(Reinhard Heydrich)“彻底解决犹太问题”。1942年1月20日，相关部门的主要领导人在柏林市郊的汪湖讨论具体实施的细节。会议决定，有组织地把欧洲各地的犹太人(总人数达到1100万)运送到波兰境内的六座灭绝营中。如图54-2所示，其中一座灭绝营就是著名的奥斯维辛。灭绝营中建立大型毒气室，用齐克隆B(Zyklon B，即晶体氰化氢)或一氧化碳作为屠杀毒剂。从1941年秋到1944年秋，大约有400万至500万犹太人成为“最后解决”方案的牺牲品。

如图54-2所示，屠犹不仅发生在德国及其占领区，也发生在芬兰、丹麦、意大利和保加利亚这些当时并不受德国支配的国家中。在图54-1上，标注着各国犹太人被屠杀的数量。一些国家(如波兰、阿尔巴尼亚、南斯拉夫)的犹太人几乎遭到灭绝。据估计，在第二次世界大战期间，犹太被害者总数在600万左右。

---

① 当时犹太会堂和犹太人房屋被砸坏，玻璃满地，其实就是“碎玻璃之夜”，但纳粹舆论将之美化，称之为“水晶之夜”。

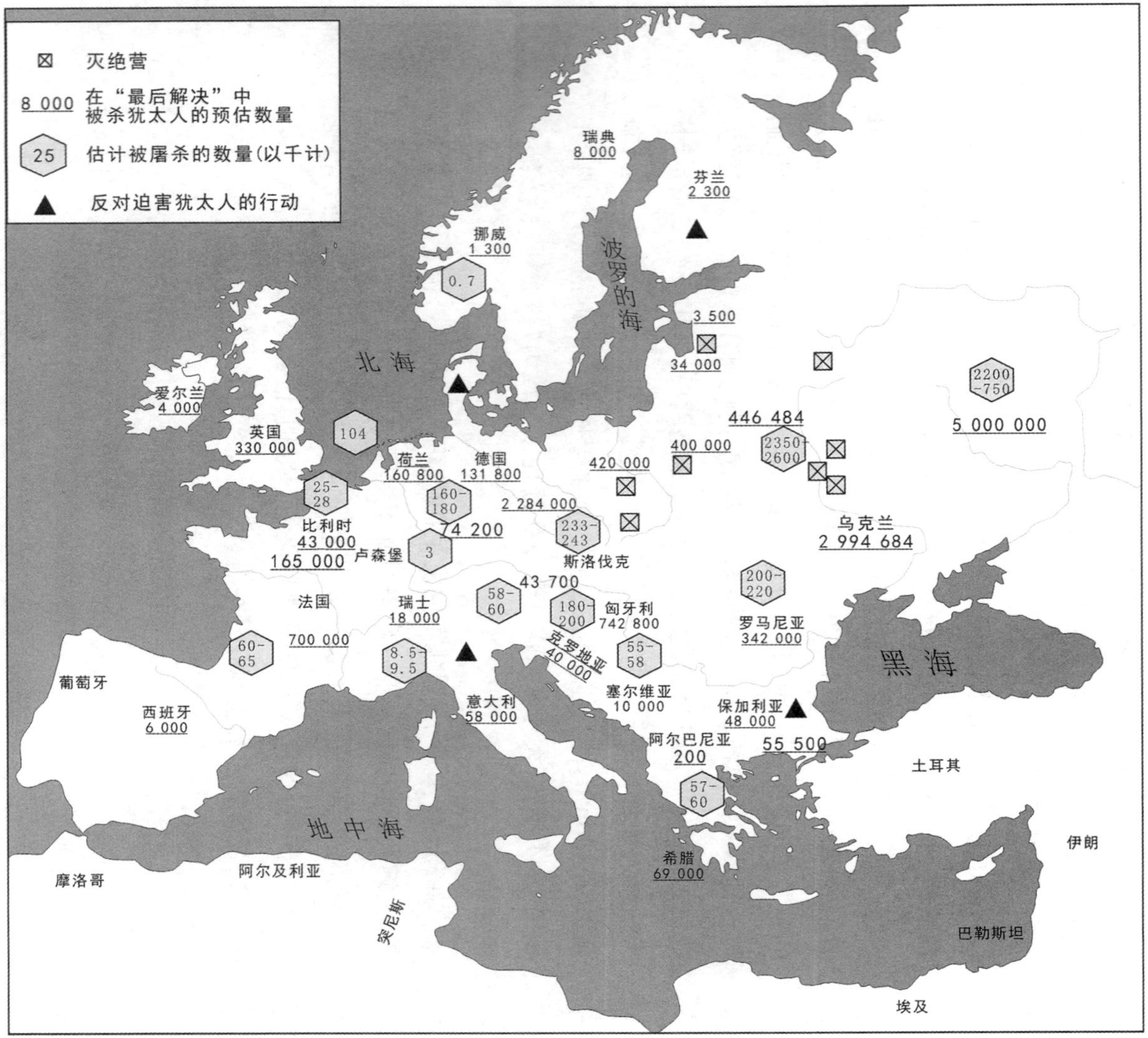
灭绝营
8 000 在“最后解决”中被杀犹太人的预估数量
25 估计被屠杀的数量(以千计)
反对迫害犹太人的行动
瑞典 8 000
芬兰 2 300
挪威 1 300
0.7
波罗的海
北海
3 500
34 000
爱尔兰 4 000
英国 330 000
104
荷兰 160 800
德国 131 800
446 484
400 000
420 000
2350-2600
2200-750
5 000 000
25-28
160-180
2 284 000
74 200
233-243
比利时 43 000
165 000
卢森堡
3
斯洛伐克
乌克兰 2 994 684
43 700
58-60
180-200
匈牙利 742 800
200-220
罗马尼亚 342 000
法国
瑞士 18 000
700 000
60-65
8.5-9.5
克罗地亚 40 000
55-58
塞尔维亚 10 000
黑海
葡萄牙
西班牙 6 000
意大利 58 000
保加利亚 48 000
阿尔巴尼亚 200
55 500
土耳其
57-60
地中海
希腊 69 000
伊朗
摩洛哥
阿尔及利亚
突尼斯
巴勒斯坦
埃及

图 54-2 犹太大屠杀

55. 抵抗运动

在纳粹政权的高压统治下,德国并没有陷入“万马齐喑”的局面中。图55便为我们展示了1933年后德国各地出现的抵抗运动。

最早的抵抗运动从希特勒就任总理的那一天便已开始。如图55所示,在德国西部符腾堡州的纺织业城市默辛根(Mössingen),德国共产党发动了为期两天的抗议游行,近千人参加。其中80人后来被判刑,1943年被送入达豪集中营。德国战败前夕,他们被秘密处死。

社民党也是第一批受到纳粹政权迫害的政党。1933年6月22日,社民党被禁止活动。此后,一批抵抗主义者或留在国内,继续以“黑-红-金国旗团”(Reichsbanner Schwarz-Rot-Gold,这是魏玛末期由社民党成立的保卫共和国团体)的名义从事地下活动,柏林、汉堡与汉诺威这些大城市都留下了他们的抵抗足迹;或走上了流亡之路,社民党总部迁到布拉格,发行《索帕德:德国社民党德国报道》(*Sopade*),致力于向国内民众和国外舆论界揭露纳粹罪行。德国吞并捷克斯洛伐克后,该报迁往巴黎,一直坚持到1940年。当然,还有不少社民党员被作为“帝国敌人”,关押在各大集中营里。后来人们知道,这些人还成为集中营里各类抵抗运动的领导者。

教会在第三帝国期间大多无所作为,甚至还因纳粹的反犹政策而与之亲近。不过,坚持批判立场的神职人员也并非没有行动。如图55所示,在明斯特,大主教加伦(Clemens Augsut Graf von Galen)成为德国天主教抵抗运动的核心人物。他从1933年起便在各种布道场合,批评纳粹的种族理论,并积极促成教皇在1936年发布谴责纳粹党的通谕《痛心已极》。1934年,不愿意接受纳粹操纵的一部分新教牧师在巴门聚会,成立“明认教会”(Bekennende Kirche),声称教会不接受政府的侵

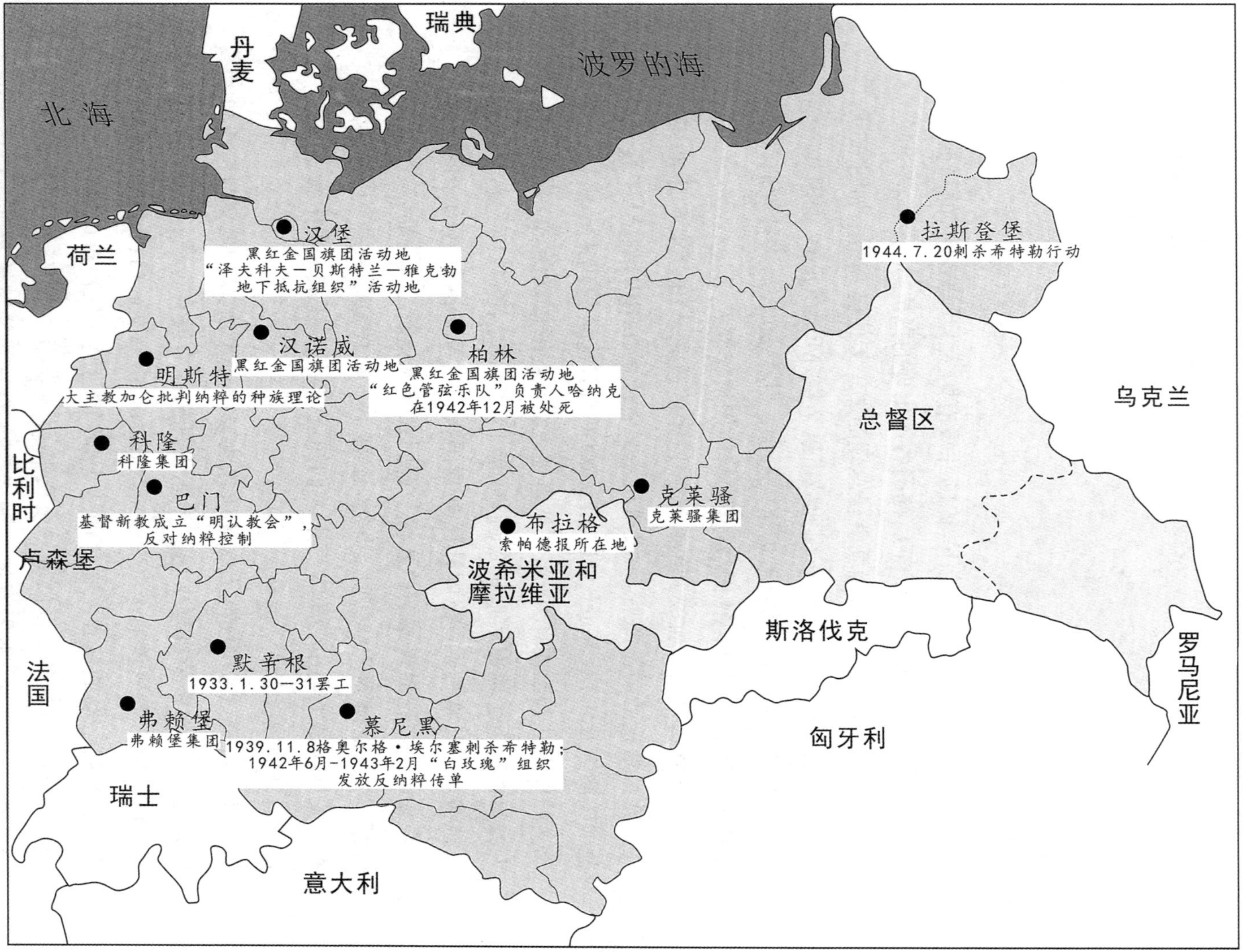

图 55　德国抵抗运动分布图

蚀。这是新教抵抗运动的开始。该教会后来受到纳粹政权的严酷迫害，数十位牧师被捕入狱，并在 1945 年遭到杀害。

第二次世界大战爆发后，由于战事的不确定性以及对德国前途的担忧，德国内部的抵抗运动更加高涨，甚至出现了刺杀希特勒的壮举。第一个形成威胁的刺杀行动是由一位普通的德国人格奥尔格·埃尔塞(Georg Elser)发起的。他曾参加过德共的战斗团体。1939 年 11 月 8 日，他在慕尼黑的伯格布劳克勒啤酒馆安置了自制炸药，希望炸死前来参加“啤酒馆暴动”周年纪念活动的希特勒。然而希特勒因天气缘故，临时缩短了演说时间，逃过一劫。埃尔塞很快被捕，并被送入集中营。1945 年 4 月 9 日，希特勒下令在达豪集中营杀害了他。

如图 55 所示，同样在慕尼黑这座纳粹党的老巢，在 1942 年 6 月至 1943 年 2 月间，一批年轻的大学生和教授向公众分发了匿名传单，呼吁人们参加抵抗运动。他们自称为“白玫瑰”组织(Weiße Rose)，其领导核心朔尔兄妹(Hans Scholl、Sophie Scholl)等人在 1943 年被送上断头台。

与此同时，在德国北部的汉堡，当时国内最大的抵抗组织、德共领导下的“泽夫科夫-贝斯特兰-雅克勃地下抵抗组织” 被人发现，200 多人被捕，其中 70 人在战争结束前献出了生命。1942 年 12 月，苏联在德国的情报网络“红色管弦乐队”(Rote Kapelle)的负责人阿尔维德·哈纳克(Arvid Harnack)在柏林被处死。从 1936 年开始，哈纳克便不间断地向苏联传送纳粹德国军备生产的秘密消息。

相比其他社会阶层，自视为“受过教育的市民阶层”(Bildungsbürger)和贵族们的行动略微迟缓，而且大多停留在“书斋革命”的阶段。如图 55 所示，在东普鲁士的克莱骚庄园、西部的科隆天主教徒聚居处、南部弗赖堡的经济学家圈子里，都存在着各式各样的抵抗运动。他们大多不满意纳粹的集权统治，而且又不放心希特勒的军事能力。虽然他们并未付诸行动，但不少人仍然为此付出了生命的代价。比较难能可贵的是，这些人在谈论抵抗行动的同时，还用心为欧洲的未来设计蓝图。战后欧洲的发展道路就部分借鉴了他们的设想。

1944 年 7 月 20 日刺杀希特勒的行动，则是由保守派军官与贵族们联手发起的，它被视作纳粹时期抵抗运动的最高峰。随着第二次世界大战的战场出现转折，军方高层中的反希特勒情绪急剧增强。他们四处联络，并制定了严密的"女武神计划"。后备部队司令部参谋长施陶芬贝格(Claus Schenk von Stauffenberg)趁向希特勒汇报之际，把装有定时炸弹的手提箱放置在东普鲁士拉斯登堡(Rastenburg)的希特勒总部。然而这一次，希特勒仍然侥幸逃过一劫。事后，施陶芬贝格被枪决。此外，7 000 多人被捕，其中 5 000 多人遭到处决——包括 2 名元帅、19 名将军、26 名上校、2 名大使、17 名外交官、1 名部长等军政要人。

但是，由于纳粹统治期间在经济和外交领域中的"成绩"颇具迷惑性，这些抵抗运动不但没有得到广大民众的支持，反而在当时被视作"叛国者"，影响力有限。更为重要的是，德国境内的抵抗运动从来都不是一种目标明确、相互支持的统一行动。它们或是个人精心谋划下的刺杀，或是集体合作后的反叛，或是在书斋中高谈阔论，或是到民众中发放传单。当然，即便这些行动最后都以失败告终，但无论如何，它们仍然代表着"另一个德国"的存在。

56．帝国毁灭

在1941年底至1942年初，纳粹政权似乎颇为顺利地登上了欧洲权力的巅峰。对内，数个抵抗组织被破坏，“最后解决”犹太人的策划业已付诸实践；对外，“大德意志国”的东部边界已延伸到苏联领土的三分之一处，攻打莫斯科的先锋部队据说已能看到克里姆林宫上的红旗。然而，物盛则衰，巅峰也便意味着下坡路的开始。纳粹德国在军事上的溃退恰是从这一时刻拉开帷幕的。

如图56所示，从1943年初开始，德军在所有战线上都处于节节败退的状态：

在东线：莫斯科战役并未让德军占据上风。恼羞成怒的希特勒集结150万兵力，向斯大林格勒发起进攻。然而苏军才是这场历时六个半月战役的最终胜利者。1943年1月31日至2月2日，德军投降，整个苏德战场发生逆转，战线开始西移。正因如此，斯大林格勒会战被视作苏德战场乃至整个第二次世界大战的转折点。当年夏天，希特勒发动第二次世界大战中最为激烈的坦克对垒——库尔斯克会战。虽然双方损失相当，但苏军取得了战斗的胜利。在随后三个多月里，苏军向西推进400至450公里，解放了包括基辅在内的162座城市。德军从此转入防御态势。1944年，苏军集中610万兵力，实施了10场高速度、大规模的战略进攻，史称“十大打击”，歼灭德军160万人，不仅恢复了被德军侵占的领土，而且还顺势攻下了德国在东南欧和北欧的“小兄弟们”。如图56所示，8月25日罗马尼亚停战，9月8日保加利亚停战，9月19日芬兰停战，12月31日匈牙利停战。这些德国的昔日盟友很快调转枪头对德国宣战。1945年1月12日，苏军发动全面进攻。三个月后，苏军占领东普鲁士，攻克维也纳，并在奥得河西岸建立桥头堡，打开了冲击柏林

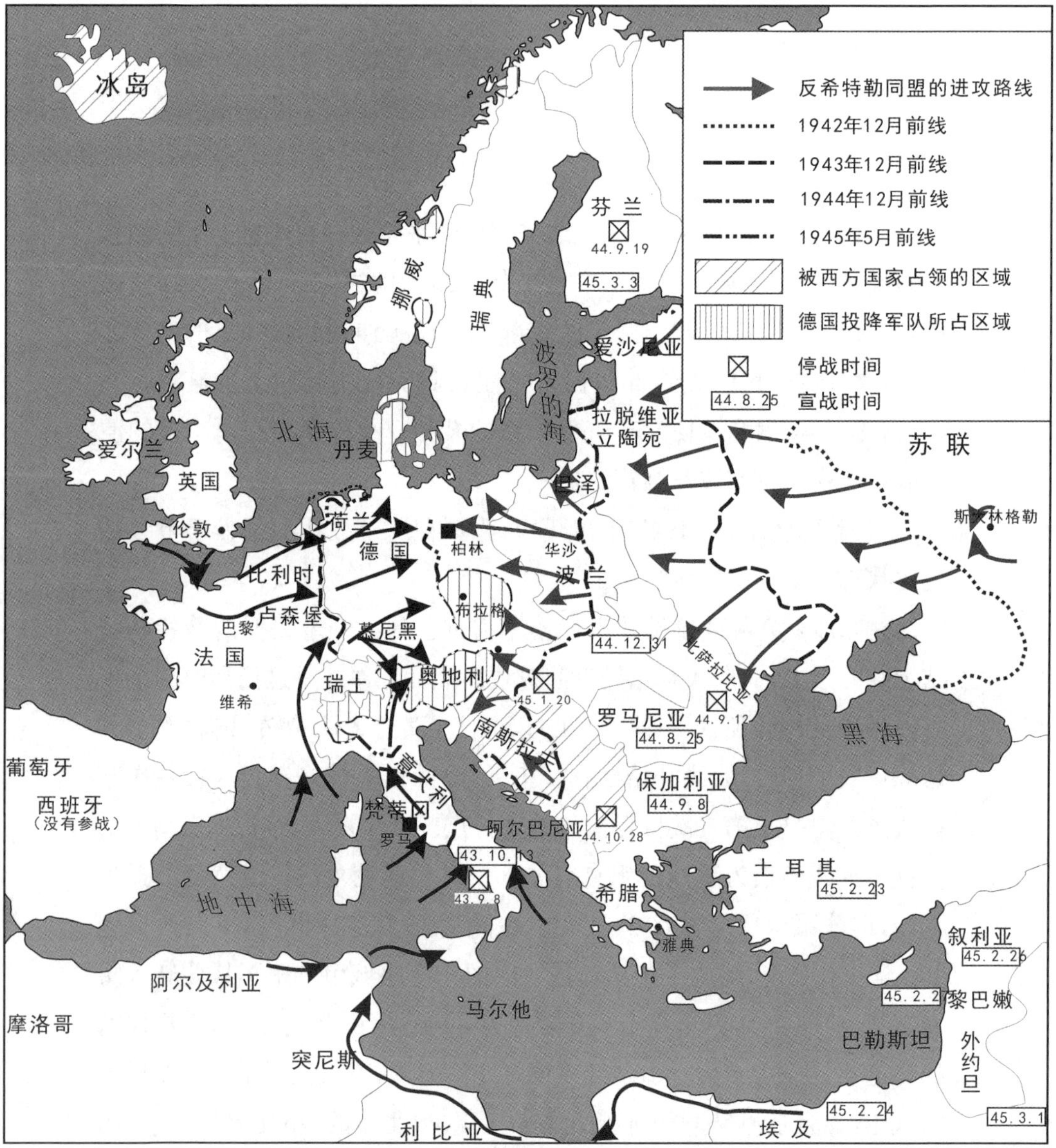

图56　第二次世界大战末期形势图(1943～1945)

的道路。

在南线：1942 年 10 月起的阿拉曼战役让德、意联军在北非转入守势。1943 年 5 月，北非战役结束。三个月后，英美联军渡海占领西西里岛。9 月，已推翻墨索里尼统治的意大利新政府签订停战协定，加入盟国作战。希特勒派驻意德军进占罗马和意大利北部，命伞兵救出墨索里尼，让他充任傀儡政府的领袖。但好景不长，随着东线压力增大，希特勒无暇南顾。1945 年初，墨索里尼政权被推翻。盟军进入德国南部。

在西线：1944 年 6 月，英美盟军在法国北部诺曼底登陆，三个月后，整个法国光复，比利时与荷兰解放。这年冬天，为挽救败局，希特勒曾孤注一掷，调集 25 万人，在阿登山区实施反击，但仍以失败告终。1945 年 3 月下旬，盟军强渡莱茵河，挺进德国心脏地区。

1945 年 4 月 25 日，美军与苏军在易北河一带会师。次日起，苏军强攻柏林。经过几天的殊死搏斗，苏军终于在 30 日下午把红旗插上了国会大厦的屋顶。希特勒在地下室开枪自尽，为之殉葬的还有纳粹的宣传部长戈培尔。5 月 8 日，德方代表正式向苏、美、英、法四国投降，第二次世界大战的欧洲战场以纳粹德国的失败而结束。

第十一章

复兴之路

图 57-1　1945 年的德国

57. 分区占领

第二次世界大战结束时，德国已变得满目疮痍。据估计，仅在1945年，德国土地上留下的弹药残片便超过4亿立方米，近四分之一的住宅被炸毁。柏林、美因河畔法兰克福、德累斯顿、科隆等大城市几乎全部被毁，全国交通系统陷入瘫痪。然而，更让德国人感到难过的是，他们不但失去了此前引以为傲的“大德意志国”，而且还面临着领土丧失及被分区占领的惩罚。

德国的战后命运是在大国领袖们的谈判桌上反复拉锯磋商后敲定的。在德黑兰会议上，美、英、苏三国首脑曾决定分割德国，存在争议的问题不过是分割的方式而已。但到雅尔塔会议上，分割方案被领土调整和短期占领的想法所替代。其结果正如图57－1所示，一方面，苏联把包括科尼斯堡在内的波罗的海沿岸地区收入囊中，并把德国的东普鲁士和包括波美拉尼亚和西里西亚在内的东部领土割让给波兰，以作为波兰东部领土让给苏联的补偿。如此一来，德国的领土面积比1939年前减少了10万平方公里。不仅如此，因领土调整而产生的东部难民近1 200万人。他们的回国之路十分艰辛，归来之后，又使当时日益紧张的供应困难雪上加霜。

另一方面，苏、美、英、法四国分区占领德国和首都柏林（如图57－2所示），以实施所谓“4D计划”，即非军事化、非纳粹化、非工业化和民主化。在最初两年间，虽然各国在具体政策上有所差异，但在所谓“盟军管制委员会”的协调下，总方向仍然保持一致。各地军国主义纪念碑被摧毁，颂扬军国主义的书籍付之一炬，作为“军国主义摇篮”的普鲁士遭到拆分，普鲁士作为一个历史实体从此消失。纳粹政权的主要领导人在纽伦堡接受了国际军事法庭的审判，戈林等12人被处以绞刑（戈林在刑前

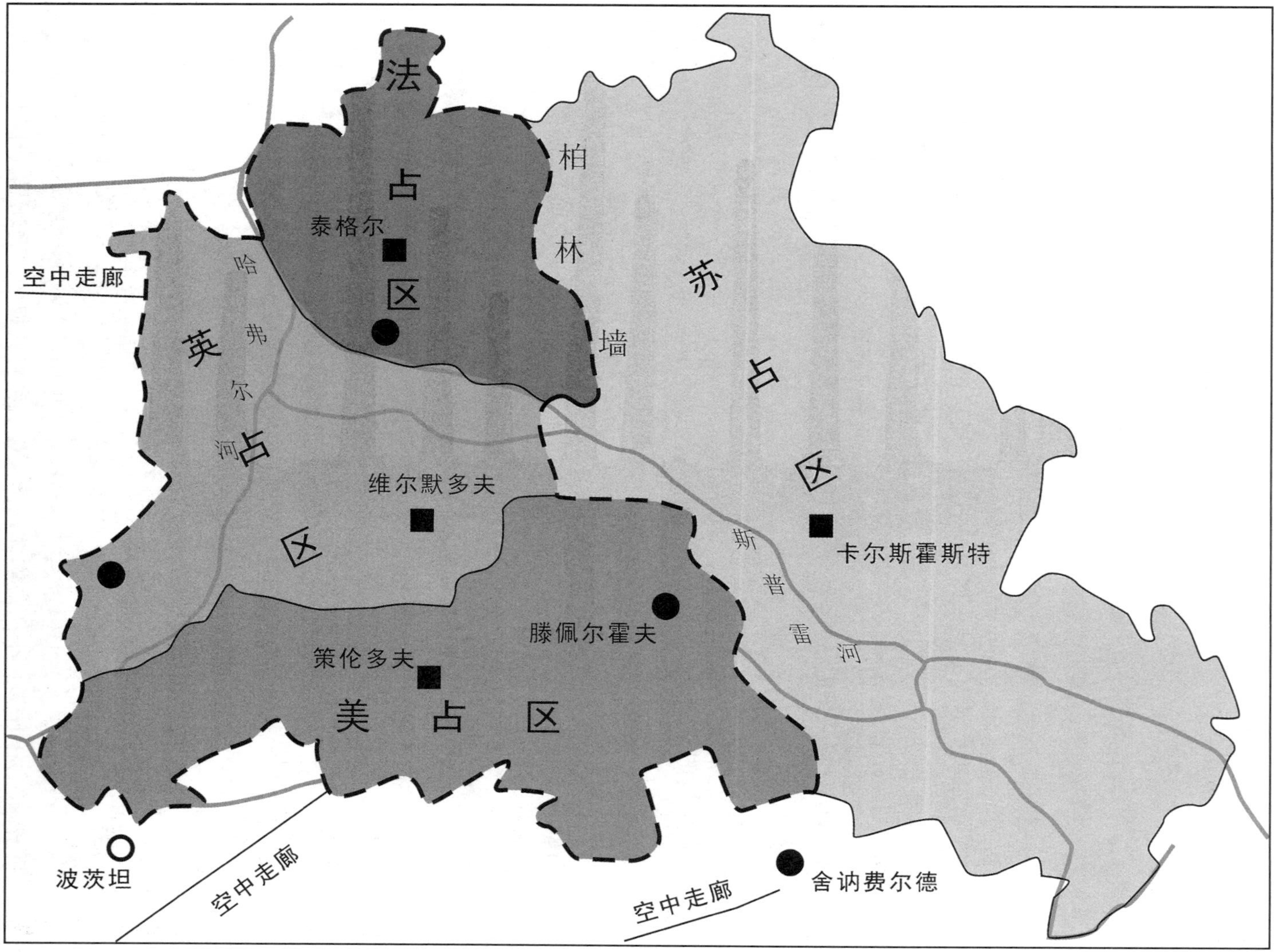

图 57－2　被分割占领的柏林

自杀身亡）。其他德国人都经历了各种形式的政治审查，如在美占区的所有成年人都必须填写调查表，交代自己的政治观和相关行动。具有军事潜力的工业设施大多被摧毁，苏、法两国作为德国侵略的主要受害国，还在各自占领区内拆卸军工企业，以作为战争赔偿。政治上的民主改造则打上了东西方、甚至各国不同意识形态的烙印。在西部，美方鼓励德国人从下而上地重建政党和其他社会组织，英方则希望把重建进程掌握在自己手中；在东部，苏联人倾向于让德共掌控政治方向。随着时间的推移，这种政治改组方式的差异最终也导致东西占区之间的隔膜越来越深。

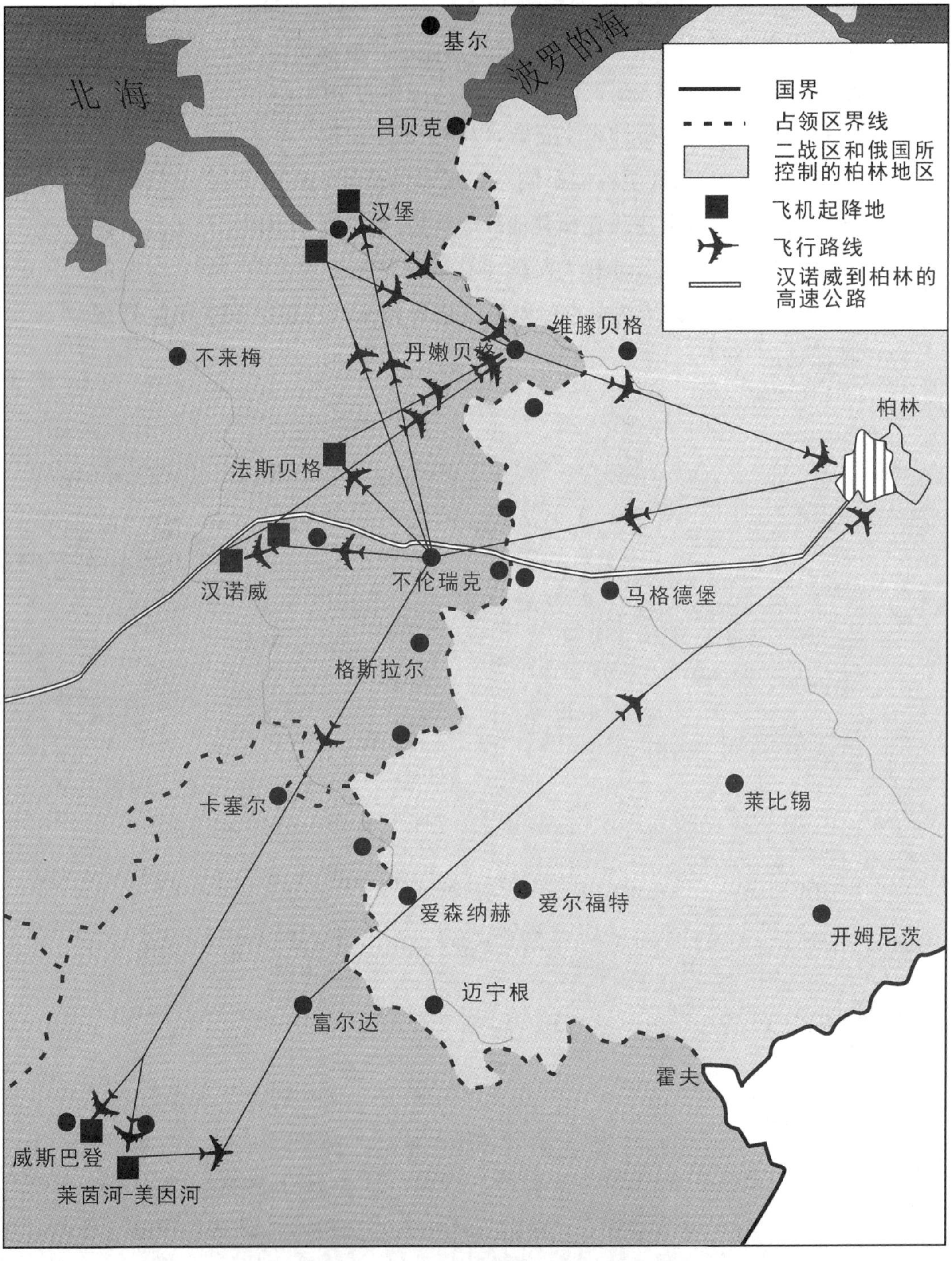

图58　第一次柏林危机期间的空运示意图

58. 走向分裂

图58为我们展示了世界历史上的一次奇迹。在1948年7月至1949年5月间，德国西占区的盟军飞机共出动27.7万架次，分三路，把重达211万吨的食品抛到了位于苏占区境内的柏林西部——那里根据协议，仍然属于西占区的一部分。之所以称它为奇迹，是因为250万西柏林人在长达11个月的时间里，都依靠这些代价昂贵的空投食品为生。但对于德国人而言，这一事件或许拥有着远远超越了“奇迹”二字所能概括的记忆。事实上，它还是德国分裂、全球冷战启动的标志。

自第二次世界大战结束以来，美、苏两国在其他地区接连发生冲突，而德国东西占区之间也逐步出现矛盾，这些叠加在一起，急剧升格为两种意识形态和势力范围之间的对峙。最初两年间在改造德国进程中的某种默契，也随之消失殆尽。取而代之的是双方在几乎所有德国问题上针锋相对。

西方担心苏联在德国推行它在东欧的扩张政策，因而决定必须首先把西占区稳定在自己的阵营中。1947年1月，美、英占区合并。随后，双占区建立了包括经济委员会在内的一整套行政管理机构，并筹划立法。此举被苏联视为一种挑战，因为它一直主张“（德国）政治统一优先”，并且对美、英两国擅自合并占领区表示不满。一年后，法占区加入双占区，成立三占区，进而宣布接受美国提供的“马歇尔计划”，积极准备立宪会议。这让苏联更为愤怒。1948年3月，苏联宣布退出盟军管制委员会，并对柏林实行交通管制。

双方矛盾在三个月后的货币改革中变得更为尖锐。三占区单方面宣布用“B”记马克代替当时尚在流通中的帝国马克。苏占区随后做出回应，发行“D”记马克，并以柏林位于苏占区为名，要求“D”记马克在整个柏林流通。而西柏林却坚持使用“B”记马克。6月25日，两种货币同时出现在柏林，苏联宣布全面封锁西柏林与西占区之间的水路交通。但美国驻德最高军事长官克莱(Lucius D. Clay)随后宣布，“除战争外，绝对没有任何其他办法能使美国退出柏林”。这意味着“第一次柏林危机”的爆发。

柏林因此成为当时世界政治舞台的焦点。在权衡利弊得失后，美国决定用空运的方式解决交通遭到封锁的难题。图58便是当时场景的再现。事实证明，这种方式对于美方而言是代价昂贵的承诺，对于苏方来说也未能占到便宜。1949年5月，双方终于达成谅解，柏林的交通管制被解除。第一次柏林危机降下帷幕。

不过，德国走向分裂的进程却没有停止。就在柏林空运停止的当月，西占区的议会委员会通过了《基本法》。半年后，东占区也制定了一部宪法。至此，1871年统一的德意志再次出现了分裂的格局：1949年9月20日，德意志联邦共和国成立，定都波恩；10月7日，德意志民主共和国成立，定都(东)柏林。自此之后，柏林既是两个德国分裂的象征，又成为冷战前沿的主要城市。

59. 隔离之墙

在冷战的阴影下，两个德国的发展道路犹如平行线。意识形态的隔膜已然超越了民族之间血浓于水的亲情。

联邦德国成立后，第一任总理阿登纳（Konrad Adenauer）坚持“融入西方”的战略。在外交上，他首先通过灵活的谈判技巧，恢复了联邦德国的部分主权；随后与法国和解，成为西欧一体化的主角之一。在政治上，他打压左右两翼极端势力，维护《基本法》所确立的民主、法治和联邦的原则。在经济上，他支持所谓“社会市场经济体制”，即在自由资本主义（美国模式）与社会主义计划经济（苏联模式）之间走出一条具有德国特色的道路，加大建设福利国家的力度，鼓励劳资之间形成“社会伙伴关系”。甚至在文化上，“美国化”也成为一种标准，例如“美国式的表达”进入到联邦德国的日常用语中，如 Job（工作）、Comic（滑稽）、Fan（迷，爱好者）、Hobby（爱好）或 Beat（节奏）。在 20 世纪 60 年代前，联邦德国经历了连续 16 年的经济增长，一跃成为资本主义阵营中仅次于美国的经济强国。

民主德国成立后，基本模仿苏联模式。在外交上，它是东方阵营的积极参与者，充当苏联外交政策的排头兵。它曾参与了苏联对南斯拉夫和中国的批判，积极支持苏联镇压波兰、匈牙利和捷克斯洛伐克的改革运动。在政治上，由共产党和社民党联合成立的统一社会党实行集中领导，建立了“中央—专区—县—乡”四级垂直型行政体制。在经济上，由于苏联要求东占区首先赔偿本国的战争损失，民主德国的发展起点远远低于联邦德国。但它在随后的社会主义改造中也得到了苏联的支持。同样，文化上的“苏联化”是必要的，例如在日常用语中，来自苏联的词汇有：Kombinat（联合企业）、Kader（队）、Nomenklatur（命名法）、Plansoll

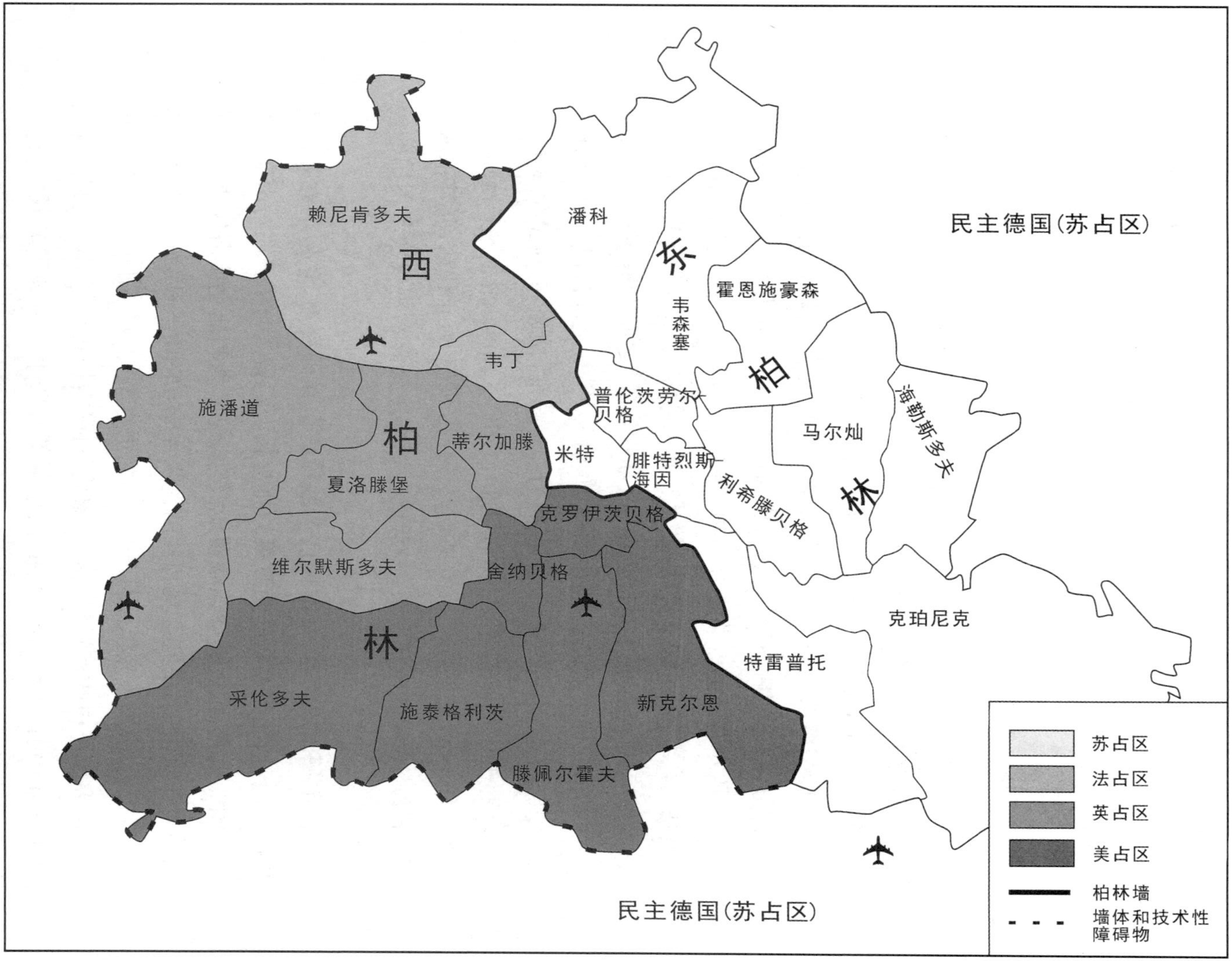
民主德国(苏占区)
西
柏
林
东
柏
林
赖尼肯多夫
潘科
霍恩施豪森
韦森塞
韦丁
施潘道
普伦茨劳尔贝格
马尔灿
海勒斯多夫
蒂尔加滕
米特
腓特烈斯海因
利希滕贝格
夏洛滕堡
克罗伊茨贝格
维尔默斯多夫
舍纳贝格
克珀尼克
特雷普托
采伦多夫
施泰格利茨
新克尔恩
滕佩尔霍夫
民主德国(苏占区)
苏占区
法占区
英占区
美占区
柏林墙
墙体和技术性障碍物

图 59　柏林墙

(计划指标)或者 Kulturhaus(文化之家)等。在社会主义阵营中,民主德国是除苏联之外经济最发达的国家。

然而,两个德国作为冷战在欧洲的最前沿国家,又是直接对峙的双方,外交战和经济上的相互影响是不可避免的。总体而言,在这些斗争中,联邦德国占据上风,而民主德国又因僵硬的指令性计划造成社会矛盾重重。1953 年 6 月 17 日,在西柏林电台的煽动下,东柏林工人便以劳动定额过高为由举行罢工,进而在各地都引发了抗议活动。最后,民主德国不得不依靠苏联军队才能稳定局势。但这种极为纠结的局面持续恶化,大量东德居民(其中不少是专家、熟练工和青年人)不断出逃,而且人数急剧上升。据统计,从 1949 年 10 月至 1961 年 8 月,民主德国的出逃人数约为 269 万,占其人口的八分之一。由于一半以上的出逃者都是借助西柏林的独特地理位置而取得成功的,因此苏联与民主德国便极为迫切地希望改变柏林的现有局面。这便引发了"第二次柏林危机"。这次危机的高潮出现在 1961 年 8 月 13 日。从这一天开始,柏林出现了一座有形的墙。

如图 59 所示,这堵墙的主要部分南北走向,沿着东西柏林的分界线。但在西柏林与民主德国其他地区的交界处,同样也竖立起类似的墙体。这堵墙全长 165 公里,分内外两层,两墙之间有 100 米宽的"无人地带"。墙边设有 280 个观察哨、137 个地堡、273 个警犬桩以及总计 108 公里长的坑道。

这是民主德国的"杰作",被称为"反法西斯防卫墙"。国际上,人们则称之为"柏林墙"。这堵有形的墙在空间上把两个德国彻底隔离开来。不过,尽管边防控制日趋严厉,但后来的一项统计却发现,1961 年后,仍然有 96 万人想尽各种办法离开东德;不过,在同一时段内,西德也有7.5 万人前往东部,寻求"更高的社会保障"。

在很多情况下,穿越这堵墙的代价往往是鲜活的生命。据最近的研究表明,死于柏林墙下的东德逃亡者为 136 人,其中 30 岁以下的年轻人有 112 人。而于 2011 年建立的"记忆之窗:柏林墙纪念碑"却还提醒人们,因阻拦人们逃亡而被杀害的东德士兵人数虽然仍是一个未知数,但他们同样应被视作这堵墙的受害者。

不过,很有意思的是,在柏林墙出现之前,两个德国需要以“反其道而行之”的紧盯政策,来巩固自己在各自阵营中的地位,并在民众中树立威信。然而在这堵有形之墙树立后,它们无须推行上述措施,却反而在不自不觉中相互接近。70年代初,联邦德国总理勃兰特(Willy Brandt)推行“新东方政策”,两德签订《基础条约》,双方以“民族共同感”逐步实现了关系正常化。一束重新统一的曙光,仍然穿透了最为厚实的柏林墙体!

60．重新统一

尽管人们做过多种预测，但20世纪80年代末90年代初两德之间的重新统一，它的速度（在不到一年的时间里）和方式（东部并入到西部），仍然让不少人大吃一惊。回头来看，主要由三股力量促成了这一突变。

第一股力量来自联邦德国。自70年代起，两德关系的正常化，曾让一部分知识分子对统一的前景比较悲观。然而事实上，联邦政府从未放弃过向东部施加各种影响的机会。例如在文化上，充满着浓厚意识形态色彩的"德国电视二台新闻周刊"从1969年起不间断地攻击东部政权。1987年，西德议会甚至批准摇滚明星在离柏林墙不远处的勃兰登堡门那里举办一场音乐会，以便让西方音乐传到东柏林。这种诱惑连同西部在经济上的绝对优势地位，如磁铁般，对东部公民产生了强大的吸引力。

第二股力量来自民主德国。尽管东部在社会保障方面做得更为出色，甚至对70年代的西部民众也曾产生过吸引力——当时联邦德国的学生运动领袖们甚至自视为共产主义的同盟者，愿意为东部提供情报，然而它在政治上一直强化个人统治的风格，前后两任总书记乌布利希（Walter Ulbricht）和昂纳克（Erich Honecker）也始终未能找到合适的经济改革之路。其结果是，人们不再信任领导层，反而对外部世界拥有更多的好奇心，例如据1987年的统计，85%的东部公民希望定期看到西方节目；而听闻滚石乐队即将在柏林墙边举办音乐会的谣言时，居然有近400名青少年粉丝不顾个人安危，冒险靠近柏林墙。从这一角度来看，正是东部政权把人民推向了西方。

第三股力量来自苏联。冷战是把两个德国分别捆绑在美、苏两大超级国家的战车上，假如其中一辆战车突然出现变化，相应的德国"盟友"

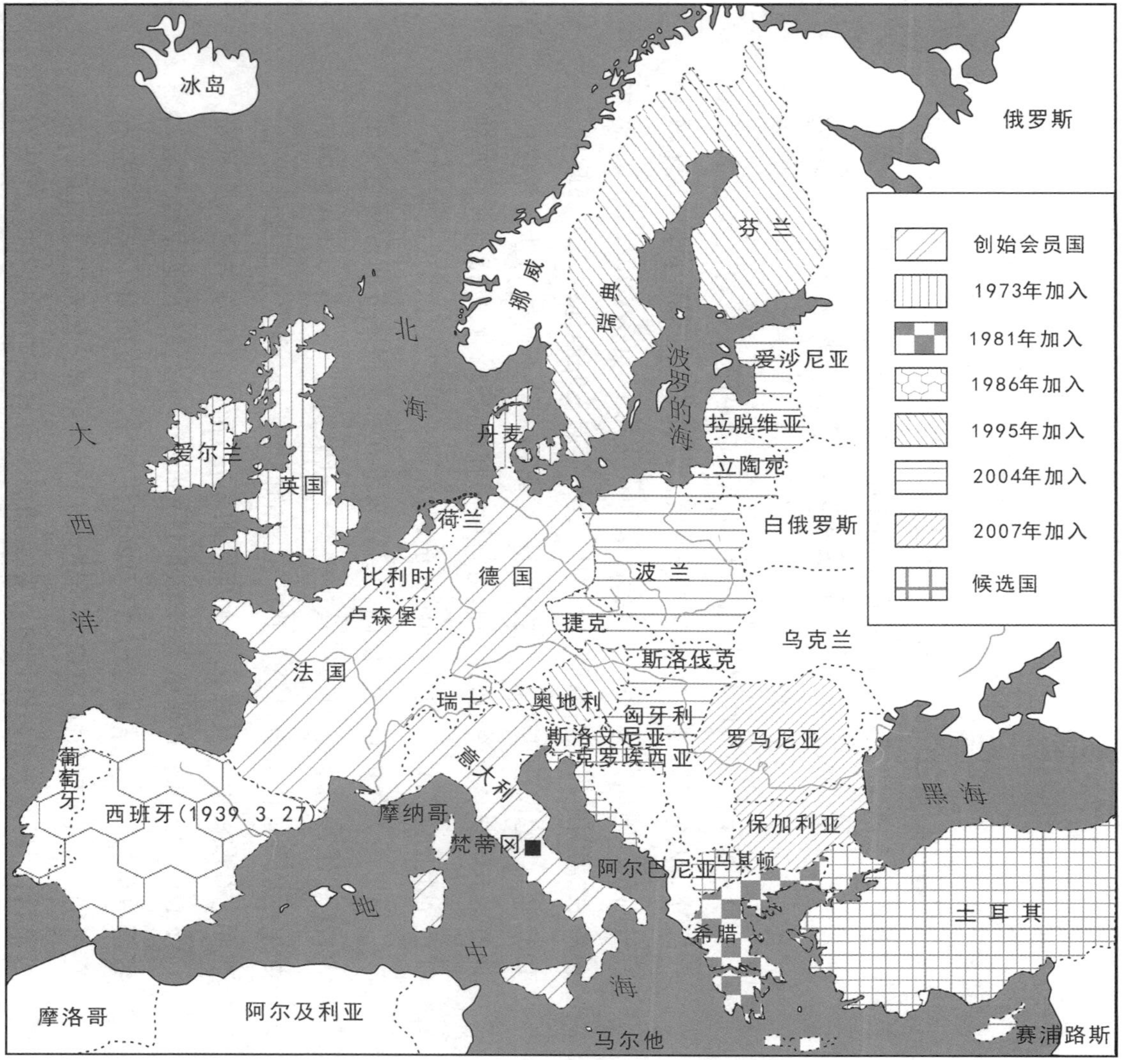
冰岛
俄罗斯
创始会员国
1973年加入
1981年加入
1986年加入
1995年加入
2004年加入
2007年加入
候选国
芬兰
挪威
瑞典
爱沙尼亚
波罗的海
拉脱维亚
立陶宛
北海
丹麦
大西洋
爱尔兰
英国
荷兰
白俄罗斯
德国
比利时
波兰
卢森堡
捷克
乌克兰
斯洛伐克
法国
瑞士
奥地利
匈牙利
斯洛文尼亚
罗马尼亚
克罗埃西亚
葡萄牙
意大利
黑海
西班牙(1939. 3. 27)
摩纳哥
保加利亚
梵蒂冈
马其顿
阿尔巴尼亚
地中海
希腊
土耳其
摩洛哥
阿尔及利亚
马尔他
赛浦路斯

图 60　欧洲中的德国

必然受到影响。80 年代中期后，苏联的“新思维”方针试图建立新型的社会主义国家关系，但它恰恰剥去了民主德国赖以生存的外交保障。苏联经济援助的不断减少和东部阵营其他国家的各种变动，都一步步地把处在冷战最前沿的民主德国逼到了绝路。

到 1989 年，这三股力量终于汇集在一起，构成了两德重新统一的强大动力。我们只要看一下当时前后相继的一连串事件，便可以感受到“一江春水向西流”的酣畅节奏：

1989 年 5 月：匈牙利拆除奥匈边界
6 月：民主德国的数千公民经奥匈边界出逃。9 月，出逃人数已增加到 8 万
10 月：民主德国庆祝建国 40 周年，各地出现了游行示威
昂纳克下台，统一社会党改组
11 月：柏林墙开放（11 月 9 日），人们如潮水般涌向西柏林
联邦德国总理科尔（Helmut Kohl，1930～　）指示向东部公民发放“欢迎费”
双方各自提出统一方案
1990 年 2 月：苏联表示支持两德统一
3 月：民主德国举行首次西方式选举。科尔支持的德国社会联盟获胜
5 月：两德签订建立货币、经济和社会联盟的条约
8 月：两德签订《统一条约》
9 月：由两个德国和美、苏、英、法四国参加的“2＋4 外长会议”达成《关于最终解决德国问题的条约》
10 月 3 日：两德统一

那么，重新统一后的德国会如何发展呢？

当人们看到这个总面积 35 万平方公里、人口超过 8 000 万的国家再次崛起时，心里都不免会产生这样的疑惑。新德国也心知肚明。它的回答，如图 60 所示，即不再追求“德国的欧洲”，而是努力成为“欧洲中的

德国”!

新德国不仅继续延续战后的和平战略，在历史问题上坦陈罪责，而且还首次承认了东部的边界变动，从而赢得了欧洲各国的信任。当然，它也曾被统一后如何平衡东西部经济差距的问题所困扰，也正在经历着欧元区债务危机的挑战——德国甚至一度成为独立支撑欧元区的国家。但继续推进欧洲一体化仍然是新德国内政外交政策的核心。

如图 60 所示，90 年代以来，在德国支持下，欧洲一体化在政治(欧盟)、经济(欧元)等各方面都出现了质的突破，甚至不断东扩，吸引了东部阵营的不少国家参与其中。在世界历史上，德国这个曾经被极端民族主义噩梦所困扰的国家，现在却成为追求“欧洲主义”乃至“世界主义”的先行者。

德国历史当然还没有终结。我们无法预测未来将会如何，但应有信心展望：一千年的经验和教训业已成为德意志人继续和平前行的动力。

参考文献

绘图底图来源

张芝联、刘学荣：《世界历史地图集》，北京：中国地图出版社，2002 年。

[德]赫曼·金德等：《世界史百科》，两卷本，陈澄声译，广西人民出版社 2011 年版。

辽宁大学历史系世界近代史教研室：《世界近代史底图（教学参考）》，1982 年。

Heinrich Pleticha, Deutsche Geschichte, Bd. 1 - 10, Gütersloh, Bertelsmann-Lexikon-Verl., 1993.

Manfred Scheuch, Atlas zur Zeitgeschichte: Europa im 20. Jahrhundert, Wien/München, Verlag Christian Brandstätter, 1992.

Manfred Scheuch, Historischer Atlas Deutschland. Vom Frankenreich zur Wiederverinigung in Karten, Bildern und Texten, Wien/München, Verlag Christian Brandstätter, 1997.

Werner Hilgemann, Atlas zur deutschen Zeitgeschichte 1918～1968, München: Piper, 1984.

网上课程媒介中心（Zentral für Unterrichtsmedien im Internet e. V.）: http://www.zum.de/.

参 考 文 献

戴耀先：《论德国军事》，北京：解放军出版社，2007 年。

陈祥超、郑寅达、孙仁宗：《法西斯运动和法西斯专政》，北京：中国青年出版社，1999 年。

丁建弘、李霞:《普鲁士的精神和文化》,杭州:浙江人民出版社,1993年。

丁建弘:《德国通史》,上海:上海社会科学院出版社,2002年。

杜美:《德国文化史》,北京:北京大学出版社,1990年。

高宣扬:《德国哲学通史》,上海:同济大学出版社,2007年。

侯树栋:《德意志中古史——政治、经济社会及其他》,北京:商务印书馆,2006年。

李伯杰:《德国文化史》,北京:对外经济贸易大学出版社,2002年。

李工真:《德意志道路:现代化进程研究》,武汉:武汉大学出版社,2005年。

刘新利:《基督教与德意志民族》,北京:商务印书馆,2000年。

孟钟捷:《德国简史》,北京:北京大学出版社,2012年。

孙炳辉、郑寅达:《德国史纲》,上海:华东师范大学出版社,1995年。

吴友法、黄正柏:《德国资本主义发展史》,武汉:武汉大学出版社,2000年。

吴友法:《德国现当代史》,武汉:武汉大学出版社,2007年。

邢来顺:《德国文化解读——人类文化苍穹的双子星座》,济南:济南出版社,2005年。

邢来顺:《德国贵族文化史》,北京:人民出版社,2006年。

邢来顺:《德国工业化经济——社会史》,武汉:湖北人民出版社,2003年。

徐健:《近代普鲁士:官僚制度研究》,北京:北京大学出版社,2005年。

余匡复:《德国文学简史》,上海:上海外语教育出版社,2006年。

郑寅达:《法西斯:一段尚未逝去的梦魇》,上海:上海辞书出版社,2006年。

——《德国史》,北京:人民出版社,2014年。

阿·米尔:《德意志皇帝列传》,李世隆等译,北京:东方出版社,1995年。

彼得·盖伊:《魏玛文化:一则短暂而璀璨的文化传奇》,刘森尧译,合肥。安徽教育出版社,2005年。

彼得克劳斯·哈特曼：《神圣罗马帝国文化史：帝国法、宗教和文化》，刘新利等译，北京：东方出版社，2005 年。

弗里德里希·梅尼克：《世界主义与民族国家》，孟钟捷译，上海：上海三联书店，2007 年。

弗里德里希·席勒：《三十年战争》，沈国琴、丁建弘译，北京：商务印书馆，2009 年。

海因茨·赫内：《德国通向希特勒独裁之路》，张翼翼等译，北京：商务印书馆，1987 年。

汉斯-乌尔里希·韦勒：《德意志帝国》，邢来顺等译，西宁：青海人民出版社，2009 年。

赫伯特·格隆德曼等：《德意志史》(4 卷)，张载扬等译，北京：商务印书馆，1986、1991、1998、1999 年。

克劳斯·费舍尔：《纳粹德国：一部新的历史》，佘江涛译，南京：江苏人民出版社，2005 年。

马丁·基钦的《剑桥插图德国史》，赵辉等译，北京：世界知识出版社，2005 年。

史蒂芬·贝莱尔：《奥地利史》，黄艳红译，中国出版集团/中国大百科全书出版社，2009 年。

史蒂文·奥茨门特：《德国史》，邢来顺等译，北京：中国大百科全书出版社，2009 年。

詹姆斯·布赖斯：《神圣罗马帝国》，孙秉莹等译，北京：商务印书馆，1998 年。

Bernd Stöver，Der Kalte Krieg 1947 – 1991：Geschichte eines radikalen zeitalters，München：C. H. Beck，2007.

Hans-Ulrich Wehler，*Deutsche Gesellschaftsgeschichte*，Bd. 1 – 5，München：Beck，1987，1995，1996，2003，2008.

Hagen Schulze，*Kleine deutsche Geschichte: mit Bildern aus dem Deutschen Historischen Museum*，München：Beck，1996.

Heinrich Pleticha，*Deutsche Geschichte*，Bd. 1 – 10，Gütersloh，Bertelsmann-Lexikon-Verl.，1993.

后　记

以地图的方式来反映德国历史的演进，既是一个好主意，也是一种巨大挑战。在中国书市上，有关德国历史的通史著作不少，唯独缺少一本使用方便的地图集。从这一点而言，当东方出版中心提出这一想法时，笔者甚是赞同。不过，在付诸实践时，一大堆问题便浮现出来，特别是德国历史的纷繁复杂性先天决定了地图绘制绝不是一件易事。再者，本书的定位是把历史与地图结合在一起，而且定位于雅俗共赏，这便对笔者的历史观、叙述能力与方位意识提出了考验。不管怎样，笔者还是愿意吃下"第一只螃蟹"，为德国历史走向公众略做绵薄之力。

本书是合作的产物。华东师范大学历史系的孟钟捷负责文字叙述与地图底本的挑选及翻译，复旦大学历史地理研究所的霍仁龙负责地图绘制。东方出版中心的责编欧阳敏十分尽心仔细地监督本书的写作过程，几位审读编辑提出了许多重要的修改建议，对他(她)们的辛勤工作，笔者在此致以真挚的谢意。

本书既是尝试之作，必定存在各种问题，恳请读者不吝赐教。(笔者邮箱：dehnmeng@sohu.com)

孟钟捷

2014 年孟春于沪上三省斋

再版后记

本书自出版后，得到了许多前辈学者的鼓励和支持。感谢中国德国史学会会长邢来顺教授、副会长郑寅达教授在专业领域中的鼎力协助，感谢华东师大历史系沈志华教授、复旦大学历史系李宏图教授、陕西师范大学《中学历史教学参考》主编任鹏杰教授、安徽省教育科学研究院副院长徐贵亮教授、华东师范大学第二附属中学历史特级教师周靖、扬州中学历史特级教师王雄等老师的热忱推荐。

此外，笔者也应该感谢许多读者的热心帮助。在过去两年间，笔者陆陆续续收到了一些邮件，让我们有机会修正错误。笔者通过豆瓣与一些购书网站的点评，也知晓了读者的意见，特别是对文字与地图之间的配合问题，有了进一步的认识。当然，这次再版受制于时间紧迫等因素，仅对部分文字和地图做了修改，因而仍然留下了不少遗憾之处，恳请读者继续予以批评指正。（笔者邮箱：dehnmeng@sohu.com）

孟钟捷

2016 年孟春于沪上三省斋

图书在版编目（CIP）数据

地图上的德国史 / 孟钟捷, 霍仁龙著. —2版.
—上海：东方出版中心, 2016.5（2022.10重印）
（地图说史）
ISBN 978-7-5473-0937-7

Ⅰ. ①地… Ⅱ. ①孟… ②霍… Ⅲ. ①德国 - 历史 -
通俗读物 Ⅳ. ①K516.09

中国版本图书馆CIP数据核字（2016）第048654号

地图上的德国史

著　　者　孟钟捷　霍仁龙
责任编辑　欧阳敏　刘　军
装帧设计　一步设计

出版发行　东方出版中心有限公司
地　　址　上海市仙霞路345号
邮政编码　200336
电　　话　021- 62417400
印 刷 者　昆山市亭林印刷有限责任公司

开　　本　710mm × 1000mm　1/16
印　　张　14.25
字　　数　202千字
版　　次　2016年5月第2版
印　　次　2022年10月第5次印刷
定　　价　38.00元